# 税务律师办案实操

SHUIWU LYUSHI BANAN SHICAO

王华学 编

中山大学出版社
·广州·

**版权所有　翻印必究**

**图书在版编目（CIP）数据**

税务律师办案实操/王华学编．—广州：中山大学出版社，2016.6
ISBN 978-7-306-05680-1

Ⅰ.①税… Ⅱ.①王… Ⅲ.①税收管理—基本知识—中国 ②税法—基本知识—中国　Ⅳ.①F812.423 ②D922.22

中国版本图书馆 CIP 数据核字（2016）第 089450 号

| | |
|---|---|
| 出 版 人： | 徐　劲 |
| 策划编辑： | 曾育林 |
| 责任编辑： | 廖泽恩 |
| 封面设计： | 曾　斌 |
| 责任校对： | 周　玢 |
| 责任技编： | 何雅涛 |
| 出版发行： | 中山大学出版社 |
| 电　　话： | 编辑部（020）84111996，84113349，84111997，84110779 |
| | 发行部（020）84111998，84111981，84111160 |
| 地　　址： | 广州市新港西路 135 号 |
| 邮　　编： | 510275　　传真：（020）84036565 |
| 网　　址： | http：//www.zsup.com.cn　E-mail：zdcbs@mail.sysu.edu.cn |
| 印 刷 者： | 广州中大印刷有限公司 |
| 规　　格： | 787mm×1092mm　1/16　14.5 印张　350 千字 |
| 版次印次： | 2016 年 6 月第 1 版　2016 年 6 月第 1 次印刷 |
| 定　　价： | 40.00 元 |

**本书如有印装质量问题影响阅读，请与出版社发行部联系调换**

# 作者简介

王华学 1990年取得律师资格,并获准执业;1999年取得证券律师资格;2012年取得注册税务师资格,并成为中国注册税务师协会会员。著有《公司税务律师实用指南》一书(中山大学出版社2014年8月出版,书号ISBN 978-7-306-04970-4)。

王律师一直秉持求真务实、积极进取的执业品质。初期在四川达州执业,后异动到四川成都主攻公司法、证券法、税法。现为四川良讼律师事务所创始合伙人、执业律师。执业24年间,历经律师执业环境的"风云变幻",涉案范围广,实战经验丰富,专业优势明显。近几年来,王律师的主要业务领域集中在与建设工程、公司证券、税法等领域相关的诉讼或非诉讼律师业务。

# 序　言

完成《公司税务律师实用指南》（以下简称《实用指南》）一书的编写并出版后，笔者自感轻松了许多，释然了许多，同时也淡然了许多……可能是由于从事律师工作时间长、所涉案件类型多且范围广的缘故，《实用指南》一书主要从律师工作的横切面进行揭示。但律师毕竟不是纯粹的"学者"，也不是纯粹的"专家"，更不是抽象的"圣人"，人们常常在立体化的社会和人群中见到律师的身影，从律师个体和群体的言谈举止中来认识律师、理解律师。也就是说，律师工作光有横切面远远不够，还需要有纵深的开拓和掘进。

纵深体现的是深度。《实用指南》一书是以税法为切入点展现律师职业涉猎的广度。笔者同样以税法为切入点，试图通过本书展现律师职业涉猎的深度。广度与深度相结合，才会形成庞大的空间。这种纵横交错，体现了税务律师立体化、复合型的服务模式。

税法，仅仅是我国庞大的法律体系中的细小分支之一。税收法治化程度充分反映和标志着一个国家的法治化实现程度。党的十八届三中全会、十八届四中全会均提出了税收法定原则的要求和目标。从宏观规划看，到2020年，我国将最终实现这一目标。律师更多参与税法相关业务，对于推进我国税收法治化进程，将起着举足轻重的作用。

税务律师虽以税法法律服务为特色，但又不仅限于税法法律服务，毕竟，"税务律师"一词以"律师"为后缀。仅了解税法，不了解其他相关法律，不是合格的税务律师；仅了解税法，不了解各种争议案件解决的程序法，也不是合格的税务律师；仅了解税法的非诉讼法律服务，不了解税法的诉讼法律服务，这与"税务律师"一词的"律师"后缀将不符合。因此，本书对涉税诉讼与非诉讼程序法进行了简略归纳，以备办案查阅之用。

律师提供的法律服务，大体可分为三类：争议解决法律服务，常年法律顾问服务，专项法律服务。税务律师法律服务也不例外，同样可划分为三类，即涉税争议解决法律服务，常年税务法律顾问服务，涉税专项法律服务。实践中，律师行业的专业细分更加强化。

对于律师行业的专业细分，笔者认为是相对的，不是绝对的。将律师行业的专业细分绝对化，那是"作茧自缚"，毕竟律师不是纯粹的专业技术人员；将律师行业的专业细分绝对化，那是"自欺欺人"，毕竟法律领域博大精深。以相对化的眼光看待律师行业的专业细分，才更有利于展示各自的"神通广大"，更有利于展示各自的特色和优势。

论优势，笔者将律师分为业务优势型律师、营销优势型律师、管理优势型律师。但这也不是绝对的。律师往往需要融法律理念、营销理念、管理理念于一身。这也是社会对律师的大众化认同，税务律师同样如此。

税务律师法律服务是律师法律服务中的纵向条块之一。延展开来，会引伸出若干纵向的条条块块，比如公司证券律师法律服务、建设工程律师法律服务、劳动争议律师法律服务、交通事故律师法律服务等。这些纵向的条条块块，其实有诸多相同、相通并交叉的地方，比如争议解决程序法、常年法律顾问服务。差异相对较大的是专项法律服务部分，因为专项法律服务业务会触及更多的某一专业领域的特有事项，这正是律师专业细分的根基所在。正基于此，本书在揭示涉税法律服务适用特点的过程中，也注重揭示律师业务的诸多一般性、普遍性适用规律。另外，考虑到税法与公司法、证券法关系密不可分，税务律师法律服务必然涉及公司法、证券法等诸多相关领域，所以本书将公司法、证券法相关知识作为独立一章予以提示。总之，纵深的掘进，又必然涉及广度的拓展，这就是专业。因此，本书虽名为"税务律师办案实操"，但仍具有相对广泛的借鉴意义。

"一书在手，办案不愁"，这是《实用指南》一书希望实现的目标，也是本书作为《实用指南》一书的续编希望实现的目标。愿本书给您一种思路的启迪，一种方向的指引。也愿本书能抛砖引玉，助您举一反三，尽快通向成功的道路。

王华学<br>2015 年 9 月 15 日

# 编写说明

专业细分是市场经济发展的必然趋势，也是社会发展、进步的必然走向。法律服务行业如此，其他行业皆然。近年来，笔者一直在思考法律服务市场专业细分这一课题，并在实践中反复探索。毕竟，市场是只无形的手，这只无形却有力度的手在操控着市场主体的一举一动、一言一行，这就是"市场在资源配置中的决定性作用"。

服务对象的需求决定着市场运行的方向。同理，法律服务对象的需求决定着律师、律师事务所运行的方向。

法律服务业务的类型从传统上可划分为三类，即争议解决法律服务、法律顾问服务、专项法律服务。同理，涉税法律服务的类型，也可概括为三类：涉税争议解决法律服务，税务法律顾问服务，涉税专项法律服务。

首先，涉税争议解决法律服务。争议解决法律服务是指当一方与另一方发生利益冲突时，需要律师以非诉讼方式（如调解、复议、仲裁等）或诉讼方式（俗称"打官司"的方式，分民事诉讼、行政诉讼、刑事诉讼）提供的代理服务。争议解决法律服务中，律师只能代理一方而不能同时代理有利益冲突的另一方。对程序法的熟练运用，是各种争议解决法律服务的共性。因此，本书在争议解决部分，不仅突出涉税争议解决的特殊性规定，也对各种程序法的普适性规定作了实务性提炼（如《民诉法司法解释》解析提纲等），这不仅适用于税务律师法律服务，也适用于其他类型的法律服务。可见，争议解决可作为法律服务专业细分的一大类别。当然，争议解决还可进一步细分为民商事争议解决、刑事辩护代理等。

其次，税务法律顾问服务。法律顾问服务是指企业或个人通过与律师事务所签订一定期限的法律顾问合同（通常以一年为周期），由律师事务所指派律师提供的咨询、合同的草拟及审查修改等日常性法律服务。本书专门对税务法律顾问服务作了阐释，揭示了税务法律顾问服务的层面特色。

最后，涉税专项法律服务。专项法律服务是指法律服务需求方针对特定的项目，聘请律师进行专项调查及专项论证，出具分析意见的法律服务。专项法律服务的周期一般止于项目结束。考虑到本书系《实用指南》一书的续编，故本部分仅对企业重组涉税专项律师实务、税务登记代理、发票领购与审查代理等该书中涉猎较少、较浅的部分作了归纳和概括，其他在《实用指南》中已涉猎的专项法律服务内容不再重复。当然，大量的涉税专项律师实务需要在实践中去丰富、完善和开拓，本书展现的仅仅是"冰山一角"。

税务律师法律服务的重头戏是公司企业。而公司企业在自身成长过程中会涉及各种形式的资本运作，税务律师必然穿梭其中。对于公司法、证券法、相关知识，本书以问答的形式进行归纳与概括。

当然，就律师职业属性而言，仅具有业务实务型思维模式（即"做事"思维）还远远不够，这仅是专业技能。律师还应具有业务开发型思维模式，能以合适的方式和渠道将自己或所在的团队或律所的优势传达给法律服务需求方，从而架起一座连接供需双方的桥梁（即"找事"思维），最终确立以市场为导向的专业发展路径，这就是营销。否则，就会有"英雄无用武之地"的感叹。因此，本书也以较小的篇幅对税务律师营销基本知识作了介绍，以便税务律师确立并增强营销理念，更好地为社会发光发热。

编　者

2015 年 9 月

# 目 录

**绪论 税务代理制度概述** ……………………………………………………… (1)
 第一节 代理的概念和一般特征 ………………………………………… (1)
 第二节 税务代理的概念和特征 ………………………………………… (2)
 第三节 关于税务代理人的资格问题 …………………………………… (3)
 第四节 税务代理人的法律责任 ………………………………………… (3)

## 第一编 争议解决涉税诉讼律师实务

**第一章 涉税民事诉讼律师实务** ………………………………………………… (6)
 第一节 涉税民事诉讼的类型 …………………………………………… (6)
 第二节 因税收债权债务关系引发的以税务机关为原告提起的民事诉讼 …… (6)
 第三节 公民、法人、其他组织相互之间因涉税事项引发纠纷而提起的
    民事诉讼 ……………………………………………………… (9)

**第二章 涉税行政诉讼律师实务** ………………………………………………… (17)
 第一节 税务行政诉讼概述 ……………………………………………… (17)
 第二节 税务行政诉讼的受案范围 ……………………………………… (20)
 第三节 税务行政诉讼管辖 ……………………………………………… (22)
 第四节 税务行政诉讼证据 ……………………………………………… (23)
 第五节 税务行政诉讼立案 ……………………………………………… (25)
 第六节 税务行政诉讼的审理及裁判 …………………………………… (27)
 第七节 税务行政赔偿 …………………………………………………… (28)

**第三章 涉税刑事犯罪的律师辩护实务** ………………………………………… (32)
 第一节 涉税刑事犯罪的律师辩护实务概述 …………………………… (32)
 第二节 逃税罪 …………………………………………………………… (33)
 第三节 抗税罪 …………………………………………………………… (36)
 第四节 逃避追缴欠税罪 ………………………………………………… (37)
 第五节 骗取出口退税罪 ………………………………………………… (38)

第六节　虚开增值税专用发票，虚开用于骗取出口退税、抵扣税款发票罪 ……………………………………………………………… (40)
第七节　虚开发票罪 ……………………………………………… (42)
第八节　伪造、出售伪造的增值税专用发票罪 ………………… (43)
第九节　非法出售增值税专用发票罪 …………………………… (45)
第十节　非法购买增值税专用发票、购买伪造的增值税专用发票罪 … (46)
第十一节　非法制造、出售非法制造的用于骗取出口退税、抵扣税款发票罪 …………………………………………………… (48)
第十二节　非法制造、出售非法制造的发票罪 ………………… (49)
第十三节　非法出售用于骗取出口退税、抵扣税款发票罪 …… (50)
第十四节　非法出售发票罪 ……………………………………… (52)
第十五节　持有伪造的发票罪 …………………………………… (53)
第十六节　走私普通货物、物品罪 ……………………………… (54)
第十七节　徇私舞弊不征、少征税款罪 ………………………… (56)
第十八节　徇私舞弊发售发票、抵扣税款、出口退税罪 ……… (57)
第十九节　违法提供出口退税凭证罪 …………………………… (58)

# 第二编　争议解决涉税非诉讼律师实务

## 第一章　涉税仲裁律师实务 …………………………………… (62)
第一节　涉税仲裁概述 …………………………………………… (62)
第二节　涉税仲裁程序主要规定 ………………………………… (62)

## 第二章　税务行政处罚听证律师实务 ………………………… (68)
第一节　行政处罚概述 …………………………………………… (68)
第二节　税务行政处罚 …………………………………………… (71)
第三节　税务行政处罚听证程序 ………………………………… (73)

## 第三章　税务行政复议的律师代理 …………………………… (76)
第一节　税务行政复议概述 ……………………………………… (76)
第二节　律师代理税务行政复议的法律依据 …………………… (76)
第三节　税务行政复议的范围 …………………………………… (77)
第四节　税务行政复议的管辖 …………………………………… (78)
第五节　税务行政复议的申请期限 ……………………………… (79)
第六节　对"征税行为"的复议前置程序规定 ………………… (80)
第七节　税务行政复议的申请 …………………………………… (81)

  第八节 税务行政复议证据 …………………………………………… (83)
  第九节 税务行政复议案件的审理 ………………………………… (84)
  第十节 税务行政复议的其他规定 ………………………………… (86)

# 第三编 税务法律顾问律师实务

 第一章 税务咨询与税收筹划 ……………………………………………… (90)
  第一节 税务咨询 ……………………………………………………… (90)
  第二节 税收筹划 ……………………………………………………… (91)
 第二章 律师担任税务法律顾问实务 …………………………………… (94)
  第一节 税务法律顾问概述 …………………………………………… (94)
  第二节 税务机关的体制概述 ………………………………………… (94)
  第三节 税务法律顾问的工作内容 …………………………………… (96)

# 第四编 涉税专项律师实务

 第一章 企业重组涉税专项律师实务 ………………………………… (100)
  第一节 企业重组概述 ………………………………………………… (100)
  第二节 债权性投资的涉税专项实务 ……………………………… (101)
  第三节 权益性投资的涉税专项实务 ……………………………… (102)
  第四节 资产收购的涉税专项实务 ………………………………… (105)
  第五节 资产租赁的涉税专项实务 ………………………………… (107)
  第六节 股权收购的涉税专项实务 ………………………………… (110)
  第七节 企业合并的涉税专项实务 ………………………………… (113)
  第八节 企业分立的涉税专项实务 ………………………………… (117)
  第九节 企业债务重组的涉税专项实务 …………………………… (121)
  第十节 企业清算的涉税专项实务 ………………………………… (123)
  第十一节 企业股权激励计划的涉税专项实务 …………………… (126)
 第二章 税务登记代理 …………………………………………………… (131)
  第一节 税务登记 ……………………………………………………… (131)
  第二节 纳税事项税务登记 ………………………………………… (133)
 第三章 发票领购与审查代理 …………………………………………… (134)
  第一节 发票领购 ……………………………………………………… (134)
  第二节 发票开具 ……………………………………………………… (135)

第三节　发票审查 …… (136)

# 第五编　税务律师业务提升必备

## 第一章　税务律师必备的公司证券知识 …… (140)
第一节　《公司法》三十问 …… (140)
第二节　《证券法》三十问 …… (149)

## 第二章　税务律师业务营销——从律师视角看营销 …… (159)
第一节　营销基本理论知识 …… (159)
第二节　法律服务营销模式的转变 …… (163)
第三节　法律服务专业细分 …… (165)

# 附　录

附录一　《民诉法司法解释》解析提纲 …… (168)
附录二　中华人民共和国企业所得税法 …… (197)
附录三　中华人民共和国个人所得税法 …… (204)
附录四　关于上市公司股息红利差别化个人所得税政策有关问题的通知 …… (208)
附录五　关于全面推开营业税改征增值税试点的通知 …… (209)
附录六　《营业税改征增值税试点实施办法》规定要点 …… (210)

参考文献 …… (217)

后记 …… (218)

# 绪论　税务代理制度概述

## 第一节　代理的概念和一般特征

### 一、代理的概念

根据《中华人民共和国民法通则》（简称《民法通则》）第六十三条的规定，代理是指代理人以被代理人的名义，在代理权限内与第三人构成法律行为，其法律后果直接由被代理人承受的民事法律制度。

代为他人实施民事法律行为的人，称为代理人；由他人以自己的名义代行民事法律行为，并承受法律后果的人，称为被代理人。

根据代理权产生的根据不同，代理分为委托代理、法定代理和指定代理三种。委托代理人按照被代理人的委托行使代理权，法定代理人依照法律的规定行使代理权，指定代理人按照人民法院或者指定单位的指定行使代理权。

### 二、代理的法律特征

代理具有下列法律特征：

（1）代理行为是能够引起民事法律后果的民事行为。就是说，通过代理人所为的代理行为，能够在被代理人与第三人之间产生、变更或消灭某种民事法律关系。

（2）代理人一般应以被代理人的名义从事代理活动。我国《民法通则》第六十三条第二款规定："代理人在代理权限内，以被代理人的名义实施民事法律行为。"

根据《中华人民共和国合同法》（简称《合同法》）第四百零二条和第四百零三条的规定，特殊情形是：受托人基于委托人的意愿，以自己的名义在委托人授予权限范围内与第三人订立的合同也对委托人产生约束力。

（3）被代理人对代理人的代理行为承担民事责任。

# 第二节　税务代理的概念和特征

## 一、税务代理的概念

税务代理指代理人接受自然人、法人或者其他组织的委托，在法律、行政法规允许的代理范围内依法代其办理相关税务事宜的行为。

## 二、税务代理的特征

税务代理具有以下特征：
(1) 税务代理行为是能够引起法律后果的民事行为。
(2) 税务代理人应以被代理人的名义从事税务代理活动。
(3) 由被代理人对税务代理人的代理行为承担法律责任。

## 三、有关税务代理的法律规定

《中华人民共和国税收征收管理法》（简称《税收征收管理法》）第八十九条规定："纳税人、扣缴义务人可以委托税务代理人代为办理税务事宜。"

根据《中华人民共和国律师法》（简称《律师法》）第二十八条规定，律师作为税务代理人可以从事下列业务：①接受自然人、法人或者其他组织的委托，担任税务法律顾问；②接受税务民事案件、税务行政案件当事人的委托，担任代理人，参加诉讼；③接受涉税刑事案件犯罪嫌疑人、被告人的委托或者依法接受法律援助机构的指派，担任辩护人，接受涉税自诉案件自诉人的委托，担任代理人，参加诉讼；④接受委托，代理各类涉税诉讼案件的申诉；⑤接受委托，参加涉税案件的调解、仲裁活动；⑥接受委托，提供涉税非诉讼法律服务；⑦解答有关涉税法律的询问、代写涉税诉讼文书和有关法律事务的其他文书。

备注：《中华人民共和国税收征收管理法实施细则》（简称《税收征收管理法实施细则》）第一百一十一条规定："纳税人、扣缴义务人委托税务代理人代为办理税务事宜的办法，由国家税务总局规定。"但律师从事税务代理活动，可直接依据《律师法》的有关规定进行。

## 第三节　关于税务代理人的资格问题

1994年9月16日国家税务总局制定的《税务代理试行办法》第二十二条等规定："经国家批准设立的会计师事务所、律师事务所、审计师事务所、税务咨询机构需要开展税务代理业务的，必须在本机构内设置专门的税务代理部、配备五名以上经税务机关审定注册的税务师，并报经国家税务总局或省、自治区、直辖市国家税务局批准，方能从事税务代理业务。"这标志着我国税务代理制度的正式诞生。

2005年9月16日国家税务总局第6次局务会议审议通过《注册税务师管理暂行办法》，自2006年2月1日起施行。目前，律师做税务代理人的法律依据是《律师法》第二十八条的规定。注册税务师做税务代理人的依据是《注册税务师管理暂行办法》。

但须注意：2014年8月12日，国务院发布《关于取消和调整一批行政审批项目等事项的决定》（国发〔2014〕27号），明确取消注册税务师职业资格许可。2014年8月13日，人力资源社会保障部发布《关于做好国务院取消部分准入类职业资格相关后续工作的通知》（人社部函〔2014〕144号），决定将取消的注册税务师准入类职业资格调整为水平评价类职业资格。对于注册税务师职业资格不再实行执业准入控制，不得将取得职业资格证书与从事相关职业强制挂钩；对取得职业资格证书的人员不再实行注册管理；取得资格人员按照专业技术人员管理规定参加继续教育，不再将职业资格管理与特定继续教育和培训硬性挂钩。2014年12月15日国家税务总局关于贯彻落实《国务院关于取消和调整一批行政审批项目等事项的决定》的通知（税总发〔2014〕148号）："各单位应当认真贯彻执行国务院决定，全面落实取消税务行政审批项目，及时修改相关表证单书和征管流程，明确取消审批项目后续管理要求，对取消的涉税职业资格许可和认定事项，按照有序承接的要求做好相关工作。"

因此，律师依据《律师法》第二十八条的规定从事税务代理业务，符合法律规定。《注册税务师管理暂行办法》不应成为律师从事税务代理业务的障碍性文件。

## 第四节　税务代理人的法律责任

界定税务代理人的法律责任的基本原则是过错追究原则。就民事责任而言，税务代理人有过错时，应根据过错程度以及与损失之间的因果关系等来决定其承担的民事责任。

根据《民法通则》第六十六条规定，税务代理人如因工作失误或未按期完成税务代理事务等未履行税务代理职责,给委托方造成不应有的损失的,应由受托方负责赔偿。

《税收征收管理法实施细则》第九十八条规定:税务代理人违反税收法律、行政法规,造成纳税人未缴或少缴税款的,除由纳税人缴纳或者补缴应纳税款、滞纳金外,对税务代理人处纳税人未缴或少缴税款50%以上3倍以下的罚款。

# 第一编
## 争议解决涉税诉讼律师实务

# 第一章 涉税民事诉讼律师实务

## 第一节 涉税民事诉讼的类型

涉税民事诉讼,是指需要运用到税收实体法或税收程序法相关规定,通过人民法院解决民事争议的诉讼活动。涉税民事诉讼主要有两类:一类是因税收债权债务关系引发的以税务机关为原告提起的民事诉讼,一类是公民、法人、其他组织相互之间因涉税事项引发纠纷而提起的民事诉讼。

在社会生活中,我们经常会遇到交易双方以合同的形式约定"本次交易所涉应由各自缴纳的税费均由……承担",我们有时会遇到交易双方以合同的形式约定"本次交易所涉全部税费均由……缴纳或代缴",等等。涉及此类约定的效力问题,将在本节后面予以讨论。

## 第二节 因税收债权债务关系引发的以税务机关为原告提起的民事诉讼

《税收征收管理法》第五十条第一款规定:"欠缴税款的纳税人因怠于行使到期债权,或者放弃到期债权,或者无偿转让财产,或者以明显不合理的低价转让财产而受让人知道该情形,对国家税收造成损害的,税务机关可以依照合同法第七十三条、第七十四条的规定行使代位权、撤销权。"第二款规定:"税务机关依照前款规定行使代位权、撤销权的,不免除欠缴税款的纳税人尚未履行的纳税义务和应承担的法律责任。"这是税务机关可以作原告提起代位权诉讼、撤销权诉讼的基本法律依据。分述如下。

### 一、代位权诉讼

**(一) 税务机关提起代位权诉讼的必备条件**

税务机关提起代位权诉讼须具备的要件有如下几方面:

(1) 纳税人有欠缴税款的情形存在，这是最基本的前提条件。
(2) 纳税人怠于行使其到期债权。
(3) 纳税人怠于行使其到期债权的行为给国家税收造成损害，即税款不能及时缴付。
(4) 税务机关提起代位权诉讼的依据是《合同法》第七十三条的规定。

### （二）税务机关行使代位权的法律定位

《合同法》第七十三条第一款规定："因债务人怠于行使其到期债权，对债权人造成损害的，债权人可以向人民法院请求以自己的名义代位行使债务人的债权，但该债权专属于债务人自身的除外。"第二款规定："代位权的行使范围以债权人的债权为限。债权人行使代位权的必要费用，由债务人负担。"可见，税务机关行使代位权的法律定位体现在以下几方面：

(1) 将税收法律关系视为债权债务关系。在这一法律关系中，税务机关是债权人，纳税人是债务人。

(2) 由于视为债务人的纳税人怠于行使期到期债权，对作为债权人的国家（税务机关代表国家）造成损害。《最高人民法院关于适用〈中华人民共和国合同法〉若干问题的解释（一）》[简称《合同法司法解释（一）》] 第十三条规定：合同法第七十三条规定的"债务人怠于行使其到期债权，对债权人造成损害的"，是指债务人不履行其对债权人的到期债务，又不以诉讼方式或者仲裁方式向其债务人主张其享有的具有金钱给付内容的到期债权，致使债权人的到期债权未能实现。

(3) 税务机关只能以向人民法院提起诉讼的方式来行使代位权。也就是说，税务机关行使的代位权是视为一项民事性质的权利，税务机关不得以通常行使行政职权的方式进行。简言之，税务机关以行使行政权力的方式自行行使代位权（比如自行从纳税人的债务人处扣划存款等）将被视为违法。

(4) 税务机关提起的代位权诉讼在性质上属于民事诉讼，适用民事诉讼程序法的相关规定。

(5) 纳税人的债权不是专属于纳税人自身的债权。《合同法司法解释（一）》第十二条规定：合同法第七十三条第一款规定的专属于债务人自身的债权，是指基于扶养关系、扶养关系、赡养关系、继承关系产生的给付请求权和劳动报酬、退休金、养老金、抚恤金、安置费、人寿保险、人身伤害赔偿请求权等权利。

(6) 税务机关行使税收代位权的范围以纳税人欠缴的税款等为限。

(7) 税务机关行使代位权的必要费用（律师代理费、差旅费等），由纳税人负担。

### （三）税务机关提起代位权诉讼的注意事项

根据《合同法司法解释（一）》关于代位权诉讼的规定，税务机关提起代位权诉讼，应注意以下规定：

(1) 次债务人（即债务人的债务人）不认为债务人有怠于行使其到期债权情况的，

应当承担举证责任。

(2) 债权人依照合同法第七十三条的规定提起代位权诉讼的,由被告住所地人民法院管辖。

(3) 债权人以次债务人为被告向人民法院提起代位权诉讼,未将债务人列为第三人的,人民法院可以追加债务人为第三人。

(4) 债务人在代位权诉讼中对债权人的债权提出异议,经审查异议成立的,人民法院应当裁定驳回债权人的起诉。

(5) 债权人向次债务人提起的代位权诉讼经人民法院审理后认定代位权成立的,由次债务人向债权人履行清偿义务,债权人与债务人、债务人与次债务人之间相应的债权债务关系即予消灭。但《税收征收管理法》第五十条第二款规定:"税务机关依照前款规定行使代位权、撤销权的,不免除欠缴税款的纳税人尚未履行的纳税义务和应承担的法律责任。"故对于税务机关行使代位权未追回的款项,纳税人仍有继续缴纳的义务。

(6) 债务人在代位权诉讼中,对超过债权人代位请求数额的债权部分起诉次债务人的,人民法院应当告知其向有管辖权的人民法院另行起诉。债务人的起诉符合法定条件的,人民法院应当受理;受理债务人起诉的人民法院在代位权诉讼裁决发生法律效力以前,应当依法中止。

## 二、撤销权诉讼

### (一) 税务机关提起撤销权诉讼的必备要件

税务机关提起撤销权诉讼须具备的要件有如下几方面:

(1) 纳税人有欠缴税款的情形存在,这是最基本的前提条件。

(2) 纳税人有下列行为之一:放弃到期债权,或者无偿转让财产,或者以明显不合理的低价转让财产而受让人知道该情形。

(3) 纳税人的前述行为给国家税收造成损害,即税款不能及时缴付。

(4) 税务机关提起撤销权诉讼的依据是合同法第七十四条的规定。

### (二) 税务机关行使撤销权的法律定位

《合同法》第七十四条第一款规定:"因债务人放弃其到期债权或者无偿转让财产,对债权人造成损害的,债权人可以请求人民法院撤销债务人的行为。债务人以明显不合理的低价转让财产,对债权人造成损害,并且受让人知道该情形的,债权人也可以请求人民法院撤销债务人的行为。"第二款规定:"撤销权的行使范围以债权人的债权为限。债权人行使撤销权的必要费用,由债务人负担。"可见,税务机关行使撤销权的法律定位体现在以下几方面:

(1) 将税收法律关系视为债权债务关系。在这一法律关系中,税务机关是债权人,纳税人是债务人。

（2）由于视为债务人的纳税人放弃到期债权，或者无偿转让财产，或者以明显不合理的低价转让财产而受让人知道该情形，对作为债权人的国家（税务机关代表国家）造成损害。

（3）税务机关只能以向人民法院提起诉讼的方式来行使撤销权。也就是说，税务机关行使的撤销权是视为一项民事性质的权利，税务机关不得以通常行使行政职权的方式进行。简言之，税务机关以行使行政权力的方式自行行使撤销权将被视为违法。

（4）税务机关提起的撤销权诉讼在性质上属于民事诉讼，适用民事诉讼程序法的相关规定。

（5）纳税人的债权不是专属于纳税人自身的债权。

（6）税务机关行使税收撤销权的范围以纳税人欠缴的税款等为限。

（7）税务机关行使撤销权的必要费用（包括律师代理费、差旅费等），由纳税人（债务人）负担，第三人有过错的，应当适当分担。

**（三）税务机关提起撤销权诉讼的注意事项**

根据《合同法司法解释（一）》关于撤销权诉讼的规定，税务机关提起撤销权诉讼，应注意：

（1）债权人依照合同法第七十四条的规定提起撤销权诉讼的，由被告住所地人民法院管辖。

（2）债权人依照合同法第七十四条的规定提起撤销权诉讼时只以债务人为被告，未将受益人或者受让人列为第三人的，人民法院可以追加该受益人或者受让人为第三人。

（3）债权人依照合同法第七十四条的规定提起撤销权诉讼，请求人民法院撤销债务人放弃债权或转让财产的行为，人民法院应当就债权人主张的部分进行审理，依法撤销的，该行为自始无效。两个或者两个以上债权人以同一债务人为被告，就同一标的提起撤销权诉讼的，人民法院可以合并审理。

（4）撤销权自债权人知道或者应当知道撤销事由之日起一年内行使。自债务人的行为发生之日起五年内没有行使撤销权的，该撤销权消灭。

# 第三节　公民、法人、其他组织相互之间因涉税事项引发纠纷而提起的民事诉讼

## 一、关于税收担保民事诉讼

税收担保民事诉讼，是指纳税担保人基于为纳税人提供纳税担保而产生的其与纳税

人之间的民事纠纷而提起的诉讼。也就是说,税收担保民事诉讼中的当事人主要是纳税人和纳税担保人。

税收担保民事诉讼中,根据我国现行税法的相关规定,税务机关一般不会成为民事诉讼中的原告或被告。但税务机关可能因为税收担保法律关系产生纠纷而成为行政诉讼中的被告,税务机关也可能因为税收担保法律关系而成为民事诉讼中的第三人。具体分析如下:

(一)纳税担保合同签订的有关规定

《税收征收管理法》第六十二条第一款规定:"纳税担保人同意为纳税人提供纳税担保的,应当填写纳税担保书,写明担保对象、担保范围、担保期限和担保责任以及其他有关事项。担保书须经纳税人、纳税担保人签字盖章并经税务机关同意,方为有效。"第二款规定:"纳税人或者第三人以其财产提供纳税担保的,应当填写财产清单,并写明财产价值以及其他有关事项。纳税担保财产清单须经纳税人、第三人签字盖章并经税务机关确认,方为有效。"此处"税务机关的确认"应为盖章确认。

《税收征收管理法实施细则》第六十一条第一款规定"税收征管法第三十八条、第八十八条所称担保,包括经税务机关认可的纳税保证人为纳税人提供的纳税保证,以及纳税人或者第三人以其未设置或者未全部设置担保物权的财产提供的担保",第二款规定"纳税保证人,是指在中国境内具有纳税担保能力的自然人、法人或者其他经济组织",第三款规定"法律、行政法规规定的没有担保资格的单位和个人,不得作为纳税担保人"。

有关抵押、质押的办理适用《中华人民共和国物权法》(简称《物权法》)中相关规定。抵押、质押按规定属于必须办理登记,则在办理登记后才产生抵押、质押的效力。有关保证的办理适用《中华人民共和国担保法》(简称《担保法》)中有关规定。

国家税务总局于2005年7月1日发布施行的《纳税担保试行办法》对纳税担保(保证、抵押、质押)的相关事宜作了详细的指导性规定。主要规定如下:

(1)纳税担保的方式有:保证、抵押、质押。

(2)纳税人有下列情况之一的,适用纳税担保:①税务机关有根据认为从事生产、经营的纳税人有逃避纳税义务行为,在规定的纳税期之前经责令其限期缴纳应纳税款,在限期内发现纳税人有明显的转移、隐匿其应纳税的商品、货物以及其他财产或者应纳税收入的迹象,责成纳税人提供纳税担保的;②欠缴税款、滞纳金的纳税人或者其法定代表人需要出境的;③纳税人同税务机关在纳税上发生争议而未缴清税款,需要申请行政复议的;④税收法律、行政法规规定可以提供纳税担保的其他情形。

(3)纳税担保范围包括税款、滞纳金和实现税款、滞纳金的费用。费用包括抵押、质押登记费用,质押保管费用,以及保管、拍卖、变卖担保财产等相关费用支出。

(4)纳税保证须经税务机关确认。税务机关不确认,保证不成立。纳税保证为连带责任保证,纳税人和纳税保证人对所担保的税款及滞纳金承担连带责任。

(5) 纳税保证人，是指在中国境内具有纳税担保能力的自然人、法人或者其他经济组织。法人或其他经济组织财务报表资产净值超过需要担保的税额及滞纳金2倍以上的，自然人、法人或其他经济组织所拥有或者依法可以处分的未设置担保的财产的价值超过需要担保的税额及滞纳金的，为具有纳税担保能力。

(6) 国家机关，学校、幼儿园、医院等事业单位，社会团体不得作为纳税保证人。企业法人的职能部门不得为纳税保证人。企业法人的分支机构有法人书面授权的，可以在授权范围内提供纳税担保。

有以下情形之一的，不得作为纳税保证人：①有偷税、抗税、骗税、逃避追缴欠税行为被税务机关、司法机关追究过法律责任未满2年的；②因有税收违法行为正在被税务机关立案处理或涉嫌刑事犯罪被司法机关立案侦查的；③纳税信誉等级被评为C级以下的；④在主管税务机关所在地的市（地、州）没有住所的自然人或税务登记不在本市（地、州）的企业；⑤无民事行为能力或限制民事行为能力的自然人；⑥与纳税人存在担保关联关系的；⑦有欠税行为的。

(7) 纳税担保书须经纳税人、纳税保证人签字盖章并经税务机关签字盖章同意方为有效。

(8) 保证期间为纳税人应缴纳税款期限届满之日起60日，即税务机关自纳税人应缴纳税款的期限届满之日起60日内有权要求纳税保证人承担保证责任，缴纳税款、滞纳金。履行保证责任的期限为15日，即纳税保证人应当自收到税务机关的纳税通知书之日起15日内履行保证责任，缴纳税款及滞纳金。纳税保证期间内税务机关未通知纳税保证人缴纳税款及滞纳金以承担担保责任的，纳税保证人免除担保责任。

(9) 纳税人在规定的期限届满未缴清税款及滞纳金，税务机关在保证期限内书面通知纳税保证人的，纳税保证人应按照纳税担保书约定的范围，自收到纳税通知书之日起15日内缴纳税款及滞纳金，履行担保责任。纳税保证人未按照规定的履行保证责任的期限缴纳税款及滞纳金的，由税务机关发出责令限期缴纳通知书，责令纳税保证人在限期15日内缴纳；逾期仍未缴纳的，经县以上税务局（分局）局长批准，对纳税保证人采取强制执行措施，通知其开户银行或其他金融机构从其存款中扣缴所担保的纳税人应缴纳的税款、滞纳金，或扣押、查封、拍卖、变卖其价值相当于所担保的纳税人应缴纳的税款、滞纳金的商品、货物或者其他财产，以拍卖、变卖所得抵缴担保的税款、滞纳金。

(10) 下列财产可以抵押：①抵押人所有的房屋和其他地上定着物；②抵押人所有的机器、交通运输工具和其他财产；③抵押人依法有权处分的国有的房屋和其他地上定着物；④抵押人依法有权处分的国有的机器、交通运输工具和其他财产；⑤经设区的市、自治州以上税务机关确认的其他可以抵押的合法财产。

(11) 下列财产不得抵押：①土地所有权；②学校、幼儿园、医院等以公益为目的的事业单位、社会团体、民办非企业单位的教育设施、医疗卫生设施和其他社会公益设施；③所有权、使用权不明或者有争议的财产；④依法被查封、扣押、监管的财产；

⑤依法定程序确认为违法、违章的建筑物;⑥法律、行政法规规定禁止流通的财产或者不可转让的财产;⑦经设区的市、自治州以上税务机关确认的其他不予抵押的财产。

(12) 学校、幼儿园、医院等以公益为目的事业单位、社会团体,可以其教育设施、医疗卫生设施和其他社会公益设施以外的财产为其应缴纳的税款及滞纳金提供抵押。

(13) 纳税担保书和纳税担保财产清单须经纳税人签字盖章并经税务机关确认。

(14) 纳税抵押财产应当办理抵押物登记。纳税抵押自抵押物登记之日起生效。纳税人应向税务机关提供由以下部门出具的抵押登记的证明及其复印件(以下简称证明材料):①以城市房地产或者乡(镇)、村企业的厂房等建筑物抵押的,提供县级以上地方人民政府规定部门出具的证明材料;②以船舶、车辆抵押的,提供运输工具的登记部门出具的证明材料;③以企业的设备和其他动产抵押的,提供财产所在地的工商行政管理部门出具的证明材料或者纳税人所在地的公证部门出具的证明材料。

(15) 纳税担保人以其财产为纳税人提供纳税抵押担保的,按照纳税人提供抵押担保的规定执行;纳税担保书和纳税担保财产清单须经纳税人、纳税担保人签字盖章并经税务机关确认。纳税人在规定的期限届满未缴清税款、滞纳金的,税务机关应当在期限届满之日起15日内书面通知纳税担保人自收到纳税通知书之日起15日内缴纳担保的税款、滞纳金。纳税担保人未按照前款规定的期限缴纳所担保的税款、滞纳金的,由税务机关责令限期在15日内缴纳;逾期仍未缴纳的,经县以上税务局(分局)局长批准,税务机关依法拍卖、变卖抵押物,抵缴税款、滞纳金。

(16) 纳税质押,是指经税务机关同意,纳税人或纳税担保人将其动产或权利凭证移交税务机关占有,将该动产或权利凭证作为税款及滞纳金的担保。纳税人逾期未缴清税款及滞纳金的,税务机关有权依法处置该动产或权利凭证以抵缴税款及滞纳金。纳税质押分为动产质押和权利质押。

(17) 纳税人提供质押担保的,应当填写纳税担保书和纳税担保财产清单并签字盖章。纳税质押自纳税担保书和纳税担保财产清单经税务机关确认和质物移交之日起生效。

(18) 以汇票、支票、本票、公司债券出质的,税务机关应当与纳税人背书清单记载"质押"字样。以存款单出质的,应由签发的金融机构核押。

(19) 纳税担保书和纳税担保财产清单须经纳税人、纳税担保人签字盖章并经税务机关确认。纳税人在规定的期限内未缴清税款、滞纳金的,税务机关应当在期限届满之日起15日内书面通知纳税担保人自收到纳税通知书之日起15日内缴纳担保的税款、滞纳金。纳税担保人未按照前款规定的期限缴纳所担保的税款、滞纳金,由税务机关责令限期在15日内缴纳;缴清税款、滞纳金的,税务机关自纳税担保人缴清税款及滞纳金之日起3个工作日内返还质物、解除质押关系;逾期仍未缴纳的,经县以上税务局(分局)局长批准,税务机关依法拍卖、变卖质物,抵缴税款、滞纳金。

(20) 纳税人、纳税担保人采取欺骗、隐瞒等手段提供担保的,由税务机关处以

1000元以下的罚款;属于经营行为的,处以10000元以下的罚款。非法为纳税人、纳税担保人实施虚假纳税担保提供方便的,由税务机关处以1000元以下的罚款。

(21)纳税人采取欺骗、隐瞒等手段提供担保,造成应缴税款损失的,由税务机关按照《税收征收管理法》第六十八条规定处以未缴、少缴税款50%以上5倍以下的罚款。

(二)纳税担保合同的性质

就税收担保行为的性质来看,更符合民事法律行为的特征。纳税担保书需要纳税人、纳税担保人、税务机关签字盖章后方可生效,其事实上形成了一份担保合同。纳税担保合同具有一般担保合同的法律特征,就纳税人与纳税担保人之间的法律关系而言,属于民事担保法律关系。但纳税担保合同与一般担保合同不同的是,纳税担保合同一经生效,又形成了税务机关与纳税担保人之间的行政管理法律关系,纳税担保人即成为税收征纳关系中的行政相对人,税务机关对纳税担保合同具有强制执行权。《税收征收管理法》第四十条第一款规定:"从事生产、经营的纳税人、扣缴义务人未按照规定的期限缴纳或者解缴税款,纳税担保人未按照规定的期限缴纳所担保的税款,由税务机关责令限期缴纳,逾期仍未缴纳的,经县以上税务局(分局)局长批准,税务机关可以采取下列强制执行措施:(一)书面通知其开户银行或者其他金融机构从其存款中扣缴税款;(二)扣押、查封、依法拍卖或者变卖其价值相当于应纳税款的商品、货物或者其他财产,以拍卖或者变卖所得抵缴税款。"第二款规定:"税务机关采取强制执行措施时,对前款所列纳税人、扣缴义务人、纳税担保人未缴纳的滞纳金同时强制执行。"第三款规定:"个人及其所扶养家属维持生活必需的住房和用品,不在强制执行措施的范围之内。"可见,纳税担保人对于税务机关而言,就是行政管理相对人。税务机关对其采取的强制执行措施,性质应属于行政行为。纳税担保人对税务机关的强制执行措施不服时,有权申请行政复议或提起行政诉讼,而不是民事诉讼。

## 二、税收优先权民事诉讼

税收优先权民事诉讼是指因税务机关行使税收优先权而引发其他相关民事主体之间产生争议而提起的民事诉讼。

(一)关于税收优先权的相关规定

《税收征收管理法》第四十五条第一款规定:"税务机关征收税款,税收优先于无担保债权,法律另有规定的除外;纳税人欠缴的税款发生在纳税人以其财产设定抵押、质押或者纳税人的财产被留置之前的,税收应当先于抵押权、质权、留置权执行。"第二款规定:"纳税人欠缴税款,同时又被行政机关决定处以罚款、没收违法所得的,税收优先于罚款、没收违法所得。"第三款规定:"税务机关应当对纳税人欠缴税款的情况定期予以公告。"

《税收征收管理法》第四十六条规定:"纳税人有欠税情形而以其财产设定抵押、质押的,应当向抵押权人、质权人说明其欠税情况。抵押权人、质权人可以请求税务机关提供有关的欠税情况。"

《税收征收管理法实施细则》第七十六条规定:"县级以上各级税务机关应当将纳税人的纳税情况,在办税场所或者广播、电视、报纸、期刊、网络等新闻媒体上定期公告。"

由国家税务总局发布并于2005年1月1日施行的《欠税公告办法(试行)》的主要内容如下。

(1) 欠税情形。欠税是指纳税人超过税收法律、行政法规规定的期限或者纳税人超过税务机关依照税收法律、行政法规规定确定的纳税期限(以下简称"税款缴纳期限")未缴纳的税款,包括:①办理纳税申报后,纳税人未在税款缴纳期限内缴纳的税款;②经批准延期缴纳的税款期限已满,纳税人未在税款缴纳期限内缴纳的税款;③税务检查已查定纳税人的应补税额,纳税人未在税款缴纳期限内缴纳的税款;④税务机关根据《税收征收管理法》第二十七条、第三十五条核定纳税人的应纳税额,纳税人未在税款缴纳期限内缴纳的税款;⑤纳税人的其他未在税款缴纳期限内缴纳的税款。

税务机关对前述规定的欠税数额应当及时核实。公告的欠税不包括滞纳金和罚款。

扣缴义务人、纳税担保人的欠税公告参照本办法的规定执行。

(2) 公告时间。公告机关应当按期在办税场所或者广播、电视、报纸、期刊、网络等新闻媒体上公告纳税人的欠缴税款情况:①企业或单位欠税的,每季公告1次;②个体工商户和其他个人欠税的,每半年公告1次;③走逃、失踪的纳税户以及其他经税务机关查无下落的非正常户欠税的,随时公告。

(3) 欠税公告内容。①企业或单位欠税的,公告企业或单位的名称、纳税人识别号、法定代表人或负责人姓名、居民身份证或其他有效身份证件号码、经营地点、欠税税种、欠税余额和当期新发生的欠税金额;②个体工商户欠税的,公告业户名称、业主姓名、纳税人识别号、居民身份证或其他有效身份证件号码、经营地点、欠税税种、欠税余额和当期新发生的欠税金额;③个人(不含个体工商户)欠税的,公告其姓名、居民身份证或其他有效身份证件号码、欠税税种、欠税余额和当期新发生的欠税金额。

(4) 欠税公告的实施机关。①企业、单位纳税人欠缴税款200万元以下(不含200万元),个体工商户和其他个人欠缴税款10万元以下(不含10万元)的由县级税务局(分局)在办税服务厅公告;②企业、单位纳税人欠缴税款200万元以上(含200万元),个体工商户和其他个人欠缴税款10万元以上(含10万元)的,由地(市)级税务局(分局)公告;③对走逃、失踪的纳税户以及其他经税务机关查无下落的纳税人欠税的,由各省、自治区、直辖市和计划单列市国家税务局、地方税务局公告。

公告机关应确保公告数据的真实、准确。欠税一经确定,公告机关应当以正式文书的形式签发公告决定,向社会公告。

(5) 可不公告的情形。欠税公告的数额实行欠税余额和新增欠税相结合的办法，对纳税人的以下欠税，税务机关可不公告：①已宣告破产，经法定清算后，依法注销其法人资格的企业欠税；②被责令撤销、关闭，经法定清算后，被依法注销或吊销其法人资格的企业欠税；③已经连续停止生产经营1年（按日历日期计算）以上的企业欠税；④失踪2年以上的纳税人的欠税。

(6) 其他事项。

范围及保密：公告机关公告纳税人欠税情况不得超出本办法规定的范围，并应依照《税收征收管理法》及其实施细则的规定对纳税人的有关情况进行保密。

虽公告但不停催缴税款：欠税发生后，除依照本办法公告外，税务机关应当依法催缴并严格按日计算加收滞纳金，直至采取税收保全、税收强制执行措施清缴欠税。任何单位和个人不得以欠税公告代替税收保全、税收强制执行等法定措施的实施，干扰清缴欠税。各级公告机关应指定部门负责欠税公告工作，并明确其他有关职能部门的相关责任，加强欠税管理。

应公告时税务机关必须公告：公告机关应公告不公告或者应上报不上报，给国家税款造成损失的，上级税务机关除责令其改正外，应按相关规定，对直接责任人员予以处理。

## （二）对于税收优先权相关规定的解释

由于税务机关行使税收优先权时，法律已经赋予其强制执行权和向人民法院申请执行的权利，因此，税务机关不会成为税收优先权民事诉讼案件中的原告。那么，税务机关是否成为税收优先权民事案件中的被告呢？笔者认为也不会。即使税务机关在行使税收优先权不当而侵犯了纳税人或第三人的合法权益，由于税务机关行使税收优先权的行为本质上属于行政行为，那么由此而引发的以税务机关为被告的诉讼也属于行政诉讼而非民事诉讼。

税务机关行使税收优先权有可能引发其他相关民事主体之间的民事诉讼，比如，税务机关优先执行了纳税人已为第三人设定了抵押权、质权、留置权的财产，从而导致第三人的民事权利受损，可能引发第三人与纳税人之间的民事权益争议。此种情况下，税务机关可能成为民事诉讼中的第三人，但不可能成为民事诉讼中的被告。即使税务机关行使税收优先权错误而侵害了第三人的合法权益，第三人对税务机关提起诉讼也应该是行政诉讼而非民事诉讼。

## 三、公民、法人、其他组织相互之间的其他涉税民事诉讼

在社会生活中，我们经常会遇到交易双方以合同的形式约定"本次交易所涉应由各自缴纳的税费均由……承担"。涉及此约定的效力问题，笔者持以下观点。

(1) 判断合同是否有效，主要看其是否违反法律、行政法规的效力性强制性规定。

此约定并不违反税法的效力性强制性规定。因此，此约定属于有效约定。但根据合同的相对性原则，此约定仅对签约各方产生法律效力，对税务机关并不具有约束力。税务机关行使征税权力的法律依据是税法，而并非当事人之间的合同。因此，此约定对税务机关征税并无影响，税务机关不受其约束。

（2）如果税务机关在此约定的合同上签署同意意见并加盖税务机关印章，则此约定对税务机关具有约束力。因为根据合同法中关于债权债务转移的原理，如果将税务机关应收税款视为债权，经债权人同意，则债务人可转移债务。实践中，税务机关不太可能在这种合同上签署同意意见以及加盖印章。当然，纳税担保合同中，如果税务机关同意担保，则税务机关会在其上签署同意意见并加盖税务机关印章。所以，经税务机关同意的纳税担保合同对税务机关具有法律约束力。

在社会生活中，我们有时会遇到交易双方以合同的形式约定"本次交易所涉全部税费均由……缴纳或代缴"。涉及此约定的效力问题，笔者意见同前述一致。但此约定中的"缴纳或代缴"与前述约定中的"承担"是不同的。所谓"缴纳或代缴"，可以理解为缴税行为的实施，是一种行为约定。缴纳税款的行为依法是可以由他人代理实施的，故此约定并不违反税法的效力性强制性规定。但这种行为的后果应由谁"承担"，也就是说，税款最终由谁"负担"（或"承担"），则应结合合同其他条款进行理解。

总之，由于税法规定的纳税人事实上是国家作为征税主体时的债务人，但税法对该税收债务最终实际承担者并不作效力性强制性规定，故纳税人通过合同约定将其实际应纳税款的承担进行转嫁，并不违反税法的效力性强制性规定。只是这种约定未经税务机关同意时，对税务机关不产生约束力。至于在约定双方之间是否产生法律效力，笔者认为，只要不违反其他法律、行政法规的效力性强制性规定，就应该有效。

# 第二章 涉税行政诉讼律师实务

## 第一节 税务行政诉讼概述

《中华人民共和国行政诉讼法》是1989年4月由全国人民代表大会（简称"全国人大"）七届二次会议通过，于1990年10月1日起施行（简称原《行诉法》）。1999年11月24日最高人民法院审判委员会通过了《关于执行〈中华人民共和国行政诉讼法〉若干问题的解释》（简称原《行诉法司法解释》），于2000年3月10日起施行。

2014年12月23日，十二届全国人大常委会第六次会议审议通过《中华人民共和国行政诉讼法》修正案，修改后的行政诉讼法于2015年5月1日起施行（简称新《行诉法》）。针对修改后的行政诉讼法，最高人民法院审判委员会于2015年4月20日通过了《关于适用〈中华人民共和国行政诉讼法〉若干问题的解释》（简称新《行诉法司法解释》），自2015年5月1日起施行。新《行诉法司法解释》第二十七条规定："最高人民法院以前发布的司法解释与本解释不一致的，以本解释为准。"可见，新《行诉法司法解释》并没有废止原《行诉法司法解释》，只是不一致的，以新《行诉法司法解释》为准。

税务行政诉讼，是指税务行政相对人以及其他与税务行政行为有利害关系的公民、法人或者其他组织认为税务机关作出的行政行为侵犯其合法权益，依法向法院提起诉讼，请求法院对被诉的行政行为进行审查，法院在诉讼当事人和其他诉讼参与人的参加下对行政案件进行审理并作出裁判的活动。

### 一、谁作为原告

根据新《行诉法》第二十六条规定，下列主体可以作为税务行政诉讼的原告。

（1）税务行政行为的相对人，包括纳税人、扣缴义务人、纳税担保人或其他税务行政相对人。

（2）其他与税务行政行为有利害关系的公民、法人或者其他组织。

原《行诉法》第二十四条规定"依照本法提起诉讼的公民、法人或者其他组织是原告"，并没有明确规定与行政行为有利害关系的公民、法人或其他组织可以作为原告。

原《行诉法司法解释》第十二条对"行政诉讼原告"作了扩大解释,规定:"与具体行政行为有法律上利害关系的公民、法人或者其他组织对该行为不服的,可以依法提起行政诉讼。"新《行诉法》第二十六条第一款对此有所修改,规定:"行政行为的相对人以及其他与行政行为有利害关系的公民、法人或者其他组织,有权提起诉讼。"可见,可以作为税务行政行为原告的不仅包括税务行政相对人,还包括其他与税务行政行为有利害关系的公民、法人或者其他组织。

(3) 有权提起诉讼的公民死亡,其近亲属可以提起诉讼。

此规定在原《行诉法》第二十四条第二款、新《行诉法》第二十六条第二款。原《行诉法司法解释》第十一条对近亲属的范围作了明确界定,即"包括配偶、父母、子女、兄弟姐妹、祖父母、外祖父母、孙子女、外孙子女和其他具有扶养、赡养关系的亲属"。

与刑事诉讼、民事诉讼中规定的"近亲属"的范围各不相同。具体表现在:①《中华人民共和国刑事诉讼法》(简称《刑事诉讼法》)第一百零六条第一款(六)项规定的"近亲属"的范围是"夫、妻、父、母、子女、同胞兄弟姊妹";②《最高人民法院关于贯彻执行〈中华人民共和国民法通则〉若干问题的意见(试行)》第12条规定"民法通则中规定的近亲属,包括配偶、父母、子女、兄弟姐妹、祖父母、外祖父母、孙子女、外孙子女"。这就明确界定了民事诉讼中"近亲属"的范围。当然,在民事诉讼中的诉讼代理人的资格问题上,根据《最高人民法院关于适用〈中华人民共和国民事诉讼法〉的解释》(简称《民诉法司法解释》)第八十五条规定,"与当事人有夫妻、直系血亲、三代以内旁系血亲、近姻亲关系以及其他有抚养、赡养关系的亲属"可以当事人"近亲属"的名义作为诉讼代理人。

(4) 有权提起诉讼的法人或者其他组织终止,承受其权利的法人或者其他组织可以提起诉讼。

### 二、谁作为被告

根据新《行诉法》第二十七条规定,按下列方式确定税务行政诉讼的被告:

(1) 公民、法人或者其他组织直接向人民法院提起诉讼的,作出税务行政行为的税务行政机关是被告。

(2) 经复议的案件,复议机关决定维持原税务行政行为的,作出原税务行政行为的税务行政机关和复议机关是共同被告;复议机关改变原税务行政行为的,复议机关是被告。

需要说明的是,对于经复议的案件,复议机关决定维持原行政行为的,原《行诉法》规定的是仅将作出原行政行为的行政机关作为被告,这样就造成实践中复议机关为了不当被告,复议决定基本上都是维持决定。故新《行诉法》对此做了修改,对于复议决定维持原行政行为的,将复议机关同时列为被告。

（3）复议机关在法定期限内未作出复议决定，公民、法人或者其他组织起诉原税务行政行为的，作出原税务行政行为的税务行政机关是被告；起诉复议机关不作为的，复议机关是被告。

（4）由税务行政机关委托的组织所作出的税务行政行为，委托的税务行政机关是被告。

根据原《行诉法司法解释》第二十条第二、第三款规定，对于税务行政机关的派出机构，如果税法明确直接对派出机构授予税务行政管理权，其作出税务行政行为时，该派出机构直接作为被告。

（5）某税务行政机关与其他税务行政机关或其他行政机关共同作出行政行为的，则共同作出行政行为的行政机关是共同被告。

（6）税务行政机关被撤销或者职权变更的，继续行使其职权的行政机关是被告；如果没有继续行使其职权的行政机关，则撤销该税务行政机关的行政机关是被告。

## 三、关于第三人

根据新《行诉法》第三十条规定，可以作为税务行政诉讼的第三人的情形有：

（1）公民、法人或者其他组织同被诉税务行政行为有利害关系但没有提起诉讼。

如果公民、法人或者其他组织因与被诉税务行政行为有利害关系已就税务行政行为单独另行提起了行政诉讼，则不能作为第三人。

（2）公民、法人或其他组织同案件处理结果有利害关系的。

第三人参加诉讼的方式有两种：一是申请参加诉讼，二是由人民法院通知参加诉讼。第三人权利主要有：有权委托诉讼代理人，代理参加诉讼；有权提出与本案有关的诉讼主张；对于人民法院判决承担义务的第三人，有权依法提起上诉；等等。

## 四、关于推选代表人（共同诉讼中）

根据新《行诉法》第二十九条规定，当事人一方人数众多的共同诉讼，可以由当事人推选代表人进行诉讼。代表人的诉讼行为对其所代表的当事人发生效力，但代表人变更、放弃诉讼请求，必须经被代表的当事人同意。

对于税务行政诉讼，主要是原告一方有可能出现人数众多的情形，出现此情形时，则可以推选代表人进行诉讼。

推选代表人不同于法定代表人。法定代表人是行政机关的代表者，是法人的代表机关，代表法人进行诉讼，可以直接变更、放弃诉讼请求等。而推选代表人变更、放弃诉讼请求，必须经被代表的当事人同意。

推选代表人也不同于诉讼代理人。推选代表人是本案的当事人，与本案的诉讼标的有法律上的利害关系，其参加诉讼的目的是为了保护自己和被代表的当事人的权益，并且要受人民法院裁判的约束。

## 五、关于代理人

税务行政诉讼的代理人是指基于法律规定、法院指定或接受委托代理税务行政诉讼的自然人。可分为法定代理人、指定代理人、委托代理人。

基于法律的直接规定取得代理权，代表无诉讼行为能力或限制诉讼行为能力的公民进行诉讼的自然人，是法定代理人。

经法院指定，代理无诉讼行为能力的公民进行税务行政诉讼活动的自然人，是指定代理人。

接受当事人、法定代理人的委托授权而代为进行税务行政诉讼的自然人，是委托代理人。在税务行政诉讼中，当事人、法定代理人，可以委托1~2人作为委托代理人。下列人员可以被委托为诉讼代理人：①律师、基层法律服务工作者；②当事人的近亲属或者工作人员；③当事人所在社区、单位以及有关社会团体推荐的公民。

## 第二节 税务行政诉讼的受案范围

税务行政诉讼的受案范围，是指人民法院可以受理税务行政诉讼案件的范围，即根据行政诉讼法规定，人民法院对哪些税务行政诉讼案件具有管辖权。

新《行诉法》中将原《行诉法》中"具体行政行为"的表述均修改为"行政行为"，去掉了"具体"两字，实质上间接地扩大了行政诉讼的受案范围。根据新《行诉法》第十二条至第十四条规定，结合税法相关规定，税务行政诉讼的受案范围列举如下：

（1）对税务机关的征税行为不服的案件。

征税行为，包括确认纳税主体、征税对象、征税范围、减税、免税、退税、抵扣税款、适用税率、计税依据、纳税环节、纳税期限、纳税地点和税款征收方式等行政行为，征收税款、加收滞纳金，扣缴义务人、受税务机关委托的单位和个人作出的代扣代缴、代收代缴、代征行为等。

对于征税行为不服的案件，复议是诉讼的必经前置程序。也就是说，未经复议，不得向法院起诉。

（2）认为税务机关不依法确认纳税担保行为的案件。

比如对征税行为不服，申请复议前应先缴纳税款、滞纳金或提供相应的担保（包括抵押、质押、保证），纳税人认为自己已依法提供担保，但税务机关不依法出具确认书，致使纳税人无法进入复议程序，这种情况下，纳税人可以以要求税务机关确认纳税担保行为为诉讼请求提起行政诉讼。

(3) 对税务机关采取的税收保全措施不服的案件。

根据《税收征收管理法》第三十八条规定，税务机关采取的税收保全措施包括：①书面通知纳税人开户银行或其他金融机构冻结纳税人的金额相当于应纳税款的存款；②扣押、查封纳税人的价值相当于应纳税款的商品、货物或其他财产。

(4) 对税务机关采取的税收强制执行措施不服的案件。

根据《税收征收管理法》第四十条规定，税务机关对纳税人、扣缴义务人、纳税担保人采取的税收强制执行措施包括：①书面通知其开户银行或其他金融机构从其存款中扣缴税款；②扣押、查封、依法拍卖或者变卖其价值相当于应纳税款的商品、货物或其他财产，以拍卖变卖所得抵缴税款。

(5) 对税务机关作出的税务行政处罚行为不服的案件。

该类案件包括：①罚款（包括逾期缴纳罚款的加处罚款）；②没收财物和违法所得；③停止出口退税权。

(6) 认为税务机关有不依法履行下列职责的行为的案件：①颁发税务登记；②开具、出具完税凭证、外出经营活动税收管理证明；③行政赔偿；④行政奖励；⑤其他不依法履行职责的行为。

(7) 对税务机关作出的通知出入境管理机关阻止出境行为不服的案件。

(8) 对税务机关发售、收缴、代开发票等发票管理行为不服的案件。

(9) 对税务机关作出的纳税信用等级评定行为不服的案件。

(10) 对税务机关的行政许可、行政审批行为不服的案件。

(11) 对税务机关作出的资格认定行为不服的案件。

(12) 对其他税务行政行为不服的案件。

另外，根据新《行诉法》第十四条规定，公民、法人或者其他组织认为税务行政行为侵犯其合法权益，造成损害的，有权依照《中华人民共和国国家赔偿法》（简称《国家赔偿法》）的规定请求赔偿。可以在提起税务行政诉讼（或税务行政复议）的同时，提出附带赔偿诉讼。如果单独请求国家赔偿，则应先向赔偿义务机关提出，不得直接起诉。

根据新《行诉法》第五十四条规定，公民、法人或者其他组织认为税务行政行为所依据的国务院部门和地方人民政府及其部门制定的规范性文件不合法，在对税务行政行为提起诉讼时，可以一并请求对该规范性文件进行审查（此处的规范性文件不含规章）。

# 第三节 税务行政诉讼管辖

税务行政诉讼管辖是指上下级人民法院之间和同级人民法院之间受理第一审税务行政案件的分工和权限。税务行政诉讼管辖分级别管辖和地域管辖。级别管辖是指人民法院上下级之间受理行政诉讼的分工和权限。地域管辖是指同级人民法院之间受理第一审行政案件的分工和权限。

## 一、级别管辖

（1）第一审税务行政案件由基层人民法院管辖。高级人民法院可以确定若干基层人民法院跨行政区域管辖第一审税务行政案件。

（2）中级人民法院管辖下列第一审行政案件：①专利、商标确权案件以及海关处理的案件；②对国务院部门（如国家税务总局）或者县级以上地方人民政府所作的行政行为提起诉讼的案件；③本辖区内重大、复杂的案件。

（3）高级人民法院管辖本辖区内重大、复杂的第一审行政案件。最高人民法院管辖全国范围内重大、复杂的第一审行政案件。

需要注意的是，就级别管辖而言，案件"可以上移但不可以下移"。即上级人民法院有权审理下级人民法院管辖的第一审行政案件。新《行诉法》删除了原《行诉法》中"（上级人民法院）也可以把自己管辖的第一审行政案件移交下级人民法院审判"的内容，故上级人民法院不得将自己管辖的第一审行政案件移交下级人民法院审判。下级人民法院对其管辖的第一审行政案件，认为需要由上级人民法院审理或者指定管辖的，可以报请上级人民法院决定。

## 二、地域管辖

（1）行政案件由最初作出行政行为的行政机关所在地人民法院管辖。经复议的案件，起诉复议机关的，也可以由复议机关所在地人民法院管辖。需要注意两点：

第一，由于高级人民法院可以确定若干基层人民法院跨行政区域管辖第一审行政案件，故实践中还要看高级人民法院对最初作出行政行为的行政机关所在地的行政案件是否划归其他区域的人民法院管辖。

第二，根据新《行诉法》规定，经复议的案件，复议机关决定维持原行政行为的，作出原行政行为的行政机关和复议机关是共同被告；复议机关改变原行政行为的，复议机关是被告。因此，在实践中，如果税务行政管理相对人或与税务行政行为有利害关系的公民、法人、组织希望由复议机关所在地人民法院管辖，其可以选择先行复议然后诉讼的方式来实现这一愿望。

（2）对限制人身自由的行政强制措施不服提起的诉讼，由被告所在地或者原告所在地人民法院管辖。

（3）因不动产提起的行政诉讼，由不动产所在地人民法院管辖。

（4）两个以上人民法院都有管辖权的案件，原告可以选择其中一个人民法院提起诉讼。原告向两个以上有管辖权的人民法院提起诉讼的，由最先立案的人民法院管辖。

### 三、管辖异议

原《行诉法司法解释》第十条第一款规定："当事人提出管辖异议，应当在接到人民法院应诉通知之日起 10 日内以书面形式提出。"由于新《行诉法》将被告的答辩期由原《行诉法》的十日修正为十五日，新《行诉讼》第九十八条又规定："人民法院审理行政案件，本法没有规定的，适用《中华人民共和国民事诉讼法》的相关规定。"因此，自 2015 年 5 月 1 日起（即自新《行诉法》施行之日起），若当事人提出管辖权异议，应当在接到人民法院起诉状副本之日起十五日内以书面形式提出。

## 第四节　税务行政诉讼证据

### 一、证据种类

对于证据种类而言，新《行诉法》在原《行诉法》的基础上增加了"电子数据"这一证据种类，并将"鉴定结论"修正表述为"鉴定意见"。这样，新《行诉法》规定的证据种类包括八种：书证、物证、视听资料、电子数据、证人证言、当事人的陈述、鉴定意见、勘验笔录和现场笔录。

### 二、举证责任

#### （一）被告负举证责任

税务行政诉讼中，举证责任原则上实行倒置，即被告对作出的税务行政行为负有举证责任，应当提供作出该行政行为的证据和所依据的规范性文件。虽然未将"所依据的规范性文件"列为法定证据种类，但却作为被告必须提交的材料，事实上也成为被告的"举证"责任。

被告不提供或者无正当理由逾期（指收到起诉状副本之日起 15 日内）提供证据，视为没有相应证据。但是，被诉行政行为涉及第三人合法权益，第三人提供证据或者人民法院依法调取证据的除外。

在诉讼过程中，被告及其诉讼代理人不得自行向原告、第三人和证人收集证据。这里，新《行诉法》在原《行诉法》基础上增加了在诉讼过程中被告及其诉讼代理人不得自行向"第三人"收集证据的规定。

原告或者第三人提出了其在行政处理程序中没有提出的理由或者证据的，经人民法院准许，被告可以补充证据。此种情况下，被告及其诉讼代理人仍不得自行向原告、第三人和证人收集证据。

### （二）原告的举证权利

原告可以提供证明行政行为违法的证据，这是原告的举证权利。既然是权利，原告可以行使，也可以放弃。所以，原告提供的证据不成立的，不免除被告的举证责任。

### （三）特定情形下原告的举证义务及义务免除

（1）在起诉被告不履行法定职责的案件中，原告应当提供其向被告提出申请的证据，但有下列情形之一的除外：①被告应当依职权主动履行法定职责的；②原告因正当理由不能提供证据的。

（2）在行政赔偿和行政机关依法给予补偿的案件中，原告应当对行政行为造成的损害提供证据。但因被告的原因导致原告无法举证的，由被告承担举证责任。

### （四）原告或第三人申请人民法院调查收集证据的申请权

与本案有关的下列证据，原告或者第三人不能自行收集的，可以申请人民法院调取：①由国家机关保存而须由人民法院调取的证据；②涉及国家秘密、商业秘密和个人隐私的证据；③确因客观原因不能自行收集的其他证据。

对人民法院调查取证权的限制：人民法院不得为证明行政行为的合法性调取被告作出行政行为时未收集的证据。这是新《行诉法》增加规定的内容，目的是充分体现人民法院对行政行为的监督职能。

## 三、证据保全

在证据可能灭失或以后难以取得的情况下，诉讼参加人可以向人民法院申请保全证据，人民法院也可以主动采取保全措施。

## 四、证据的审查核实

（1）证据应当在法庭上出示，并由当事人互相质证。未经在法庭上出示并质证的证据，不得作为判案的依据。

（2）以非法手段取得的证据，不得作为认定案件事实的根据。这是新《行诉法》增加规定的内容。这就要求取得证据的手段须符合法律规定，否则作非法证据排除处理。

（3）人民法院对未采纳的证据应当在裁判文书中说明理由。这也是新《行诉法》增加规定的内容。这有利于督促人民法院公正判案。如果法院对未采纳的证据未在裁判文书中说明理由，上诉中则可以以此作为上诉的重要理由之一。

# 第五节　税务行政诉讼立案

税务行政诉讼立案，是指公民、法人或其他组织向人民法院递交书面行政诉讼起诉状或书写诉状确有困难情况下的口头起诉，人民法院同意受理并签发案件受理通知书的过程。

办理税务行政诉讼立案，应注意掌握以下要点。

## 一、复议与诉讼的选择权

对属于法院受案范围的行政案件，可以先申请复议，对复议决定不服的，再向人民法院提起诉讼；也可以直接向人民法院提起诉讼。

复议前置：法律、法规规定应当先申请复议，对复议决定不服再向人民法院提起诉讼的，依照法律、法规的规定。税务行政案件中，如果对征税决定不服，应先申请复议，对复议决定不服才可向法院起诉，不能直接向法院起诉。

## 二、起诉期限

（1）原《行诉法》规定的直接起诉期限是三个月，新《行诉法》修改为六个月。即公民、法人或其他组织直接向人民法院提起诉讼的，应当在知道或者应当知道作出行政行为之日起六个月内提出。法律另有规定的除外。

因不动产提起诉讼的案件从行政行为作出之日起超过二十年，其他案件从行政行为作出之日起超过五年提起诉讼的，人民法院不予受理。

（2）经过复议程序的起诉期限：行政案件经过复议程序的，公民、法人或其他组织应在收到复议决定书之日起十五日内向人民法院提起诉讼。复议机关逾期不作决定的，申请人可以在复议期满之日起十五日内向人民法院提起诉讼。法律另有规定的除外。

（3）不履行保护人身权、财产权等法定职责的起诉期限：行政机关在接到申请之日起两个月内不履行保护人身权、财产权等法定职责的，公民、法人或者其他组织可以向人民法院提起诉讼。法律、法规对行政机关履行职责的期限另有规定的，从其规定。但紧急情况下的起诉期限不受此限制。

（4）因不可抗力、人身自由受限制或其他不属于当事人自身的原因超过起诉期限的，被耽误的时间不计算在起诉期限内。因其他特殊情况耽误起诉期限的，在障碍消除后的十日内，可以申请延长期限，是否准许由人民法院决定。

### 三、法院实行登记立案

登记立案的要点是要求法院登记、出据、指导、释明和一次性告知，否则当事人可以投诉并由上级法院给予处分。具体如下：

（1）登记、出据：立案由审批制改为登记制，大大降低了立案的难度。人民法院应当在接到起诉状时当场予以登记，并出具注明收到日期的书面凭证。

（2）指导、释明和一次性告知：诉状内容欠缺或者有其他错误的，应当给予指导和释明，并一次性告知当事人补正。不得未经指导和释明即以起诉不符合条件为由不接收起诉状。

（3）投诉、处分：对于不接收起诉状、接收起诉状后不出具书面凭证，以及不一次性告知当事人补正起诉状内容的，当事人可以向上级人民法院投诉，上级人民法院应当责令改正，并对直接负责的主管人员和其他直接责任人员依法给予处分。

### 四、提起诉讼应当符合的条件

提起诉讼应当符合下列条件：①原告是行政行为的相对人或与行政行为有利害关系的公民、法人或者其他组织；②有明确的被告；③有具体的诉讼请求和事实根据；④属于人民法院受案范围和受诉人民法院管辖。

原告如果认为行政行为所依据的国务院部门和地方人民政府及其部门制定的规范性文件不合法，诉状中除对行政行为提起诉讼，还可以一并请求对该规范性文件（不含规章）进行审查。

起诉符合前述条件的，人民法院应当在接到起诉状或者口头起诉之日起七日内立案，并通知当事人；不符合起诉条件的，应当在七日内作出裁定书，不予受理。裁定书应当载明不予受理的理由。原告对裁定不服的，可以提起上诉。

人民法院在七日内既不立案，又不作出裁定书的，当事人可以向上一级人民法院起诉。上一级人民法院认为符合起诉条件的，应当立案、审理，也可以指定其他下级人民法院立案、审理。

## 第六节 税务行政诉讼的审理及裁判

行政诉讼的审理及裁判，是指人民法院经过开庭庭审的调查与辩护等活动，根据证据审核认定规则，作出案件事实认定，并根据法律规定作出裁判的一系列活动。

新《行诉法》较原《行诉法》作了较多修正，主要体现在以下几方面。

（1）新《行诉法》第三条第三款规定："被诉行政机关负责人应当出庭应诉。不能出庭的，也可以委托相应的工作人员出庭。"据此，行政案件开庭时，就被告而言，原则上其负责人要出庭，其负责人不能出庭时，也必须委托相应的工作人员出庭。也就是说，被告光委托律师出庭不行，还要有被告负责人或其委托的工作人员出庭。此规定有利于督促行政机关依法行政。

（2）原告经传票传唤，无正当理由拒不到庭或未经许可中途退庭的，可以按撤诉处理。被告经传票传唤无正当理由拒不到庭，或者未经法庭许可中途退庭的，可以按缺席判决。

新《行诉法》将原《行诉法》中"原告经两次传票传唤"修改为"原告经传票传唤"，从而与《中华人民共和国民事诉讼法》（简称《民事诉讼法》）中类似规定一致。

（3）新《行诉法》规定：被告经传票传唤无正当理由拒不到庭，或者未经法庭许可中途退庭的，人民法院可以根据情节轻重，予以训诫、责令具结悔过或对其主要负责人或者直接责任人员处一万元以下的罚款、十五日以下的拘留；构成犯罪的，依法追究刑事责任。这是原《行诉法》中没有的规定。

（4）行政赔偿、行政机关依法给予补偿以及行政机关行使法律、法规规定的自由裁量权的案件，可以调解。除此以外的行政案件不可调解。

（5）行政行为有下列情形之一的，人民法院判决撤销或者部分撤销，并可以判决被告重新作出行政行为：①主要证据不足的；②适用法律、法规错误的；③违反法定程序，不能补正的；④超越职权的；⑤滥用职权的；⑥明显不当的。

新《行诉法》将行政行为"明显不当"作为判决撤销或者部分撤销，并可以判决被告重新作出行政行为的情形之一，可见，法院对行政案件不仅作合法性审查，也会作适当性审查。

（6）行政处罚明显不当，或者其他行政行为涉及对款额的确定或者认定确有错误的，人民法院可以判决变更。这是人民法院对行政行为的有限变更权，即仅限于行政处罚及对款额的确定或认定问题。

人民法院判决变更，不得加重原告的义务或者减少原告的利益。但利害关系人同为原告，且诉讼请求相反的除外。

（7）人民法院应当在立案之日起六个月内作出第一审判决。上诉审中，应在收到上诉状之日起三个月内作出终审判决。无论是一审还是上诉审，有特殊情况需要延长的，由高级人民法院批准，高级人民法院审理需要延长的，由最高人民法院批准。

这里新《行诉法》将原《行诉法》一审的"三个月"审限修改为"六个月"审限，将上诉审审限由"两个月"修改为"三个月"。简易程序的审限还是四十五日。

（8）有下列情形之一的，人民法院判决确认行政行为违法：①行政行为应当依法被判决撤销，但撤销该行政行为会给国家利益、社会公共利益造成重大损害的；②行政行为应当依法被判决撤销，但不具有可撤销内容的；③行政行为程序轻微瑕疵，能够补正的；④被告不履行或者拖延履行法定职责应当判决履行，但判决履行已没有意义的；⑤被告撤销或者变更原违法行政行为，原告不撤诉，仍要求对原行政行为的违法性作出确认的。

行政行为有重大且明显违法情形，原告申请确认无效的，人民法院判决确认行政行为无效。

人民法院作出确认违法或者无效的判决时，可以同时判决责令被告采取补救措施；给原告造成损失的，依法判决被告承担赔偿责任。

（9）人民法院对上诉案件，应当组成合议庭，开庭审理。经过阅卷、调查和询问当事人，对没有提出新的事实、证据或者理由，合议庭认为不需要开庭审理的，也可以不开庭审理。也就是说，上诉审中，开庭审理是原则，不开庭审理是例外。

（10）原审人民法院对发回重审的案件作出判决后，当事人提起上诉的，第二审人民法院不得再次发回重审。

（11）当事人对已经发生法律效力的判决、裁定，认为确有错误的，可以向上一级人民法院申请再审，但判决、裁定不停止执行。新《行诉法》取消了可以向原审法院申请再审的规定，规定只能向上一级法院申请再审。

## 第七节　税务行政赔偿

税务行政赔偿是指税务行政机关及其工作人员在行使行政权力的过程中，因其行为违法而侵犯公民、法人或者其他组织的合法权益并造成损害，由国家承担赔偿责任的法律制度。

税务行政赔偿目前适用的法律依据主要是《中华人民共和国国家赔偿法》（1994年全国人大常委会通过，经过了2010年和2012年两次修正，2012年修正案自2013年1月1日起施行）和2011年《最高人民法院关于适用〈中华人民共和国国家赔偿法〉若干问题的解释（一）》［简称《国家赔偿法司法解释（一）》］。主要规定如下。

## 一、税务行政赔偿的主要情形

（1）税务行政机关及其工作人员在行使行政职权时有下列侵犯财产权情形之一的，受害人有取得赔偿的权利：①违法实施罚款、吊销许可证和执照、责令停产停业、没收财物等行政处罚的；②违法对财产采取查封、扣押、冻结等行政强制措施的；③违法征收、征用财产的；④造成财产损害的其他违法行为。

（2）属于下列情形之一的，国家不承担赔偿责任：①行政机关工作人员与行使职权无关的个人行为；②因公民、法人和其他组织自己的行为致使损害发生的；③法律规定的其他情形。

## 二、税务行政赔偿的申请人

（1）受害的公民、法人和其他组织有权要求赔偿。

（2）受害的公民死亡，其继承人和其他有扶养关系的亲属有权要求赔偿。

（3）受害的法人或者其他组织终止的，其权利承受人有权要求赔偿。

## 三、税务行政赔偿义务机关

（1）行政机关及其工作人员行使行政职权侵犯公民、法人和其他组织的合法权益造成损害的，该行政机关为赔偿义务机关。

（2）两个以上行政机关共同行使行政职权时侵犯公民、法人和其他组织的合法权益造成损害的，共同行使行政职权的行政机关为共同赔偿义务机关。

（3）法律、法规授权的组织在行使授予的行政权力时侵犯公民、法人和其他组织的合法权益造成损害的，被授权的组织为赔偿义务机关。

（4）受行政机关委托的组织或者个人在行使受委托的行政权力时侵犯公民、法人和其他组织的合法权益造成损害的，委托的行政机关为赔偿义务机关。

（5）赔偿义务机关被撤销的，继续行使其职权的行政机关为赔偿义务机关；没有继续行使其职权的行政机关的，撤销该赔偿义务机关的行政机关为赔偿义务机关。

（6）经复议机关复议的，最初造成侵权行为的行政机关为赔偿义务机关，但复议机关的复议决定加重损害的，复议机关对加重的部分履行赔偿义务。

## 四、税务行政赔偿程序

（1）赔偿请求人要求赔偿应当先向赔偿义务机关提出，也可以在申请行政复议或者提起行政诉讼时一并提出。

（2）赔偿请求人可以向共同赔偿义务机关中的任何一个赔偿义务机关要求赔偿，该赔偿义务机关应当先予赔偿。

（3）要求赔偿应当递交申请书，申请书应当载明下列事项：①受害人的姓名、性别、年龄、工作单位和住所，法人或者其他组织的名称、住所和法定代表人或者主要负责人的姓名、职务；②具体的要求、事实根据和理由；③申请的年、月、日。

（4）赔偿义务机关应当自收到申请之日起两个月内，作出是否赔偿的决定。赔偿义务机关作出赔偿决定，应当充分听取赔偿请求人的意见，并可以与赔偿请求人就赔偿方式、赔偿项目和赔偿数额依照本法规定进行协商。赔偿义务机关决定赔偿的，应当制作赔偿决定书，并自作出决定之日起十日内送达赔偿请求人。

赔偿义务机关决定不予赔偿的，应当自作出决定之日起十日内书面通知赔偿请求人，并说明不予赔偿的理由。

（5）赔偿义务机关在规定期限内未作出是否赔偿的决定，赔偿请求人可以自期限届满之日起三个月内，向人民法院提起诉讼。

赔偿请求人对赔偿的方式、项目、数额有异议的，或者赔偿义务机关作出不予赔偿决定的，赔偿请求人可以自赔偿义务机关作出赔偿或者不予赔偿决定之日起三个月内，向人民法院提起诉讼。

（6）人民法院审理行政赔偿案件，赔偿请求人和赔偿义务机关对自己提出的主张，应当提供证据。

赔偿义务机关采取行政拘留或者限制人身自由的强制措施期间，被限制人身自由的人死亡或者丧失行为能力的，赔偿义务机关的行为与被限制人身自由的人的死亡或者丧失行为能力是否存在因果关系，赔偿义务机关应当提供证据。

（7）赔偿义务机关赔偿损失后，应当责令有故意或者重大过失的工作人员或者受委托的组织或者个人承担部分或者全部赔偿费用。

对有故意或者重大过失的责任人员，有关机关应当依法给予处分；构成犯罪的，应当依法追究刑事责任。

## 五、赔偿方式和计算标准

（1）国家赔偿以支付赔偿金为主要方式。能够返还财产或者恢复原状的，予以返还财产或者恢复原状。

（2）侵犯公民人身自由的，每日赔偿金按照国家上年度职工日平均工资计算。

（3）侵犯公民生命健康权的，赔偿金按照下列规定计算：①造成身体伤害的，应当支付医疗费、护理费，以及赔偿因误工减少的收入。减少的收入每日的赔偿金按照国家上年度职工日平均工资计算，最高额为国家上年度职工年平均工资的五倍。②造成部分或者全部丧失劳动能力的，应当支付医疗费、护理费、残疾生活辅助具费、康复费等因残疾而增加的必要支出和继续治疗所必需的费用，以及残疾赔偿金。残疾赔偿金根据丧失劳动能力的程度，按照国家规定的伤残等级确定，最高不超过国家上年度职工年平均工资的二十倍。造成全部丧失劳动能力的，对其扶养的无劳动能力的人，还应当支付生活费。③造成死亡的，应当支付死亡赔偿金、丧葬费，总额为国家上年度职工年平均工资的二十倍。对死者生前扶养的无劳动能力的人，还应当支付生活费。

前款第②项、第③项规定的生活费的发放标准，参照当地最低生活保障标准执行。被扶养的人是未成年人的，生活费给付至十八周岁止；其他无劳动能力的人，生活费给付至死亡时止。

（4）精神损害抚慰金：有国家赔偿法第三条或者第十七条规定情形之一，致人精神损害的，应当在侵权行为影响的范围内，为受害人消除影响、恢复名誉、赔礼道歉；造成严重后果的，应当支付相应的精神损害抚慰金。

（5）侵犯公民、法人和其他组织的财产权造成损害的，按照下列规定处理：①处罚款、罚金、追缴、没收财产或者违法征收、征用财产的，返还财产。②查封、扣押、冻结财产的，解除对财产的查封、扣押、冻结，造成财产损坏或者灭失的，依照以下第③项、第④项的规定赔偿。③应当返还的财产损坏的，能够恢复原状的恢复原状，不能恢复原状的，按照损害程度给付相应的赔偿金。④应当返还的财产灭失的，给付相应的赔偿金。⑤财产已经拍卖或者变卖的，给付拍卖或者变卖所得的价款；变卖的价款明显低于财产价值的，应当支付相应的赔偿金。⑥吊销许可证和执照、责令停产停业的，赔偿停产停业期间必要的经常性费用开支。⑦返还执行的罚款或者罚金、追缴或者没收的金钱，解除冻结的存款或者汇款的，应当支付银行同期存款利息。⑧对财产权造成其他损害的，按照直接损失给予赔偿。

## 六、其他规定

（1）赔偿请求人请求国家赔偿的时效为两年，自其知道或者应当知道国家机关及其工作人员行使职权时的行为侵犯其人身权、财产权之日起计算，但被羁押等限制人身自由期间不计算在内。在申请行政复议或者提起行政诉讼时一并提出赔偿请求的，适用《中华人民共和国行政复议法》《中华人民共和国行政诉讼法》有关时效的规定。

（2）赔偿请求人要求国家赔偿的，赔偿义务机关、复议机关和人民法院不得向赔偿请求人收取任何费用。对赔偿请求人取得的赔偿金不予征税。

备注：人民法院在民事诉讼、行政诉讼过程中，违法采取对妨害诉讼的强制措施、保全措施或者对判决、裁定及其他生效法律文书执行错误，造成损害的，赔偿请求人要求赔偿的程序，适用国家赔偿法刑事赔偿程序的规定。

# 第三章 涉税刑事犯罪的律师辩护实务

## 第一节 涉税刑事犯罪的律师辩护实务概述

### 一、涉税律师刑事辩护的职责

律师刑事辩护,是指律师通过接受委托或指定,为犯罪嫌疑人或被告人担任辩护人,按照《刑事诉讼法》和《律师法》中关于辩护人职责的规定提供相关法律服务的活动。

根据《刑事诉讼法》第三十五条和《律师法》第三十一条的规定,律师担任辩护人的职责是:根据事实和法律,提出犯罪嫌疑人、被告人无罪、罪轻或者减轻、免除其刑事责任的材料和意见,维护犯罪嫌疑人、被告人的诉讼权利和其他合法权益。

这里的"犯罪嫌疑人"和"被告人",是针对刑事诉讼不同阶段的称谓。在刑事侦查阶段和审查起诉阶段称为犯罪嫌疑人,在审判阶段称为被告人。

### 二、涉税律师刑事辩护的委托手续的办理

律师刑事辩护委托手续的办理与民事、行政案件的代理有诸多不同,具体体现在两方面。

(一) 关于委托时间问题

对于民事、行政案件而言,律师在诉前即可接受委托,代理相关法律事务。对于刑事案件而言,并不是刑事立案之日律师就可接受委托,只能是进入刑事诉讼程序后,符合《刑事诉讼法》第三十三条第一款规定条件时,律师方可接受委托提供辩护:犯罪嫌疑人被侦查机关第一次讯问或者采取强制措施之日起,律师可以接受委托担任辩护人;在审查起诉阶段,律师可以接受委托担任辩护人;在审判阶段,由于规定"被告人可以随时委托辩护人",故律师可以"随时"接受委托担任辩护人。这里的"随时",笔者认为,若是一审程序,应在一审庭审辩论终结前;若进入上诉审程序,也应是在上诉审庭审辩论终结前或书面审理中宣判前的合理时间内。

## （二）关于委托手续的办理

根据《刑事诉讼法》第三十三条第一款、第三款之规定，犯罪嫌疑人、被告人可以自行委托律师担任辩护人；犯罪嫌疑人、被告人在押的，也可以由其监护人、近亲属代为委托辩护人。

根据《刑事诉讼法》第一百零六条第一款（六）项之规定，此处的"近亲属"应指父母、配偶、子女、同胞兄弟姊妹。

因此，犯罪嫌疑人、被告人在押的，其监护人、近亲属可以直接签署委托书，直接与律师事务所签订委托合同。但受托律师会见犯罪嫌疑人、被告人时，应征询其是否同意委托辩护人的意见，并让其签字确认。

# 第二节 逃 税 罪

## 一、概念

逃税罪，是指纳税人采取欺骗、隐瞒手段逃避缴纳税款数额较大并且占应纳税额10%以上的，依照刑法应当追究刑事责任的行为；或者扣缴义务人采取欺骗、隐瞒手段，不缴或少缴已扣、已收税款，数额较大，依照刑法应当追究刑事责任的行为。2009年2月28日全国人大常委会通过《中华人民共和国刑法修正案（七）》后，逃税罪取代了偷税罪。

## 二、逃税罪的犯罪构成要件

### （一）犯罪主体要件

逃税罪的主体是特殊主体，即只有纳税人或扣缴义务人才可能独立构成此罪。根据《税收征收管理法》第四条规定，纳税人是法律、行政法规规定负有纳税义务的单位和个人；扣缴义务人是法律、行政法规规定有代扣代缴、代收代缴税款义务的单位和个人。

根据《中华人民共和国刑法》（简称《刑法》）第二百一十一条之规定，逃税罪也可以是单位犯罪；单位犯罪的，对单位判处罚金，并对其直接负责的主管人员或其他直接责任人员判处刑罚。

## （二）犯罪客体要件

逃税罪侵犯的客体是国家税收征管制度。

## （三）犯罪主观要件

逃税罪表现为故意，并具有逃避履行纳税义务，谋取非法利益的目的。因过失造成欠税、漏税的行为，不构成逃税罪。

刑法意义上的故意，指明知自己的行为会发生危害社会的结果，并且希望或者放任这种结果发生。刑法意义上的过失，是指应当预见自己的行为可能发生危害社会的结果，因为疏忽大意而没有预见，或者已经预见，而轻信能够避免，以致发生这种结果。

对于主观方面的判断，只能通过行为人外部的表现来作出。对于逃税罪，根据相关法律规定，具有下列行为之一的，笔者认为可理解为主观上有故意：①经税务机关依法下达追缴通知后，拒不补缴应纳税款，缴纳滞纳金，以及法定履行期届满后，拒不履行行政处罚决定的。②五年内因逃避缴纳税款受过刑事处罚又逃税的。③五年内因逃避缴纳税款被税务机关给予二次以上行政处罚后又逃税的。④纳税人缴纳税款后，采取假报出口或其他欺骗手段，骗取所缴纳的税款的。

## （四）犯罪客观要件

对于纳税人，表现为采取欺骗、隐瞒手段进行虚假纳税申报或不申报，逃避缴纳税款数额较大并且占应纳税额百分之十以上的（经税务机关依法下达追缴通知后，补缴应纳税款，缴纳滞纳金，已受行政处罚的，不予追究刑事责任；但是，五年内因逃避缴纳税款受过刑事处罚或者被税务机关给予二次以上行政处罚的除外）。

对于扣缴义务人：表现为采取欺骗、隐瞒手段进行虚假纳税申报或不申报，不缴或少缴应纳税款，数额较大的。

所谓"欺骗、隐瞒手段"，主要包括以下几种手段：

（1）伪造、变造、隐匿、擅自销毁账簿或记账凭证。根据2002年11月4日最高人民法院《关于审理偷税、抗税刑事案件具体应用法律若干问题的解释》，此处的"记账凭证"包括原始凭证。

（2）在账簿上多列支出或不列、少列收入。

（3）纳税人采取欺骗、隐瞒手段不申报纳税的。2009年2月28日颁布的《中华人民共和国刑法修正案（七）》在对逃税罪的规定中，把以前经"税务机关通知申报而拒不申报"修改为"不申报"，不再要求"经税务机关通知申报"，而是要求纳税义务人主动申报。

（4）进行虚假的纳税申报。

（5）缴纳税款后，以假报出口或其他欺骗手段，骗取所缴纳的税款。这种行为不是《刑法》第二百零一条规定的，而是《刑法》第二百零四条第二款的相关规定。

### 三、有关逃税罪的规定

（1）《刑法》第二百零一条第一款规定："纳税人采取欺骗、隐瞒手段进行虚假纳税申报或者不申报，逃避缴纳税款数额较大并且占应纳税额百分之十以上的，处三年以下有期徒刑或者拘役，并处罚金；数额巨大并且占应纳税额百分之三十以上的，处三年以上七年以下有期徒刑，并处罚金。"第二百零一条第二款："扣缴义务人采取前款所列手段，不缴或者少缴已扣、已收税款，数额较大的，依照前款的规定处罚。"第二百零一条第三款："对多次实施前两款行为，未经处理的，按照累计数额计算。"第二百零一条第四款："有第一款行为，经税务机关依法下达追缴通知后，补缴应纳税款，缴纳滞纳金，已受行政处罚的，不予追究刑事责任；但是，五年内因逃避缴纳税款受过刑事处罚或者被税务机关给予二次以上行政处罚的除外。"

第二百零四条第二款规定："纳税人缴纳税款后，采取前款规定的欺骗方法（指假报出口或其他欺骗手段），骗取所缴纳的税款的，依照本法第二百零一条的规定定罪处罚。"

（2）2010年5月7日《最高人民检察院、公安部关于公安机关管辖的刑事案件立案追诉标准的规定（二）》[简称《立案追诉标准的规定（二）》]第五十七条规定：纳税人五年内因逃避缴纳税款受过刑事处罚或者被税务机关给予二次以上行政处罚，又逃避缴纳税款，数额在五万元以上并且占各税种应纳税总额百分之十以上的，应予立案追诉。由此条规定可以看出，逃税罪的追诉起点数额标准应是"数额在五万元以上并且占各税种应纳税总额百分之十以上的"。

（3）2002年11月4日最高人民法院《关于审理偷税、抗税刑事案件具体应用法律若干问题的解释》中的规定与现行刑法不相冲突的部分仍然有效。

备注：《税收征收管理法》第六十三条仍沿用"偷税"的表述，对"偷税"应给予的行政处罚作出了相应的规定。其第一款规定："纳税人伪造、变造、隐匿、擅自销毁账簿、记账凭证，或者在账簿上多列支出或不列、少列收入，或者经税务机关通知申报而拒不申报或者进行虚假的纳税申报，不缴或少缴应纳税款的，是偷税。对纳税人偷税的，由税务机关追缴不缴或少缴的税款、滞纳金，并处不缴或少缴税款的百分之五十以上五倍以下的罚款；构成犯罪的，依法追究刑事责任。"其第二款规定："扣缴义务人采取前款所列手段，不缴或者少缴已扣、已收税款，由税务机关追缴其不缴或少缴的税款、滞纳金，并处不缴或少缴税款百分之五十以上五倍以下的罚款；构成犯罪的，依法追究刑事责任。"

## 第三节 抗 税 罪

### 一、概念

抗税罪是以暴力、威胁方法拒不缴纳税款的刑事违法行为。

### 二、抗税罪的犯罪构成要件

#### （一）犯罪主体要件

根据《刑法》第二百零二条和二百一十一条之规定，构成抗税罪的主体只能是自然人。也就是说，对于抗税罪，《刑法》中没有单位犯罪的明确规定，故单位不是抗税罪的主体。

#### （二）犯罪客体要件

抗税罪侵害的是复杂的直接客体要件，既包括国家税收征管的制度秩序，也包括税收工作人员的人身权利、财产权利等。

#### （三）犯罪主观要件

本罪主观要件只能是故意，对暴力、威胁造成的结果，以及拒不缴纳税款的结果持希望或放任的态度。

#### （四）犯罪客观要件

行为人违反了国家税收法规，实施了以暴力、威胁方法拒不缴纳税款的行为，甚至导致相应的危害结果。

"暴力"是指能给人和财物造成强大的物理破坏力的强制行为。"威胁"是指对他人实行恫吓、恐吓，以达到精神上的强制，主要以杀害、伤害、毁坏财产、损害名誉等相要挟。

### 三、关于抗税罪的法律规定

（1）《刑法》第二百零二条规定："以暴力、威胁方法拒不缴纳税款的，处三年以下有期徒刑或者拘役，并处拒缴税款一倍以上五倍以下罚金；情节严重的，处三年以上七年以下有期徒刑,并处拒缴税款一倍以上五倍以下罚金。"

(2) 2002 年 11 月 4 日《最高人民法院关于审理偷税、抗税刑事案件具体应用法律若干问题的解释》第五条规定,实施抗税行为具有下列情形之一的,属于刑法第二百零二条规定的"情节严重":①聚众抗税的首要分子;②抗税数额在十万元以上的;③多次抗税的;④故意伤害致人轻伤的;⑤具有其他严重情节。

第六条规定:"实施抗税行为致人重伤、死亡,构成故意伤害罪、故意杀人罪的,分别依照刑法第二百三十四条第二款、第二百三十二条的规定定罪处罚。""与纳税人或者扣缴义务人共同实施抗税行为的,以抗税罪的共犯依法处罚。"

(3) 2010 年 5 月 7 日《最高人民检察院、公安部关于公安机关管辖的刑事案件立案追诉标准的规定(二)》第五十八条规定:以暴力、威胁方法拒不缴纳税款,涉嫌下列情形之一的,应予立案追诉:①造成税务工作人员轻微伤以上的;②以给税务工作人员及其亲友的生命、健康、财产等造成损害为威胁,抗拒缴纳税款的;③聚众抗拒缴纳税款的;④以其他暴力、威胁方法拒不缴纳税款的。

备注:《税收征收管理法》第六十七条关于抗税的行政处罚规定,以暴力、威胁方法拒不缴纳税款的,是抗税,除由税务机关追缴其拒缴的税款、滞纳金外,依法追究刑事责任。情节轻微,未构成犯罪的,由税务机关追缴其拒缴的税款、滞纳金,并处拒缴税款一倍以上五倍以下的罚款。

## 第四节　逃避追缴欠税罪

### 一、概念

逃避追缴欠税罪,是纳税人欠缴应纳税款,采取转移或者隐匿财产的手段,致使税务机关无法追缴欠缴的税款达到数额较大的刑事违法行为。

### 二、逃避追缴欠税罪的构成要件

**(一)犯罪主体要件**

根据《刑法》第二百零三条之规定,逃避追缴欠税罪的主体要件仅仅是纳税人,不包括扣缴义务人。既有自然人犯罪,也有单位犯罪。

**(二)犯罪客体要件**

逃避追缴欠税罪的客体要件是侵害了国家税收征管的制度秩序。

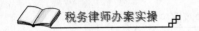

### （三）犯罪主观要件

本罪主观要件只能是故意，即行为人明知转移、隐匿财产的行为会发生使税务机关无法追缴欠缴税款的结果，并且希望或放任这种结果发生。

### （四）犯罪客观要件

逃避追缴欠税的行为既有违法欠税的事实，也有采用转移或隐匿财产的手段逃避追缴欠税的行为。另外，逃避追缴欠税的行为导致无法追缴欠缴税款数额须在一万元以上。

有两点需要说明：①这里的"违法欠税"，是指纳税人或扣缴义务人违反税法的相关规定，没有按期缴纳应缴税款的行为。若是在纳税期限内或批准延长的纳税期限内转移或隐匿财产，则不构成此罪。②若税务机关无法追缴欠税款不是因为纳税人转移、隐匿财产，而是因为纳税人财产不足、自然事故等其他原因所致，则不构成本罪。

## 三、关于逃避追缴欠税罪的法律规定

（1）《刑法》第二百零三条规定：纳税人欠缴应纳税款，采取转移或者隐匿财产的手段，致使税务机关无法追缴欠缴的税款，数额在一万元以上不满十万元的，处三年以下有期徒刑或者拘役，并处或者单处欠缴税款一倍以上五倍以下罚金；数额在十万元以上的，处三年以上七年以下有期徒刑，并处欠缴税款一倍以上五倍以下罚金。

（2）2010年5月7日《立案追诉标准的规定（二）》第五十九条规定："纳税人欠缴应纳税款，采取转移或者隐匿财产的手段，致使税务机关无法追缴欠缴的税款，数额在一万元以上的，应予立案追诉。"

备注：《税收征收管理法》第六十五条关于逃避追缴欠税的行政处罚规定是：纳税人欠缴应纳税款，采取转移或隐匿财产的手段，妨碍税务机关追缴欠缴的税款的，由税务机关追缴欠缴的税款、滞纳金，并处欠缴税款百分之五十以上五倍以下的罚款；构成犯罪的，依法追究刑事责任。

## 第五节 骗取出口退税罪

### 一、概念

骗取出口退税罪，是指假报出口或者其他欺骗手段，骗取国家出口退税款的刑事违法行为。

## 二、骗取出口退税罪的构成要件

### （一）犯罪主体要件

骗取出口退税罪的主体是一般主体，既可以是自然人，也可以是单位，且不限于纳税人。

### （二）犯罪客体要件

骗取出口退税罪侵犯的直接客体是复杂客体，包括国家出口退税管理的制度秩序和公共财产的所有权。

### （三）犯罪主观要件

本罪主观方面只能是故意，行为人明知自己的行为会骗取国家出口退税款，而故意实施该行为，并具有骗取国家出口退税款的目的。

### （四）犯罪客观要件

行为人违反了国家有关出口退税的税收法规、规章，实施"假报出口或其他欺骗手段"，骗取出口退税款的行为，且数额较大。根据2010年的相关解释，数额较大的起点标准为五万元。

## 三、关于骗取出口退税罪的法律规定

（1）《刑法》第二百零四条第一款规定："以假报出口或者其他欺骗手段，骗取国家出口退税款，数额较大的，处五年以下有期徒刑或者拘役，并处骗取税款一倍以上五倍以下罚金；数额巨大或者有其他严重情节的，处五年以上十年以下有期徒刑，并处骗取税款一倍以上五倍以下罚金；数额特别巨大或者有其他特别严重情节的，处十年以上有期徒刑或者无期徒刑，并处骗取税款一倍以上五倍以下罚金或者没收财产。"

第二百零四条第二款："纳税人缴纳税款后，采取前款规定的欺骗方法，骗取所缴纳的税款的，依照本法第二百零一条的规定定罪处罚；骗取税款超过所缴纳的税款部分，依照前款的规定处罚。"

（2）2002年9月17日《最高人民法院关于审理骗取出口退税刑事案件具体应用法律若干问题的解释》，其中第一条规定，《刑法》第二百零四条的"假报出口"，是指以虚构已税货物出口事实为目的，具有下列情形之一的行为：①伪造或者签订虚假的买卖合同；②以伪造、变造或者其他非法手段取得出口货物报关单、出口收汇核销单、出口货物专用缴款书等有关出口退税单据、凭证；③虚开、伪造、非法购买增值税专用发票或者其他可以用于出口退税的发票;④其他虚构已税货物出口事实的行为。

第二条规定,具有下列情形之一的,应当认定为《刑法》第二百零四条规定的"其他欺骗手段":①骗取出口货物退税资格的;②将未纳税或者免税货物作为已税货物出口的;③虽有货物出口,但虚构该出口货物的品名、数量、单价等要素,骗取未实际纳税部分出口退税款的;④以其他手段骗取出口退税款的。

(3) 2010年5月7日《立案追诉标准的规定(二)》第六十条规定:"以假报出口或者其他欺骗手段,骗取国家出口退税款,数额在五万元以上的,应予立案追诉。"

备注:《税收征收管理法》第六十六条关于骗取出口退税罪的行政处罚规定是,"以假报出口或其他欺骗手段,骗取国家出口退税款的,由税务机关追缴其骗取的退税款,并处骗取税款一倍以上五倍以下的罚款;构成犯罪的,依法追究刑事责任","对骗取国家出口退税款的,税务机关可以在规定期间内停止为其办理出口退税"。

## 第六节 虚开增值税专用发票,虚开用于骗取出口退税、抵扣税款发票罪

### 一、概念

虚开增值税专用发票,虚开用于骗取出口退税、抵扣税款发票罪,是指违反专用发票管理规定,为他人虚开、为自己虚开、让他人为自己虚开、介绍他人虚开增值税专用发票或者用于骗取出口退税、抵扣税款发票的刑事违法行为。

### 二、虚开增值税专用发票,虚开用于骗取出口退税、抵扣税款发票罪的构成要件

(一) 犯罪主体要件

本罪的行为主体是一般主体,包括自然人和单位。

(二) 犯罪客体要件

本罪侵犯的直接客体是发票管理的制度秩序和国家税收征管的制度秩序等。

(三) 犯罪主观要件

此罪的主观方面是故意。行为人明知是虚开增值税专用发票、用于骗取出口退税、抵扣税款发票的行为而希望或放任实施。

## （四）犯罪客观要件

行为人违反了国家税收法规，实施了虚开增值税专用发票、用于骗取出口退税、抵扣税款发票的行为。这里虚开的发票应包括两种：一是虚开增值税专用发票；一是虚开用于骗取出口退税、抵扣税款的其他发票。根据《刑法》第二百零五条的规定，"虚开"的行为表现形式有四种：为他人虚开、让他人为自己虚开、为自己虚开、介绍他人虚开。根据2010年《立案追诉标准的规定（二）》第六十一条的规定，虚开的税款数额在一万元以上或者致使国家税款被骗数额在五千元以上的，应予立案追诉。

## 三、关于虚开增值税专用发票，虚开用于骗取出口退税、抵扣税款发票罪的法律规定

（1）《刑法》第二百零五条第一款规定："虚开增值税专用发票或者虚开用于骗取出口退税、抵扣税款的其他发票的，处三年以下有期徒刑或者拘役，并处二万元以上二十万元以下罚金；虚开的税款数额较大或者有其他严重情节的，处三年以上十年以下有期徒刑，并处五万元以上五十万元以下罚金；虚开的税款数额巨大或者有其他特别严重情节的，处十年以上有期徒刑或者无期徒刑，并处五万元以上五十万元以下罚金或者没收财产。"

第二百零五条第三款规定："单位犯本条规定之罪的，对单位判处罚金，并对其直接负责的主管人员和其他直接责任人员，处三年以下有期徒刑或者拘役；虚开的税款数额较大或者有其他严重情节的，处三年以上十年以下有期徒刑；虚开的税款数额巨大或者有其他特别严重情节的，处十年以上有期徒刑或者无期徒刑。"

第二百零五条第四款规定："虚开增值税专用发票或者虚开用于骗取出口退税、抵扣税款的其他发票，是指有为他人虚开、为自己虚开、让他人为自己虚开、介绍他人虚开行为之一的。"

（2）2010年5月7日《立案追诉标准的规定（二）》第六十一条规定："虚开增值税专用发票或者虚开用于骗取出口退税、抵扣税款的其他发票，虚开的税款数额在一万元以上或者致使国家税款被骗数额在五千元以上的，应予立案追诉。"

（3）1996年10月17日《最高人民法院关于适用〈全国人民代表大会常务委员会关于惩治虚开、伪造和非法出售增值税专用发票犯罪的决定〉的若干问题的解释》第一条第三款：虚开税款数额1万元以上的或者虚开增值税专用发票致使国家税款被骗取5000元以上的，应当依法定罪处罚。

第一条第四款，虚开税款数额10万元以上的，属于"虚开的税款数额较大"；具有下列情形之一的，属于"有其他严重情节"：①因虚开增值税专用发票致使国家税款被骗取5万元以上的；②具有其他严重情节的。

第一条第五款，虚开税款数额50万元以上的，属于"虚开的税款数额巨大"；具有

下列情形之一的，属于"有其他特别严重情节"：①因虚开增值税专用发票致使国家税款被骗取30万元以上的；②虚开的税款数额接近巨大并有其他严重情节的；③具有其他特别严重情节的。

第一条第六款，利用虚开的增值税专用发票实际抵扣税款或者骗取出口退税100万元以上的，属于"骗取国家税款数额特别巨大"；造成国家税款损失50万元以上并且在侦查终结前仍无法追回的，属于"给国家利益造成特别重大损失"。利用虚开的增值税专用发票骗取国家税款数额特别巨大、给国家利益造成特别重大损失，为"情节特别严重"的基本内容。

## 第七节 虚开发票罪

### 一、概念

虚开发票罪，是指违反国家发票管理规定，故意虚开除增值税专用发票和用于骗取出口退税、抵扣税款的其他发票以外的发票的刑事违法行为。

### 二、虚开发票罪的构成要件

（一）犯罪主体要件

虚开发票罪的行为主体是一般主体，自然人和单位均可构成此罪。其中既包括开票的行为主体，也包括受票的行为主体和介绍他人开具发票的行为主体。

（二）犯罪客体要件

虚开发票罪的直接客体是国家发票管理的制度秩序，危害税收征管的制度秩序等。

（三）犯罪主观要件

虚开发票罪的主观要件是故意。即行为人明知虚开发票行为违反国家发票管理制度，可能会造成国家税款的流失，而希望或放任这种结果发生的一种主观心理态度。

（四）犯罪客观要件

行为人违反了国家发票管理规定，实施了虚开除增值税专用发票和可用于申请出口退税、抵扣税款发票以外的发票的行为。根据2011年《立案追诉标准的规定（二）的补充规定》，"虚开发票一百份以上或者虚开金额累计在四十万元以上的"，或者"虽未达到上述数额标准，但五年内因虚开发票行为受过行政处罚两次以上，又虚开发票的"，或者具有"其他情节严重的情形的"，应予追诉。

### 三、关于虚开发票罪的法律规定

（1）《刑法》第二百零五条第五款规定："虚开本法第二百零五条规定以外的其他发票，情节严重的，处二年以下有期徒刑、拘役或者管制，并处罚金；情节特别严重的，处二年以上七年以下有期徒刑，并处罚金。"

第二百零五条第六款规定："单位犯前款罪的，对单位判处罚金，并对其直接负责的主管人员和其他直接责任人员，依照前款的规定处罚。"

（2）2011年11月21日《立案追诉标准的规定（二）的补充规定》规定，虚开《刑法》第二百零五条规定以外的其他发票，涉嫌下列情形之一的，应予立案追诉：①虚开发票一百份以上或者虚开金额累计在四十万元以上的；②虽未达到上述数额标准，但五年内因虚开发票行为受过行政处罚二次以上，又虚开发票的；③其他情节严重的情形。

（3）《发票管理办法》（1993年12月12日国务院批准、1993年12月23日财政部令第6号发布。根据2010年12月20日《国务院关于修改〈中华人民共和国发票管理办法〉的决定》修订，自2011年2月1日起施行）第二十二条：开具发票应当按照规定的时限、顺序、栏目，全部联次一次性如实开具，并加盖发票专用章。

任何单位和个人不得有下列虚开发票行为：①为他人、为自己开具与实际经营业务情况不符的发票；②让他人为自己开具与实际经营业务情况不符的发票；③介绍他人开具与实际经营业务情况不符的发票。

备注：《发票管理办法》第三十七条第一款对虚开发票尚不构成犯罪情况下的行政处罚规定为，"违反本办法第二十二条第二款的规定虚开发票的，由税务机关没收违法所得；虚开金额在1万元以下的，可以并处5万元以下的罚款；虚开金额超过1万元的，并处5万元以上50万元以下的罚款；构成犯罪的，依法追究刑事责任"。第二款规定为，"非法代开发票的，依照前款规定处罚"。

## 第八节 伪造、出售伪造的增值税专用发票罪

### 一、概念

伪造、出售伪造的增值税专用发票罪，是指非法印制、复制或者使用其他方法伪造增值税专用发票或者非法销售、倒卖伪造的增值税专用发票的刑事违法行为。

## 二、伪造、出售伪造的增值税专用发票罪的构成要件

### （一）犯罪主体要件

此罪的犯罪主体要件包括单位和个人。一般情况下，伪造增值税专用发票的行为主体只能是无权印制增值税专用发票的单位或个人。

### （二）犯罪客体要件

此罪侵犯的客体是复杂客体，包括发票管理的制度秩序和国家税收征管的制度秩序等。

### （三）犯罪主观要件

此罪的主观方面是故意，即行为人明知伪造、出售伪造的增值税专用发票的行为有社会危害性而希望或放任其危害结果的发生。

### （四）犯罪客观要件

行为人必须违反了国家税收法规，实施了伪造增值税专用发票或者出售伪造增值税专用发票的行为。根据2010年《立案追诉标准的规定（二）》，伪造或者出售伪造的增值税专用发票二十五份以上或者票面金额累计在十万元以上的，应予追诉。

## 三、有关伪造、出售伪造的增值税专用发票罪的法律规定

（1）《刑法》第二百零六条第一款规定："伪造或者出售伪造的增值税专用发票的，处三年以下有期徒刑、拘役或者管制，并处二万元以上二十万元以下罚金；数量较大或者有其他严重情节的，处三年以上十年以下有期徒刑，并处五万元以上五十万元以下罚金；数量巨大或者有其他特别严重情节的，处十年以上有期徒刑或者无期徒刑，并处五万元以上五十万元以下罚金或者没收财产。"

第二百零六条第三款规定："单位犯本条规定之罪的，对单位判处罚金，并对其直接负责的主管人员和其他直接责任人员，处三年以下有期徒刑、拘役或者管制；数量较大或者有其他严重情节的，处三年以上十年以下有期徒刑；数量巨大或者有其他特别严重情节的，处十年以上有期徒刑或者无期徒刑。"

（2）1996年10月17日《最高人民法院关于适用〈全国人民代表大会常务委员会关于惩治虚开、伪造和非法出售增值税专用发票犯罪的决定〉的若干问题的解释》第二条第二款：伪造或者出售伪造的增值税专用发票25份以上或者票面额（百元版以每份100元，千元版以每份1000元，万元版以每份1万元计算，以此类推。下同）累计10

万元以上的应当依法定罪处罚。

第二条第三款，伪造或者出售伪造的增值税专用发票 100 份以上或者票面额累计 50 万元以上的，属于"数量较大"；具有下列情形之一的，属于"有其他严重情节"：①违法所得数额在 1 万元以上的；②伪造并出售伪造的增值税专用发票 60 份以上或者票面额累计 30 万元以上的；③造成严重后果或者具有其他严重情节的。

第二条第四款，伪造或者出售伪造的增值税专用发票 500 份以上或者票面额累计 250 万元以上的，属于"数量巨大"；具有下列情形之一的，属于"有其他特别严重情节"：①违法所得数额在 5 万元以上的；②伪造并出售伪造的增值税专用发票 300 份以上或者票面额累计 200 万元以上的；③伪造或者出售伪造的增值税专用发票接近"数量巨大"并有其他严重情节的；④造成特别严重后果或者具有其他特别严重情节的。

第二条第六款，伪造并出售同一宗增值税专用发票的，数量或者票面额不重复计算。

（3）2010 年 5 月 7 日《立案追诉标准的规定（二）》第六十二条："伪造或者出售伪造的增值税专用发票二十五份以上或者票面额累计在十万元以上的，应予立案追诉。"

备注：《发票管理办法》第三十八条第一款关于伪造发票等的行政处罚规定，"私自印制、伪造、变造发票，非法制造发票防伪专用品，伪造发票监制章的，由税务机关没收违法所得，没收、销毁作案工具和非法物品，并处一万元以上五万元以下的罚款；情节严重的，并处 5 万元以上 50 万元以下的罚款；对印制发票的企业，可以并处吊销发票准印证；构成犯罪的，依法追究刑事责任"。第二款规定，"前款规定的处罚，《中华人民共和国税收征收管理法》有规定的，依照其规定执行"。

# 第九节　非法出售增值税专用发票罪

## 一、概念

非法出售增值税专用发票罪，是指违反国家发票管理法规，故意非法出售增值税专用发票的刑事违法行为。

## 二、非法出售增值税专用发票罪的构成要件

### （一）犯罪主体要件

此罪的行为主体是一般主体，包括单位（税务机关和其他单位）和个人（税务人员和其他个人）。

## （二）犯罪客体要件

此罪侵犯的直接客体是国家发票管理的制度秩序，进而危害国家税收征管的制度秩序等。

## （三）犯罪主观要件

此罪的主观方面只能是故意，且行为人通常有牟利的目的。过失不构成此罪。

## （四）犯罪客观要件

行为人违反了国家发票管理制度，实施了非法出售增值税专用发票的行为。非法出售增值税专用发票，是非法出售真实的增值税专用发票。而出售虚假的增值税专用发票不在此列。根据2010年《立案追诉标准的规定》，非法出售增值税专用发票25份以上或者票面金额累计在10万元以上的，应予追诉。

### 三、有关非法出售增值税专用发票罪的法律规定

（1）《刑法》第二百零七条规定："非法出售增值税专用发票的，处三年以下有期徒刑、拘役或者管制，并处二万元以上二十万元以下罚金；数量较大的，处三年以上十年以下有期徒刑，并处五万元以上五十万元以下罚金；数量巨大的，处十年以上有期徒刑或者无期徒刑，并处五万元以上五十万元以下罚金或者没收财产。"

（2）1996年10月17日《最高人民法院关于适用〈全国人民代表大会常务委员会关于惩治虚开、伪造和非法出售增值税专用发票犯罪的决定〉的若干问题的解释》第三条第二款："非法出售增值税专用发票案件的定罪量刑数量标准按照本解释第二条第二、三、四款的规定执行。"（注：定罪量刑数量标准即参照伪造、出售伪造的增值税专用发票罪的标准认定。具体而言，非法出售100份以上或者票面额累计50万元以上的，为"数量较大"；非法出售500份以上或者票面额累计250万元以上的，为"数量巨大"。）

## 第十节　非法购买增值税专用发票、购买伪造的增值税专用发票罪

### 一、概念

非法购买增值税专用发票、购买伪造的增值税专用发票罪，是指违反国家发票管理

规定，故意非法购买增值税专用发票，或者购买伪造的增值税专用发票的刑事违法行为。

## 二、非法购买增值税专用发票、购买伪造的增值税专用发票罪的构成要件

（一）犯罪主体要件

此罪的行为主体是一般主体，包括单位和年满16周岁具有刑事责任能力的个人。

（二）犯罪客体要件

此罪侵犯的直接客体是国家发票管理的制度秩序，进而危害国家税收征管的制度秩序等。

（三）犯罪主观要件

此罪的犯罪主观要件是故意。即行为人明知非法购买增值税专用发票或者购买伪造的增值税专用发票会发生危害社会的结果，而希望或放任这种结果的发生。

（四）犯罪客观要件

行为人违反了国家发票管理规定，实施了非法购买增值税专用发票、购买伪造的增值税专用发票的行为。根据2010年5月7日《立案追诉标准的规定（二）》之规定，非法购买增值税专用发票、购买伪造的增值税专用发票25份以上或者票面金额累计在10万元以上的，应予立案追诉。

## 三、有关非法购买增值税专用发票、购买伪造的增值税专用发票罪的法律规定

（1）《刑法》第二百零八条第一款："非法购买增值税专用发票或者购买伪造的增值税专用发票的，处五年以下有期徒刑或者拘役，并处或者单处二万元以上二十万元以下罚金。"

第二百零八条第二款："非法购买增值税专用发票或者购买伪造的增值税专用发票又虚开或者出售的，分别依照本法第二百零五条、第二百零六条、第二百零七条的规定定罪处罚。"

（2）2010年5月7日《立案追诉标准的规定（二）》第六十四条：非法购买增值税专用发票或者购买伪造的增值税专用发票二十五份以上或者票面额累计在十万元以上的，应予立案追诉。

# 第十一节 非法制造、出售非法制造的用于骗取出口退税、抵扣税款发票罪

## 一、概念

非法制造、出售非法制造的用于骗取出口退税、抵扣税款发票罪，是指伪造、擅自制造或者出售伪造、擅自制造的除增值税专用发票以外的可以用于骗取出口退税、抵扣税款的其他发票的刑事违法行为。

## 二、非法制造、出售非法制造的用于骗取出口退税、抵扣税款发票罪的构成要件

### （一）犯罪主体要件

此罪的行为主体包括单位和年满16周岁具有刑事责任能力的个人。除了一般主体外，其中还包括一种特殊主体，即擅自制造行为的实施者，这是经主管税务机关指定的发票印刷企业。

### （二）犯罪客体要件

此罪侵犯的直接客体是国家发票管理的制度秩序，进而危害国家税收征管的制度秩序等。

### （三）犯罪主观要件

此罪的犯罪主观要件只能是故意。它要求行为人明知非法制造、出售非法制造的用于骗取出口退税、抵扣税款发票的行为会发生危害社会的结果，并且希望或者放任这种结果的发生。

### （四）犯罪客观要件

行为人违反了国家发票管理法规，实施了非法制造、出售非法制造的除增值税专用发票以外的可以用于骗取出口退税、抵扣税款的其他发票的行为。根据2010年5月7日《立案追诉标准的规定（二）》，伪造、擅自制造或者出售伪造、擅自制造的可以用于骗取出口退税、抵扣税款的非增值税专用发票五十份以上或者票面额累计在二十万元以上的，应予立案追诉。

### 三、有关非法制造、出售非法制造的用于骗取出口退税、抵扣税款发票罪的法律规定

（1）《刑法》第二百零九条第一款："伪造、擅自制造或者出售伪造、擅自制造的可以用于骗取出口退税、抵扣税款的其他发票的，处三年以下有期徒刑、拘役或者管制，并处二万元以上二十万元以下罚金；数量巨大的，处三年以上七年以下有期徒刑，并处五万元以上五十万元以下罚金；数量特别巨大的，处七年以上有期徒刑，并处五万元以上五十万元以下罚金或者没收财产。"

（2）1996年10月17日《最高人民法院关于适用〈全国人民代表大会常务委员会关于惩治虚开、伪造和非法出售增值税专用发票犯罪的决定〉的若干问题的解释》第六条第二款：伪造、擅自制造或者出售伪造、擅自制造的可以用于骗取出口退税、抵扣税款的其他发票50份以上的，应当依法定罪处罚；伪造、擅自制造或者出售伪造、擅自制造的可以用于骗取出口退税、抵扣税款的其他发票200份以上的，属于"数量巨大"；伪造、擅自制造或者出售伪造、擅自制造的可以用于骗取出口退税、抵扣税款的其他发票1000份以上的，属于"数量特别巨大"。

（3）2010年5月7日《立案追诉标准的规定（二）》第六十五条："伪造、擅自制造或者出售伪造、擅自制造的可以用于骗取出口退税、抵扣税款的非增值税专用发票五十份以上或者票面额累计在二十万元以上的，应予立案追诉。"

## 第十二节　非法制造、出售非法制造的发票罪

### 一、概念

非法制造、出售非法制造的发票罪，是指违反国家发票管理法规，伪造、擅自制造或者出售伪造、擅自制造的除增值税专用发票以及其他具有出口退税、抵扣税款功能的发票以外的普通发票的刑事违法行为。

### 二、非法制造、出售非法制造的发票罪的构成要件

#### （一）犯罪主体要件

此罪的行为主体包括单位和年满16周岁具有刑事责任能力的个人。其中除了一般主体外，还包括一种特殊主体，即擅自制造行为的实施者，这是经主管税务机关指定的

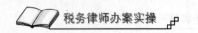

发票印刷企业。

### （二）犯罪客体要件

此罪侵犯的直接客体是国家发票管理的制度秩序，进而危害国家税收征管的制度秩序等。

### （三）犯罪主观要件

此罪的犯罪主观要件只能是故意。它要求行为人明知非法制造、出售非法制造的发票的行为会发生危害社会的结果，并且希望或者放任这种结果的发生。

### （四）犯罪客观要件

行为人违反了国家发票管理法规，实施了伪造、擅自制造或者出售伪造、擅自制造的除增值税专用发票以及其他具有出口退税、抵扣税款功能的发票以外的普通发票的行为。根据2010年5月7日《立案追诉标准的规定（二）》，伪造、擅自制造或者出售伪造、擅自制造的不具有骗取出口退税、抵扣税款功能的普通发票达到一百份以上或者票面额累计达到四十万元以上的，应予立案追诉。

## 三、有关非法制造、出售非法制造的发票罪的法律规定

（1）《刑法》第二百零九条第二款："伪造、擅自制造或者出售伪造、擅自制造的前款规定以外的其他发票的，处二年以下有期徒刑、拘役或者管制，并处或者单处一万元以上五万元以下罚金；情节严重的，处二年以上七年以下有期徒刑，并处五万元以上五十万元以下罚金。"

（2）2010年5月7日《立案追诉标准的规定（二）》第六十六条：伪造、擅自制造或者出售伪造、擅自制造的不具有骗取出口退税、抵扣税款功能的普通发票一百份以上或者票面额累计在四十万元以上的，应予立案追诉。

## 第十三节 非法出售用于骗取出口退税、抵扣税款发票罪

### 一、概念

非法出售用于骗取出口退税、抵扣税款发票罪，是指违反国家发票管理法规，非法出售除增值税专用发票以外的用于骗取出口退税、抵扣税款的其他发票的刑事违法行为。

## 二、非法出售用于骗取出口退税、抵扣税款发票罪的构成要件

### (一) 犯罪主体要件

此罪的行为主体包括单位和年满 16 周岁具有刑事责任能力的个人。

### (二) 犯罪客体要件

此罪侵害的客体是国家发票管理的制度秩序,进而危害国家税收征管的制度秩序等。

### (三) 犯罪主观要件

此罪的犯罪主观要件是故意。它要求行为人明知非法出售用于骗取出口退税、抵扣税款发票的行为会发生危害社会的结果,并且有希望或放任这种结果发生的主观心理状态。

### (四) 犯罪客观要件

行为人违反国家发票管理法规,实施了非法出售用于骗取出口退税、抵扣税款发票的行为。根据 2010 年 5 月 7 日《立案追诉标准的规定(二)》的规定,非法出售除增值税专用发票以外的用于骗取出口退税、抵扣税款的其他发票五十份以上或者票面额累计在二十万元以上的,应予立案追诉。

## 三、有关非法出售用于骗取出口退税、抵扣税款发票罪的法律规定

(1)《刑法》第二百零九条第三款规定:"非法出售可以用于骗取出口退税、抵扣税款的其他发票的,依照第一款的规定处罚。"即按《刑法》第二百零九条第一款关于非法制造、出售非法制造的用于骗取出口退税、抵扣税款发票罪的相关规定处罚。

(2) 1996 年 10 月 17 日《最高人民法院关于适用〈全国人民代表大会常务委员会关于惩治虚开、伪造和非法出售增值税专用发票犯罪的规定〉的若干问题的解释》第六条第二款:伪造、擅自制造或者出售伪造、擅自制造的可以用于骗取出口退税、抵扣税款的其他发票 50 份以上的,应当依法定罪处罚;伪造、擅自制造或者出售伪造、擅自制造的可以用于骗取出口退税、抵扣税款的其他发票 200 份以上的,属于"数量巨大";伪造、擅自制造或者出售伪造、擅自制造的可以用于骗取出口退税、抵扣税款的其他发票 1000 份以上的,属于"数量特别巨大"。

备注:对于非法出售用于骗取出口退税、抵扣税款发票罪的"数量巨大""数量特别巨大"的判断标准,按对非法制造、出售非法制造的用于骗取出口退税、抵扣税款发

票罪的判断标准界定,即按1996年10月17日司法解释第六条第二款之规定判断。

(3) 2010年5月7日《立案追诉标准的规定(二)》第六十七条:"非法出售可以用于骗取出口退税、抵扣税款的非增值税专用发票五十份以上或者票面额累计在二十万元以上的,应予立案追诉。"

## 第十四节 非法出售发票罪

### 一、概念

非法出售发票罪,是指违反国家发票管理法规,非法出售除增值税专用发票以及其他具有出口退税、抵扣税款功能的发票以外的普通发票的刑事违法行为。

### 二、非法出售发票罪的构成要件

(一)犯罪主体要件

此罪的行为主体包括单位和年满16周岁具有刑事责任能力的个人。

(二)犯罪客体要件

此罪侵犯的直接客体是国家发票管理的制度秩序,进而危害国家税收征管的制度秩序等。

(三)犯罪主观要件

此罪的犯罪主观要件只能是故意。它要求行为人明知非法出售发票的行为会发生危害社会的结果,并且希望或者放任这种结果的发生。

(四)犯罪客观要件

行为人违反了国家发票管理法规,实施了非法出售除增值税专用发票以及其他具有出口退税、抵扣税款功能的发票以外的普通发票的行为。根据2010年5月7日《立案追诉标准的规定(二)》,非法出售普通发票达到一百份以上或者票面额累计达到四十万元以上的,应予立案追诉。

### 三、有关非法出售发票罪的法律规定

(1)《刑法》第二百零九条第四款规定:"非法出售第三款规定以外的其他发票的,

依照第二款的规定处罚。"即依照《刑法》第二百零九条第二款关于非法出售用于骗取出口退税、抵扣税款发票罪的规定处罚。

（2）2010年5月7日《立案追诉标准的规定（二）》第六十八条规定，非法出售普通发票一百份以上或者票面额累计在四十万元以上的，应予立案追诉。

# 第十五节 持有伪造的发票罪

## 一、概念

持有伪造的发票罪，是指违反国家发票管理法规，明知是伪造的发票而持有的刑事违法行为。

## 二、持有伪造的发票罪的构成要件

### （一）犯罪主体要件

持有伪造的发票罪的主体是一般主体，包括单位和年满16周岁的具有刑事责任能力的自然人。

### （二）犯罪客体要件

此罪侵犯的直接客体是国家发票管理的制度秩序，进而可能危害国家税收征管的制度秩序等。

### （三）犯罪主观要件

此罪的主观要件只能是故意。即行为人明知持有伪造的发票行为违反了国家发票管理制度，可能会造成发票管理秩序的破坏甚至国家税款的流失，而希望或放任这种结果发生的一种主观心理态度。

### （四）犯罪客观要件

行为人违反了国家发票管理法规，实施了持有伪造的发票的行为。根据2011年《立案追诉标准的规定（二）的补充规定》，"持有伪造的增值税专用发票50份以上或者票面额累计在20万元以上的"，或者"持有伪造的可以用于骗取出口退税、抵扣税款的其他发票100份以上或者票面累计额在40万元以上的"，或者具有"持有伪造的前两项规定以外的其他发票200份以上或者票面金额累计在80万元以上的"，应予立案

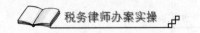

追诉。

### 三、关于持有伪造的发票罪的法律规定

（1）《刑法》第二百一十条第三款："明知是伪造的发票而持有，数量较大的，处二年以下有期徒刑、拘役或者管制，并处罚金；数量巨大的，处二年以上七年以下有期徒刑，并处罚金。"

第二百一十条第四款："单位犯前款罪的，对单位判处罚金，并对其直接负责的主管人员和其他直接责任人员，依照前款的规定处罚。"

（2）2011年11月21日《立案追诉标准的规定（二）的补充规定》第三条：明知是伪造的发票而持有，具有下列情形之一的，应予立案追诉：①持有伪造的增值税专用发票五十份以上或者票面额累计在二十万元以上的，应予立案追诉；②持有伪造的可以用于骗取出口退税、抵扣税款的其他发票一百份以上或者票面额累计在四十万元以上的，应予立案追诉；③持有伪造的前两项规定以外的其他发票二百份以上或者票面额累计在八十万元以上的，应予立案追诉。

## 第十六节　走私普通货物、物品罪

### 一、概念

走私普通货物、物品罪是指违反海关法规，逃避海关监管，运输、携带、邮寄普通货物、物品进出国（边）境，偷逃应缴关税以及海关代征代缴的其他税款的刑事违法行为。

### 二、走私普通货物、物品罪的犯罪构成要件

（一）犯罪主体要件

此罪的行为主体是一般主体，年满16周岁的具有刑事责任能力的自然人和单位均可构成。

（二）犯罪客体要件

此罪侵犯的直接客体是国家对外贸易管理的制度秩序和海关税收征管的制度秩序等。

### （三）犯罪主观要件

此罪的主观要件是故意。即行为人明知走私普通货物、物品的行为可能会造成海关监管秩序的破坏甚至国家税款的流失，而希望或放任这种结果发生的一种主观心理态度。

### （四）犯罪客观要件

行为人违反海关法规，实施了逃避海关监管，运输、携带、邮寄普通货物、物品进出国（边）境，偷逃应缴关税以及海关代征代缴的其他税款的行为。这里的"普通货物"是指除毒品、武器、核材料、伪造的货币、珍贵动物及其制品、国家禁止出口的文物、黄金、白银和其他贵重金属、淫秽物品、国家禁止进出口的其他货物、物品以及未经许可的各种废物以外的货物和物品。

备注：1997年刑法中修订前的一百五十三条，此罪的起刑点为走私货物、物品偷逃应缴税额达到五万元。然而，根据《刑法修正案（八）》的规定，其起刑点又修改为"偷逃应缴税额较大或者一年内曾因走私被给予二次行政处罚后又走私的"。目前，对于其中"应缴税数额较大"并无新的司法解释，因此，对于自然人仍然可参照五万元来处理。但对于单位犯此罪，"应缴税数额较大"必须达到二十五万元。根据2000年9月26日《最高人民法院关于审理走私刑事案件具体应用法律若干问题的解释》第十条第二款，单位犯此罪偷逃应缴税额在七十五万元以上不满二百五十万元的，属于"情节严重"；单位犯此罪偷逃应缴税额在二百五十万元以上的，属于"情节特别严重"。

## 三、关于走私普通货物、物品罪的法律规定

（1）《刑法》第一百五十三条第一款规定，走私本法第一百五十一条、第一百五十二条、第三百四十七条规定以外的货物、物品的，根据情节轻重，分别依照下列规定处罚：①走私货物、物品偷逃应缴税额较大或者一年内曾因走私被给予二次行政处罚后又走私的，处三年以下有期徒刑或者拘役，并处偷逃应缴税额一倍以上五倍以下罚金。②走私货物、物品偷逃应缴税额巨大或者有其他严重情节的，处三年以上十年以下有期徒刑，并处偷逃应缴税额一倍以上五倍以下罚金。③走私货物、物品偷逃应缴税额特别巨大或者有其他特别严重情节的，处十年以上有期徒刑或者无期徒刑，并处偷逃应缴税额一倍以上五倍以下罚金或者没收财产。

第一百五十三条第二款："单位犯前款罪的，对单位判处罚金，并对其直接负责的主管人员和其他直接责任人员，处三年以下有期徒刑或者拘役；情节严重的，处三年以上十年以下有期徒刑；情节特别严重的，处十年以上有期徒刑。"

第一百五十三条第三款规定："对多次走私未经处理的，按照累计走私货物、物品的偷逃应缴税额处罚。"

第一百五十四条规定，下列走私行为，根据本节规定构成犯罪的，依照本法第一百五十三条的规定定罪处罚：①未经海关许可并且未补缴应缴税额，擅自将批准进口的来料加工、来件装配、补偿贸易的原材料、零件、制成品、设备等保税货物，在境内销售牟利的；②未经海关许可并且未补缴应缴税额，擅自将特定减税、免税进口的货物、物品，在境内销售牟利的。

第一百五十五条规定，下列行为，以走私罪论处，依照本节的有关规定处罚：①直接向走私人非法收购国家禁止进口物品的，或者直接向走私人非法收购走私进口的其他货物、物品，数额较大的；②在内海、领海、界河、界湖运输、收购、贩卖国家禁止进出口物品的，或者运输、收购、贩卖国家限制进出口货物、物品，数额较大，没有合法证明的。

第一百五十六条规定：与走私罪犯通谋，为其提供贷款、资金、账号、发票、证明，或者为其提供运输、保管、邮寄或者其他方便的，以走私罪的共犯论处。

（2）2000年9月26日《最高人民法院关于审理走私刑事案件具体应用法律若干问题的解释》（自2000年10月8日起施行）第六条至第八条、第十条。

（3）2002年7月8日《最高人民法院、最高人民检察院、海关总署关于办理走私刑事案件适用法律若干问题的意见》第八条至十五条、第二十条至二十四条。

## 第十七节 徇私舞弊不征、少征税款罪

### 一、概念

徇私舞弊不征、少征税款罪，是指税务人员徇私舞弊，不征或少征应征税款，致使国家税收遭受重大损失的刑事违法行为。

### 二、徇私舞弊不征、少征税款罪的构成要件

（一）犯罪主体要件

此罪的犯罪主体是税务人员，也就是在税务机关从事税收征管工作的国家机关工作人员。

（二）犯罪客体要件

此罪侵犯的直接客体是税务人员对职务的忠诚性、廉洁性和税收征收管理的制度秩序以及国家财产所有权。

### （三）犯罪主观要件

此罪的主观要件是故意。它要求行为人明知不征少征税款的行为会发生危害社会的结果，但是出于徇私的动机而希望或放任这种结果的发生。

### （四）犯罪客观要件

行为人违反国家税收法规，实施了徇私舞弊，不征或少征应征税款的行为。根据2006年7月26日《最高人民检察院关于渎职侵权犯罪案件立案标准的规定》，具有下列情形之一的，应予立案追诉：①徇私舞弊不征、少征税款，致使国家税收损失累计达10万元以上的；②上级主管部门工作人员指使税务机关工作人员徇私舞弊不征、少征税款，致使国家税收损失累计达10万元以上的；③徇私舞弊不征、少征税款虽不满10万元，但具有索取或者收受贿赂或者其他恶劣情节的；④其他致使国家税收遭受重大损失的情形。

## 三、关于徇私舞弊不征、少征税款罪的法律规定

（1）《刑法》第四百零四条规定：税务机关的工作人员徇私舞弊，不征或者少征应征税款，致使国家税收遭受重大损失的，处五年以下有期徒刑或者拘役；造成特别重大损失的，处五年以上有期徒刑。

（2）2006年7月26日《最高人民检察院关于渎职侵权犯罪案件立案标准的规定》第十四条。

# 第十八节 徇私舞弊发售发票、抵扣税款、出口退税罪

## 一、概念

徇私舞弊发售发票、抵扣税款、出口退税罪，是指税务人员违反法律、行政法规的规定，在办理发售发票、抵扣税款、出口退税工作中徇私舞弊，致使国家利益遭受重大损失的刑事违法行为。

## 二、徇私舞弊发售发票、抵扣税款、出口退税罪的构成要件

### （一）犯罪主体要件

此罪的行为主体是税务人员，也就是在税务机关从事税收征管工作的国家机关工作

人员。

### （二）犯罪客体要件

此罪侵犯的直接客体是税务人员对职务的忠诚性、廉洁性和发票管理的法律秩序、税收征收管理的法律秩序，进而危及国家财产所有权。

### （三）犯罪主观要件

此罪的主观要件是故意。它要求行为人明知徇私舞弊、发售发票、抵扣税款、出口退税的行为会发生危害社会的结果，但是出于徇私的动机而希望或放任这种结果的发生。

### （四）犯罪客观要件

行为人违反法律、行政法规的规定，在办理发售发票、抵扣税款、出口退税工作中，实施了徇私舞弊的行为。

根据2006年7月26日《最高人民检察院关于渎职侵权犯罪案件立案标准的规定》，具有下列情形之一的，应予立案追诉：①徇私舞弊，致使国家税收损失累计达十万元以上的；②徇私舞弊，致使国家税收损失累计不满十万元，但发售增值税专用发票二十五份以上或者其他发票五十份以上或者增值税专用发票与其他发票合计五十份以上，或者具有索取、收受贿赂或者其他恶劣情节的；③其他致使国家利益遭受重大损失的情形。

## 三、关于徇私舞弊发售发票、抵扣税款、出口退税罪的法律规定

（1）《刑法》第四百零五条第一款：税务机关的工作人员违反法律、行政法规的规定，在办理发售发票、抵扣税款、出口退税工作中，徇私舞弊，致使国家利益遭受重大损失的，处五年以下有期徒刑或者拘役；致使国家利益遭受特别重大损失的，处五年以上有期徒刑。

（2）2006年7月26日《最高人民检察院关于渎职侵权犯罪案件立案标准的规定》第十五条。

# 第十九节 违法提供出口退税凭证罪

## 一、概念

违法提供出口退税凭证罪，是指税务机关工作人员以外的其他国家机关工作人员违

反国家规定，在提供出口退税凭证的工作中徇私舞弊，致使国家利益遭受重大损失的刑事违法行为。

## 二、违法提供出口退税凭证罪的构成要件

### （一）犯罪主体要件

此罪的行为主体是除税务人员以外的其他国家机关工作人员。

### （二）犯罪客体要件

此罪直接侵犯的是出口退税凭证管理的法律秩序和职务的忠诚性、廉洁性，进而危及税收征管秩序乃至国家财产的所有权。

### （三）犯罪主观要件

此罪的犯罪主观要件是故意。它要求行为人明知违法提供出口退税凭证的行为会发生危害社会的结果，但是出于徇私的动机而希望或放任这种结果的发生。

### （四）犯罪客观要件

行为人违反国家规定，在提供出口退税凭证的工作中实施了徇私舞弊的行为。

根据2006年7月26日《最高人民检察院关于渎职侵权犯罪案件立案标准的规定》，具有下列情形之一的，应予立案追诉：①徇私舞弊，致使国家税收损失累计达十万元以上的；②徇私舞弊，致使国家税收损失累计不满十万元，但具有索取、收受贿赂或者其他恶劣情节的；③其他致使国家利益遭受重大损失的情形。

## 三、关于违法提供出口退税凭证罪的法律规定

（1）《刑法》第四百零五条第二款：其他国家机关工作人员违反国家规定，在提供出口货物报关单、出口收汇核销单等出口退税凭证的工作中徇私舞弊，致使国家利益遭受重大损失的，依照前款的规定处罚。该规定即：致使国家利益遭受重大损失的，处五年以下有期徒刑或者拘役；致使国家利益遭受特别重大损失的，处五年以上有期徒刑。

（2）2006年7月26日《最高人民检察院关于渎职侵权犯罪案件立案标准的规定》第十六条。

# 第二编
# 争议解决涉税非诉讼律师实务

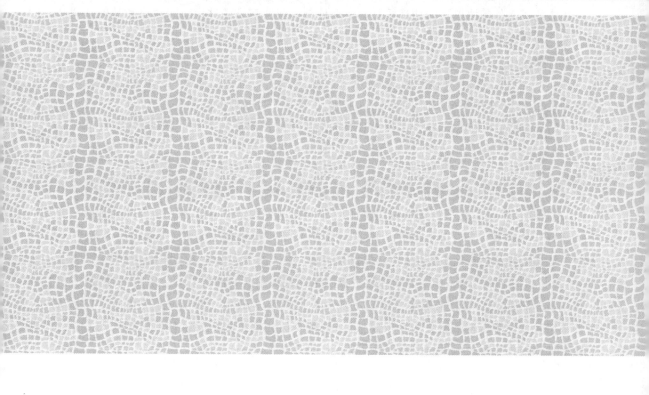

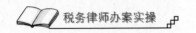

# 第一章 涉税仲裁律师实务

## 第一节 涉税仲裁概述

所谓涉税仲裁,是指当事人一方根据其与对方所签署的涉税合同中的仲裁条款或事后达成的书面仲裁协议,向仲裁委员会申请仲裁,解决双方的涉税合同纠纷和其他涉税财产权益纠纷的活动。

仲裁适用的程序规定主要有:

(1)《中华人民共和国仲裁法》(简称《仲裁法》)由第八届全国人民代表大会常务委员会于1994年8月31日通过,自1995年9月1日起施行。

(2)《最高人民法院关于适用〈中华人民共和国仲裁法〉若干问题的解释》(简称《仲裁法司法解释》)(2005年12月26日最高人民法院审判委员会第1375次会议通过)。

(3)关于仲裁中的保全(包括证据保全和财产保全)、裁决执行、裁决撤销等在《民事诉讼法》及《民事诉讼法司法解释》中也有相关规定,《仲裁法》及《仲裁法司法解释》中的规定与之不一致的,根据《中华人民共和国立法法》(简称《立法法》)中后法优于先法的规定,则应以《民事诉讼法》及《民事诉讼法司法解释》为准。

(4)《仲裁暂行规则》。中国仲裁协会制定仲裁规则前,仲裁委员会依照《仲裁法》和《民事诉讼法》的有关规定可以制定仲裁暂行规则(虽然《仲裁法》中规定了中国仲裁协会,但中国仲裁协会至今未成立)。仲裁委员会依法制定的《仲裁暂行规则》系该会仲裁过程中应遵循的重要程序规定。

## 第二节 涉税仲裁程序主要规定

### 一、仲裁范围

平等主体的公民、法人和其他组织之间发生的合同纠纷和其他财产权益纠纷,可以仲裁。

下列纠纷不能仲裁：①婚姻、收养、监护、扶养、继承纠纷；②依法应当由行政机关处理的行政争议。

备注：劳动争议仲裁适用《劳动争议调解仲裁法》，不适用《仲裁法》。农业集体经济组织内部的农业承包合同纠纷的仲裁，另行规定，也不适用《仲裁法》。

## 二、仲裁协议

当事人采用仲裁方式解决纠纷，应当双方自愿，达成仲裁协议。没有仲裁协议，一方申请仲裁的，仲裁委员会不予受理。

当事人达成仲裁协议，一方向人民法院起诉的，人民法院不予受理，但仲裁协议无效的除外。

仲裁委员会应当由当事人协议选定。仲裁不实行级别管辖和地域管辖。

## 三、仲裁一裁终局

仲裁实行一裁终局的制度。裁决作出后，当事人就同一纠纷再申请仲裁或者向人民法院起诉的，仲裁委员会或者人民法院不予受理。

## 四、裁决被撤销或者不予执行时的救济程序

裁决被人民法院依法裁定撤销或者不予执行的，当事人就该纠纷可以根据双方重新达成的仲裁协议申请仲裁，也可以向人民法院起诉。

## 五、仲裁委员会的设立

仲裁委员会可以在直辖市和省、自治区人民政府所在地的市设立，也可以根据需要在其他设区的市设立，不按行政区划层层设立。

仲裁委员会由前款规定的市的人民政府组织有关部门和商会统一组建。

设立仲裁委员会，应当经省、自治区、直辖市的司法行政部门登记。

仲裁委员会独立于行政机关，与行政机关没有隶属关系。仲裁委员会之间也没有隶属关系。

## 六、仲裁协议的内容

仲裁协议包括合同中订立的仲裁条款和以其他书面方式在纠纷发生前或者纠纷发生

后达成的请求仲裁的协议。仲裁协议应当具有下列内容：①请求仲裁的意思表示；②仲裁事项；③选定的仲裁委员会。

## 七、仲裁协议的效力

有下列情形之一的，仲裁协议无效：①约定的仲裁事项超出法律规定的仲裁范围的；②无民事行为能力人或者限制民事行为能力人订立的仲裁协议；③一方采取胁迫手段，迫使对方订立仲裁协议的。

仲裁协议对仲裁事项或者仲裁委员会没有约定或者约定不明确的，当事人可以补充协议；达不成补充协议的，仲裁协议无效。

仲裁协议独立存在，合同的变更、解除、终止或者无效，不影响仲裁协议的效力。

当事人对仲裁协议的效力有异议的，可以请求仲裁委员会作出决定或者请求人民法院作出裁定。一方请求仲裁委员会作出决定，另一方请求人民法院作出裁定的，由人民法院裁定。当事人对仲裁协议的效力有异议，应当在仲裁庭首次开庭前提出。

## 八、申请仲裁应具备的条件

当事人申请仲裁应当符合下列条件：①有仲裁协议；②有具体的仲裁请求和事实、理由；③属于仲裁委员会的受理范围。

当事人申请仲裁，应当向仲裁委员会递交仲裁协议、仲裁申请书及副本。

## 九、放弃或变更仲裁请求及提出反请求

法院受理案件后在首次开庭前未发现仲裁协议的，即使另一方以后拿出仲裁协议，法院也应继续审理；当事人达成仲裁协议，一方向人民法院起诉未声明有仲裁协议，人民法院受理后，另一方在首次开庭前提交仲裁协议的，人民法院应当驳回起诉，但仲裁协议无效的除外；另一方在首次开庭前未对人民法院受理该案提出异议的，视为放弃仲裁协议，人民法院应当继续审理。

申请人可以放弃或者变更仲裁请求。被申请人可以承认或者反驳仲裁请求，有权提出反请求。

## 十、财产保全

一方当事人因另一方当事人的行为或者其他原因，可能使裁决不能执行或者难以执行的，可以申请财产保全。

当事人申请财产保全的，仲裁委员会应当将当事人的申请依照《民事诉讼法》的

有关规定提交被申请人的住所地或财产所在地的基层人民法院。

申请有错误的，申请人应当赔偿被申请人因财产保全所遭受的损失。

**十一、仲裁庭的组成**

仲裁庭可以由三名仲裁员或者一名仲裁员组成。由三名仲裁员组成的，设首席仲裁员。

当事人约定由三名仲裁员组成仲裁庭的，应当各自选定或者各自委托仲裁委员会主任指定一名仲裁员，第三名仲裁员由当事人共同选定或者共同委托仲裁委员会主任指定。第三名仲裁员是首席仲裁员。

当事人约定由一名仲裁员成立仲裁庭的，应当由当事人共同选定或者共同委托仲裁委员会主任指定仲裁员。当事人没有在仲裁规则规定的期限内约定仲裁庭的组成方式或者选定仲裁员的，由仲裁委员会主任指定。

**十二、仲裁以不公开为原则**

仲裁不公开进行。当事人协议公开的，可以公开进行，但涉及国家秘密的除外。

**十三、视为撤回仲裁申请及缺席裁决**

申请人经书面通知，无正当理由不到庭或者未经仲裁庭许可中途退庭的，可以视为撤回仲裁申请。

被申请人经书面通知，无正当理由不到庭或者未经仲裁庭许可中途退庭的，可以缺席裁决。

**十四、证据保全**

在证据可能灭失或者以后难以取得的情况下，当事人可以申请证据保全。当事人申请证据保全的，仲裁委员会应当将当事人的申请提交证据所在地的基层人民法院。

**十五、仲裁中的调解**

调解达成协议的，仲裁庭应当制作调解书或者根据协议的结果制作裁决书。调解书经双方当事人签收后，即发生法律效力。调解书与裁决书具有同等法律效力。

### 十六、裁决的形成

裁决应当按照多数仲裁员的意见作出，少数仲裁员的不同意见可以记入笔录。仲裁庭不能形成多数意见时，裁决应当按照首席仲裁员的意见作出。

裁决书由仲裁员签名，加盖仲裁委员会印章。对裁决持不同意见的仲裁员，可以签名，也可以不签名。

裁决书自作出之日起发生法律效力。

### 十七、申请撤销仲裁裁决

当事人提出证据证明裁决有下列情形之一的，可以向仲裁委员会所在地的中级人民法院申请撤销裁决：①没有仲裁协议的；②裁决的事项不属于仲裁协议的范围或者仲裁委员会无权仲裁的；③仲裁庭的组成或者仲裁的程序违反法定程序的；④裁决所根据的证据是伪造的；⑤对方当事人隐瞒了足以影响公正裁决的证据的；⑥仲裁员在仲裁该案时有贪污受贿、徇私舞弊、枉法裁决行为的。人民法院经组成合议庭审查核实裁决有前述规定情形之一的，应当裁定撤销。人民法院认定该裁决违背社会公共利益的，应当裁定撤销。

当事人申请撤销裁决的，应当自收到裁决书之日起六个月内提出。人民法院应当在受理撤销裁决申请之日起两个月内作出撤销裁决或者驳回申请的裁定。

人民法院受理撤销裁决的申请后，认为可以由仲裁庭重新仲裁的，通知仲裁庭在一定期限内重新仲裁，并裁定中止撤销程序。仲裁庭拒绝重新仲裁的，人民法院应当裁定恢复撤销程序。

### 十八、仲裁裁决的执行

对依法设立的仲裁机构的裁决，一方当事人不履行的，对方当事人可以向有管辖权的人民法院申请执行。受申请的人民法院应当执行。对于仲裁裁决的执行，根据《仲裁法司法解释》规定，应向被执行人住所地或者被执行的财产所在地的中级人民法院申请。

被申请人提出证据证明仲裁裁决有《民事诉讼法》第二百三十七条第三款规定情形之一的，经人民法院组成合议庭审查核实，裁定不予执行。人民法院认定执行该裁决违背社会公共利益的，裁定不予执行。

仲裁裁决被人民法院裁定不予执行的，当事人可以根据双方达成的书面仲裁协议重新申请仲裁，也可以向人民法院起诉。

一方当事人申请执行裁决，另一方当事人申请撤销裁决的，人民法院应当裁定中止执行。人民法院裁定撤销裁决的，应当裁定终结执行。撤销裁决的申请被裁定驳回的，人民法院应当裁定恢复执行。

## 十九、仲裁时效

法律对仲裁时效有规定的，适用该规定。法律对仲裁时效没有规定的，适用诉讼时效的规定。

## 二十一、涉外仲裁的特别规定

（1）当事人申请采取保全的，中华人民共和国的涉外仲裁机构应当将当事人的申请，提交被申请人住所地或者财产所在地的中级人民法院裁定。

（2）当事人提出证据证明涉外仲裁裁决有《民事诉讼法》第二百七十四条第一款规定的情形之一的，经人民法院组成合议庭审查核实，裁定撤销或裁定不予执行。

**附：仲裁申请书参考格式**

仲裁申请书

申请人：姓名、性别、年龄、职业、工作单位和住所，公民身份号码（或法人/其他组织的名称、住所和法定代表人/主要负责人的姓名、职务）。

被申请人：姓名、性别、年龄、职业、工作单位和住所，公民身份号码（或法人/其他组织的名称、住所和法定代表人/主要负责人的姓名、职务）。

仲裁请求

1. 请依法裁决……
2. 裁决被申请人负担本案全部仲裁费、财产保全费（若有）。

事实和理由

（具体叙述相关事实和法律根据，并进行适当说理）

此致

××仲裁委员会

申请人（签名盖印）

××××年××月××日

附：副本×份

备注：无论是仲裁协议、仲裁申请书还是相关证据，实践中，除一份正本外，递交副本的份数，若是独任仲裁员仲裁的，则递交副本份数为被申请人人数加一；若是三名仲裁员组成仲裁庭的，递交副本份数为被申请人人数加三。

# 第二章　税务行政处罚听证律师实务

## 第一节　行政处罚概述

### 一、行政处罚的概念

行政处罚是指行政机关或其他行政主体依照法定权限和程序，对违反行政法规范的相对方给予行政制裁的具体行政行为。

目前规范行政处罚的基本程序法是《中华人民共和国行政处罚法》（简称《行政处罚法》）。该法于1996年3月7日由第八届全国人民代表大会第四次会议通过，自1996年10月1日起施行。2009年8月27日第十一届全国人民代表大会常务委员会第十次会议作了修改，于2009年8月27日起施行。

### 二、《行政处罚法》基本内容

（一）行政处罚基本原则

（1）法定原则：没有法定依据或者不遵守法定程序的，行政处罚无效。

（2）公正、公开的原则：设定和实施行政处罚必须以事实为依据，与违法行为的事实、性质、情节以及社会危害程度相当。对违法行为给予行政处罚的规定必须公布；未经公布的，不得作为行政处罚的依据。

（3）处罚与教育相结合原则：实施行政处罚，纠正违法行为，应当坚持处罚与教育相结合，教育公民、法人或者其他组织自觉守法。

（4）保障相对人权益原则：公民、法人或者其他组织对行政机关所给予的行政处罚，享有陈述权、申辩权；对行政处罚不服的，有权依法申请行政复议或者提起行政诉讼。公民、法人或者其他组织因行政机关违法给予行政处罚受到损害的，有权依法提出赔偿要求。

（5）一事不二罚（款）原则：对当事人的同一个违法行为，不得给予两次以上罚款的行政处罚。

## (二) 行政处罚的种类

(1) 警告。
(2) 罚款。
(3) 没收违法所得、没收非法财物。
(4) 责令停产停业。
(5) 暂扣或者吊销许可证、暂扣或者吊销执照。
(6) 行政拘留。
(7) 法律、行政法规规定的其他行政处罚。

## (三) 行政处罚的管辖和适用

(1) 行政处罚由违法行为发生地的县级以上地方人民政府具有行政处罚权的行政机关管辖。法律、行政法规另有规定的除外。

(2) 不满十四周岁的人有违法行为的,不予行政处罚,责令监护人加以管教;已满十四周岁不满十八周岁的人有违法行为的,从轻或者减轻行政处罚。

(3) 精神病人在不能辨认或者不能控制自己行为时有违法行为的,不予行政处罚,但应当责令其监护人严加看管和治疗。间歇性精神病人在精神正常时有违法行为的,应当给予行政处罚。

(4) 刑期折抵:违法行为构成犯罪,人民法院判处拘役或者有期徒刑时,行政机关已经给予当事人行政拘留的,应当依法折抵相应刑期。

罚金折抵:违法行为构成犯罪,人民法院判处罚金时,行政机关已经给予当事人罚款的,应当折抵相应罚金。

(5) 处罚时效:违法行为在二年内未被发现的,不再给予行政处罚。法律另有规定的除外。

## (四) 处罚前告知及当事人的陈述、申辩权

行政机关在作出行政处罚决定之前,应当告知当事人作出行政处罚决定的事实、理由及依据,并告知当事人依法享有的权利。

当事人有权进行陈述和申辩。行政机关必须充分听取当事人的意见,对当事人提出的事实、理由和证据,应当进行复核;当事人提出的事实、理由或者证据成立的,行政机关应当采纳。

行政机关不得因当事人申辩而加重处罚。

## (五) 当场处罚的情形和条件

违法事实确凿并有法定依据,对公民处以五十元以下、对法人或者其他组织处以一千元以下罚款或者警告的行政处罚的,可以当场作出行政处罚决定。

当事人对当场作出的行政处罚决定不服的,可以依法申请行政复议或者提起行政诉讼。

(六)一般程序

(1)调查:行政机关在调查或者进行检查时,执法人员不得少于两人,并应当向当事人或者有关人员出示证件。当事人或者有关人员应当如实回答询问,并协助调查或者检查,不得阻挠。询问或者检查应当制作笔录。

行政机关在收集证据时,可以采取抽样取证的方法;在证据可能灭失或者以后难以取得的情况下,经行政机关负责人批准,可以先行登记保存,并应当在七日内及时作出处理决定,在此期间,当事人或者有关人员不得销毁或者转移证据。

(2)处罚前告知:行政机关及其执法人员在作出行政处罚决定之前,不依法向当事人告知给予行政处罚的事实、理由和依据,或者拒绝听取当事人的陈述、申辩,行政处罚决定不能成立;当事人放弃陈述或者申辩权利的除外。

(3)行政处罚决定书送达:行政处罚决定书应当在宣告后当场交付当事人;当事人不在场的,行政机关应当在七日内依照民事诉讼法的有关规定,将行政处罚决定书送达当事人。

(七)听证程序

(1)听证情形:行政机关作出责令停产停业、吊销许可证或者执照、较大数额罚款等行政处罚决定之前,应当告知当事人有要求举行听证的权利;当事人要求听证的,行政机关应当组织听证。

(2)听证程序:①当事人要求听证的,应当在行政机关告知后三日内提出。②行政机关应当在听证的七日前,通知当事人举行听证的时间、地点。③除涉及国家秘密、商业秘密或者个人隐私外,听证公开举行。④听证由行政机关指定的非本案调查人员主持;当事人认为主持人与本案有直接利害关系的,有权申请回避。⑤当事人可以亲自参加听证,也可以委托一至二人代理。⑥举行听证时,调查人员提出当事人违法的事实、证据和行政处罚建议;当事人进行申辩和质证。⑦听证应当制作笔录;笔录应当交当事人审核无误后签字或者盖章。

当事人对限制人身自由的行政处罚有异议的,依照《中华人民共和国治安管理处罚法》有关规定执行。

(八)行政处罚的执行

(1)处罚不停止执行原则:当事人对行政处罚决定不服申请行政复议或者提起行政诉讼的,行政处罚不停止执行,法律另有规定的除外。

(2)可当场收缴罚款情形:①依法当场作出行政处罚决定,有下列情形之一的,执法人员可以当场收缴罚款——依法给予二十元以下的罚款的,不当场收缴事后难以执行的。②在边远、水上、交通不便地区，行政机关及其执法人员依法作出罚款决定后，当事人向指定的银行缴纳罚款确有困难，经当事人提出，行政机关及其执法人员可以当场收缴罚款。

行政机关及其执法人员当场收缴罚款的，必须向当事人出具省、自治区、直辖市财政部门统一制发的罚款收据；不出具财政部门统一制发的罚款收缴的，当事人有权拒绝缴纳罚款。

除以上可以当场收缴罚款的情形外，作出行政处罚决定的行政机关及其执法人员不得自行收缴罚款。当事人应当自收到行政处罚决定书之日起十五日内，到指定的银行缴纳罚款。银行应当收受罚款，并将罚款直接上缴国库。

（3）当事人逾期不履行行政处罚决定的，作出行政处罚决定的行政机关可以采取下列措施：①到期不缴纳罚款的，每日按罚款数额的百分之三加处罚款；②根据法律规定，将查封、扣押的财物拍卖或者将冻结的存款划拨抵缴罚款；③申请人民法院强制执行。

当事人确有经济困难，需要延期或者分期缴纳罚款的，经当事人申请和行政机关批准，可以暂缓或者分期缴纳。

## 第二节 税务行政处罚

### 一、税务行政处罚概述

税务行政处罚，是指税务机关依照法律、法规和规章的规定，对纳税主体违反税收法律规范，尚未构成犯罪的税务违法行为所实施的行政制裁。税务行政处罚包括罚款、没收违法所得、停止出口退税权以及吊销税务行政许可证件四种。

实践中税务机关有权依法作出各种带有命令、惩戒因素的执法措施，但这只是税收执法管理中的具体行政行为，不是行政处罚类型。如责令限期改正、收缴或停售发票、通知有关部门阻止出境、取消一般纳税人资格、收缴税务登记证、停止抵扣等，均不属于税务行政处罚。

### 二、税收违法行为及其处罚主要规定

（一）偷税、逃避追缴欠税、骗税、抗税的行政处罚规定

（1）纳税人伪造、变造、隐匿、擅自销毁账簿、记账凭证，或者在账簿上多列支出或者不列、少列收入，或者经税务机关通知申报而拒不申报或者进行虚假的纳税申

报，不缴或者少缴应纳税款的，是偷税。对纳税人偷税的，由税务机关追缴其不缴或者少缴的税款、滞纳金，并处不缴或者少缴的税款百分之五十以上五倍以下的罚款；构成犯罪的，依法追究刑事责任。

（2）逃避追缴欠税是指纳税人欠缴应纳税款，采取转移或者隐匿财产的手段，妨碍税务机关追缴欠缴的税款的税收违法行为。根据《税收征收管理法》第六十五条规定，对于逃避追缴欠税的纳税人，由税务机关追缴欠缴的税款、滞纳金，并处欠缴税款百分之五十以上五倍以下的罚款；构成犯罪的，依法追究刑事责任。

（3）骗税是指以假报出口或者其他欺骗手段，骗取国家出口退税款。根据《税收征收管理法》第六十六条规定，以假报出口或者其他欺骗手段，骗取国家出口退税款的，由税务机关追缴其骗取的退税款，并处骗取税款一倍以上五倍以下的罚款；构成犯罪的，依法追究刑事责任。对骗取国家出口退税款的，税务机关可以在规定期间内停止为其办理出口退税。

（4）以暴力、威胁方法拒不缴纳税款的，是抗税。根据《税收征收管理法》第六十七条规定，对于抗税，除由税务机关追缴其拒缴的税款、滞纳金外，依法追究刑事责任。情节轻微，未构成犯罪的，由税务机关追缴其拒缴的税款、滞纳金，并处拒缴税款一倍以上五倍以下的罚款。

（二）违反日常税收管理及发票管理的违法行为及其处罚主要规定

（1）《税收征收管理法》第六十条规定，纳税人有下列行为之一的，由税务机关责令限期改正，可以处二千元以下的罚款；情节严重的，处二千元以上一万元以下的罚款：①未按照规定的期限申报办理税务登记、变更或者注销登记的；②未按照规定设置、保管账簿或者保管记账凭证和有关资料的；③未按照规定将财务、会计制度或者财务、会计处理办法和会计核算软件报送税务机关备查的；④未按照规定将其全部银行账号向税务机关报告的；⑤未按照规定安装、使用税控装置，或者损毁或者擅自改动税控装置的。

第六十一条规定：扣缴义务人未按照规定设置、保管代扣代缴、代收代缴税款账簿或者保管代扣代缴、代收代缴税款记账凭证及有关资料的，由税务机关责令限期改正，可以处二千元以下的罚款；情节严重的，处二千元以上五千元以下的罚款。

第七十条规定：纳税人、扣缴义务人逃避、拒绝或者以其他方式阻挠税务机关检查的，由税务机关责令改正，可以处一万元以下的罚款；情节严重的，处一万元以上五万元以下的罚款。

备注：根据《税收征收管理法实施细则》第九十六条规定，纳税人、扣缴义务人有下列情形之一的，依照《税收征收管理法》第七十条的规定处罚。①提供虚假资料，不如实反映情况，或者拒绝提供有关资料的；②拒绝或者阻止税务机关记录、录音、录像、照相和复制与案件有关的情况和资料的；③在检查期间，纳税人、扣缴义务人转移、隐匿、销毁有关资料的；④有不依法接受税务检查的其他情形的。

第七十一条规定：违反本法第二十二条规定，非法印制发票的，由税务机关销毁非法印制的发票，没收违法所得和作案工具，并处一万元以上五万元以下的罚款；构成犯罪的，依法追究刑事责任。

备注：《发票管理办法》第三十五条至第四十一条及其实施细则对具体的发票违法行为及其处罚作了相应规定。

(2)《税收征收管理法实施细则》第九十条规定：纳税人未按照规定办理税务登记证件验证或者换证手续的，由税务机关责令限期改正，可以处二千元以下的罚款；情节严重的，处二千元以上一万元以下的罚款。

第九十一条规定：非法印制、转借、倒卖、变造或者伪造完税凭证的，由税务机关责令改正，处二千元以上一万元以下的罚款；情节严重的，处一万元以上五万元以下的罚款；构成犯罪的，依法追究刑事责任。

## 第三节 税务行政处罚听证程序

国家税务总局于1996年颁布了《税务行政处罚听证程序实施办法（试行）》。其对于税务行政处罚听证的程序规定内容如下。

### 一、税务行政处罚听证程序适用范围

税务机关对公民作出二千元以上（含本数）罚款或者对法人或者其他组织作出一万元以上（含本数）罚款的行政处罚之前，应当向当事人送达税务行政处罚事项告知书，告知当事人已经查明的违法事实、证据、行政处罚的法律依据和拟将给予的行政处罚，并告知有要求举行听证的权利。因此，税务行政处罚听证程序适用范围一般限于上述数额较大的罚款案件以及吊销税务行政许可证件的案件等。

### 二、提出听证的时限要求

要求听证的当事人，应当在税务行政处罚事项告知书送达后3日内向税务机关书面提出听证；逾期不提出的，视为放弃听证权利。当事人要求听证的，税务机关应当组织听证。

### 三、听证通知

税务机关应当在收到当事人听证要求后15日内举行听证，并在举行听证的7日前

将税务行政处罚听证通知书送达当事人，通知当事人举行听证的时间、地点、听证主持人的姓名及有关事项。当事人由于不可抗力或者其他特殊情况而耽误提出听证期限的，在障碍消除后5日以内，可以申请延长期限。申请是否准许，由组织听证的税务机关决定。

### 四、委托代理人

当事人可以亲自参加听证，也可以委托一至二人代理。当事人委托代理人参加听证的，应当向其代理人出具代理委托书。代理委托书应当注明有关事项，并经税务机关或者听证主持人审核确认。

### 五、听证主持人

税务行政处罚的听证，由税务机关负责人指定的非本案调查机构的人员主持，当事人、本案调查人员及其他有关人员参加。听证主持人应当依法行使职权，不受任何组织和个人的干涉。

### 六、回避

当事人认为听证主持人与本案有直接利害关系的，有权申请回避。回避申请，应当在举行听证的3日前向税务机关提出，并说明理由。

### 七、听证公开

税务行政处罚听证应当公开进行。但是涉及国家秘密、商业秘密或者个人隐私的，听证不公开进行。对公开听证的案件，应当先期公告当事人和本案调查人员的姓名、案由和听证的时间、地点。公开进行的听证，应当允许群众旁听。经听证主持人许可，旁听群众可以发表意见。对不公开听证的案件，应当宣布不公开听证的理由。

### 八、听证过程

听证开始时，听证主持人应当首先声明并出示税务机关负责人授权主持听证的决定，然后查明当事人或者其代理人、本案调查人员、证人及其他有关人员是否到场，宣布案由；宣布听证会的组成人员名单；告知当事人有关的权利义务。记录员宣读听证会场纪律。

听证过程中，由本案调查人员就当事人的违法行为予以指控，并出示事实证据材料，提出行政处罚建议。当事人或者其代理人可以就所指控的事实及相关问题进行申辩和质证。

听证主持人可以对本案所及事实进行询问，保障控辩双方充分陈述事实，发表意见，并就各自出示的证据的合法性、真实性进行辩论。辩论先由本案调查人员发言，再由当事人或者其代理人答辩，然后双方相互辩论。辩论终结，听证主持人可以再就本案的事实、证据及有关问题向当事人或者其代理人、本案调查人员征求意见。当事人或者其代理人有最后陈述的权利。

## 九、听证中止

听证主持人认为证据有疑问无法听证辨明，可能影响税务行政处罚的准确公正的，可以宣布中止听证，由本案调查人员对证据进行调查核实后再行听证。当事人或者其代理人可以申请对有关证据进行重新核实，或者提出延期听证；是否准许，由听证主持人或者税务机关作出决定。

## 十、听证记录

听证的全部活动，应当由记录员写成笔录，经听证主持人审阅并由听证主持人和记录员签名后，封卷上交税务机关负责人审阅。

听证笔录应交当事人或者其代理人、本案调查人员、证人及其他有关人员阅读或者向他们宣读，他们认为有遗漏或者有差错的，可以请求补充或者改正。他们在承认没有错误后，应当签字或者盖章。拒绝签名或者盖章的，记明情况附卷。

## 十一、上报负责人

听证结束后，听证主持人应当将听证情况和处理意见报告税务机关负责人。

备注：根据国家税务总局于1996年发布施行的《税务案件调查取证与处罚决定分开制度实施办法（试行）》规定，税务机关实施税务行政处罚，除依法可以当场作出处罚决定的外，均适用税务案件调查取证与处罚决定分开制度。对各类税务案件的调查取证由税务机关的有关调查机构负责，对案件调查结果的审查由税务机关负责人指定的比较超脱的机构负责。

## 十二、不组织听证的后果

对应当进行听证的案件，税务机关不组织听证，行政处罚决定不能成立；当事人放弃听证权利或者被正当取消听证权利的除外。

# 第三章 税务行政复议的律师代理

## 第一节 税务行政复议概述

税务行政复议是指纳税人或其他行政相对人认为税务机关的某一行政行为侵害了自己的合法权益,向法定的行政机关提出复议申请,由复议机关依法裁决税务行政争议的过程。

税务行政复议既是依法保护纳税人、扣缴义务人税收权益的税收管理制度,也是保证税务机关依法行政的重要渠道。

税务行政复议的程序性规定主要有:①1999年4月29日第九届全国人民代表大会常务委员会第九次会议通过,自1999年10月1日起施行的《中华人民共和国行政复议法》(简称《行政复议法》);②2007年5月23日国务院第177次常务会议通过,自2007年8月1日起施行《中华人民共和国行政复议法实施条例》;③2009年12月15日国家税务总局第2次局务会议审议通过,自2010年4月1日起施行的《税务行政复议规则》。

## 第二节 律师代理税务行政复议的法律依据

律师代理税务行政复议的主要规定如下。

(1)《律师法》有关律师业务范围的规定。

(2)《行政复议法》第十条第四款规定:"申请人、第三人可以委托代理人代为参加行政复议。"

(3)《行政复议法实施条例》第十条规定:申请人、第三人可以委托一至二名代理人参加行政复议。申请人、第三人委托代理人的,应当向行政复议机构提交授权委托书。授权委托书应当载明委托事项、权限和期限。公民在特殊情况下无法书面委托的,可以口头委托。口头委托的,行政复议机构应当核实并记录在卷。申请人、第三人解除或者变更委托的,应当书面报告行政复议机构。

## 第三节 税务行政复议的范围

根据《税务行政复议规则》第十四条和第十五条的规定，行政复议机关受理申请人对税务机关下列行政行为不服提出的行政复议申请。

（1）征税行为，包括确认纳税主体、征税对象、征税范围、减税、免税、退税、抵扣税款、适用税率、计税依据、纳税环节、纳税期限、纳税地点和税款征收方式等具体行政行为，征收税款、加收滞纳金，扣缴义务人、受税务机关委托的单位和个人作出的代扣代缴、代收代缴、代征行为等。

需要引起注意的是，前述"征税行为"范围中包括了扣缴义务人、受税务机关委托的单位和个人作出的代扣代缴、代收代缴、代征行为等。

（2）行政许可、行政审批行为。

（3）发票管理行为，包括发售、收缴、代开发票等。

（4）税收保全措施、强制执行措施。

（5）行政处罚行为：①罚款；②没收财物和违法所得；③停止出口退税权。

（6）不依法履行下列职责的行为：①颁发税务登记；②开具、出具完税凭证、外出经营活动税收管理证明；③行政赔偿；④行政奖励；⑤其他不依法履行职责的行为。此处的"行政奖励"应是依法应予奖励，而税务机关拒不履行奖励职责的情况。

（7）资格认定行为。

（8）不依法确认纳税担保行为。

（9）政府信息公开工作中的具体行政行为。

（10）纳税信用等级评定行为。

（11）通知出入境管理机关阻止出境行为。

（12）其他具体行政行为。

申请人认为税务机关的具体行政行为所依据的下列规定不合法，对具体行政行为申请行政复议时，可以一并向行政复议机关提出对有关规定的审查申请；申请人对具体行政行为提出行政复议申请时不知道该具体行政行为所依据的规定的，可以在行政复议机关作出行政复议决定以前提出对该规定的审查申请：①国家税务总局和国务院其他部门的规定。②其他各级税务机关的规定。③地方各级人民政府的规定。④地方人民政府工作部门的规定。（前述"规定"不包括规章）

"规定"与规章的区别主要体现在以下几点。

（1）从形式上看，根据《立法法》第七十六条规定，部门规章由部门首长签署命令予以公布，地方政府规章由省长或者自治区主席或者市长签署命令予以公布。

（2）从制定权限方面来看，根据《立法法》第七十一条和第七十三条规定，国务院各部、委员会、中国人民银行、审计署和具有行政管理职能的直属机构,可以根据法律和国务院的行政法规、决定、命令,在本部门的权限范围内制定部门规章;省、自治区、直辖市和较大的市的人民政府,可以根据法律、行政法规和本省、自治区、直辖市的地方性法规,制定地方政府规章。

(3)从通过程序来看,根据《立法法》第七十五条规定,部门规章应当经部务会议或者委员会会议决定,地方政府规章应当经政府常务会议或者全体会议决定。

(4)从备案要求来看,根据《立法法》第八十九条(四)项之规定,部门规章和地方政府规章均要报国务院备案,地方政府规章应当同时报本级人民代表大会常务委员会备案,较大的市的人民政府制定的规章应当同时报省、自治区的人民代表大会常务委员会和人民政府备案。

可见,是否以规章形式发布并报国务院备案,是规章区别于"规定"(即一般规范性文件)的主要标准。

## 第四节 税务行政复议的管辖

税务行政复议的管辖,是指税务行政复议机关之间受理税务行政复议案件的职能职权划分。

律师税务行政复议代理业务实践中,经常会遇到对税务所(分局)、稽查局的具体行政行为不服的情况,此时应向其所属税务局申请复议。

### 一、一般规定

(1)对各级国家税务局的具体行政行为不服的,向其上一级国家税务局申请行政复议。但对(各级国家税务局所属)税务所(分局)、稽查局的具体行政行为不服的,向其所属国家税务局申请行政复议。

(2)对各级地方税务局的具体行政行为不服的,可以选择向其上一级地方税务局或者该税务局的本级人民政府申请行政复议。但对(各级地方税务局所属)税务所(分局)、稽查局的具体行政行为不服的,向其所属地方税务局申请行政复议。

省、自治区、直辖市人民代表大会及其常务委员会、人民政府对地方税务局的行政复议管辖另有规定的,从其规定。

(3)对国家税务总局的具体行政行为不服的,向国家税务总局申请行政复议。对行政复议决定不服,申请人可以向人民法院提起行政诉讼,也可以向国务院申请裁决。国务院的裁决为最终裁决。

## 二、特别规定

对下列税务机关的具体行政行为不服的,按照下列规定申请行政复议:

(1) 对计划单列市税务局的具体行政行为不服的,向省税务局申请行政复议。

(2) 对税务所(分局)、各级税务局的稽查局的具体行政行为不服的,向其所属税务局申请行政复议。

(3) 对两个以上税务机关共同作出的具体行政行为不服的,向共同上一级税务机关申请行政复议;对税务机关与其他行政机关共同作出的具体行政行为不服的,向其共同上一级行政机关申请行政复议。

(4) 对被撤销的税务机关在撤销以前所作出的具体行政行为不服的,向继续行使其职权的税务机关的上一级税务机关申请行政复议。

(5) 对税务机关作出逾期不缴纳罚款加处罚款的决定不服的,向作出行政处罚决定的税务机关申请行政复议。但是对已处罚款和加处罚款都不服的,一并向作出行政处罚决定的税务机关的上一级税务机关申请行政复议。

有前款(2)~(5)项所列情形之一的,申请人也可以向具体行政行为发生地的县级地方人民政府提交行政复议申请,由接受申请的县级地方人民政府依法转送。

# 第五节 税务行政复议的申请期限

## 一、一般规定

(1) 申请人可以在知道税务机关作出具体行政行为之日起 60 日内提出行政复议申请。

(2) 行政复议申请期限的计算,依照下列规定办理:①当场作出具体行政行为的,自具体行政行为作出之日起计算。②载明具体行政行为的法律文书直接送达的,自受送达人签收之日起计算。③载明具体行政行为的法律文书邮寄送达的,自受送达人在邮件签收单上签收之日起计算;没有邮件签收单的,自受送达人在送达回执上签名之日起计算。④具体行政行为依法通过公告形式告知受送达人的,自公告规定的期限届满之日起计算。⑤税务机关作出具体行政行为时未告知申请人,事后补充告知的,自该申请人收到税务机关补充告知的通知之日起计算。⑥被申请人能够证明申请人知道具体行政行为的,自证据材料证明其知道具体行政行为之日起计算。

税务机关作出具体行政行为,依法应当向申请人送达法律文书而未送达的,视为该申请人不知道该具体行政行为。

## 二、特别规定

(1) 申请人对"征税行为"不服申请行政复议的,应在缴清税款和滞纳金以后或者所提供的担保得到作出具体行政行为的税务机关确认之日起 60 日内提出行政复议申请。

(2) 申请人依照《行政复议法》第六条(八)项、(九)项、(十)项的规定申请税务机关履行法定职责,税务机关未履行的,行政复议申请期限依照下列规定计算:①有履行期限规定的,自履行期限届满之日起计算。②没有履行期限规定的,自税务机关收到申请满 60 日起计算。

# 第六节 对"征税行为"的复议前置程序规定

## 一、未经行政复议的纳税争议,不得提起行政诉讼

《税收征收管理法》第八十八条规定:纳税人、扣缴义务人、纳税担保人同税务机关在纳税上发生争议时,必须先依照税务机关的纳税决定缴纳或者解缴税款及滞纳金或者提供相应的担保,然后可以依法申请行政复议;对行政复议决定不服,可以依法向人民法院起诉。

《税收征收管理法实施细则》第一百条规定:税收征管法第八十八条规定的纳税争议,是指纳税人、扣缴义务人、纳税担保人对税务机关确定纳税主体、征税对象、征税范围、减税、免税及退税、适用税种、计税依据、纳税环节、纳税期限、纳税地点以及税款征收方式等具体行政行为有异议而发生的争议。

可见,对于纳税争议,行政复议是前置程序。也就是说,未经行政复议,不得提起行政诉讼。

并且,对于纳税争议,先行缴纳税款、滞纳金或提供相应担保,又是启动复议程序的前置程序。担保形式包括抵押、质押、保证。作出具体行政行为的税务机关应当对保证人的资格、资信进行审查,对不具备法律规定资格或者没有能力保证的,有权拒绝。作出具体行政行为的税务机关应当对抵押人、出质人提供的抵押担保、质押担保进行审查,对不符合法律规定的抵押担保、质押担保,不予确认。

## 二、对税务机关作出的"征税行为"以外的其他行政行为不服的规定

申请人对税务机关作出的"征税行为"以外的其他行政行为不服的,既可以申请

行政复议，也可以不经复议程序直接向人民法院提起行政诉讼。

申请人对于税务机关作出的"加处罚款"的决定（指税务机关作出逾期不缴纳罚款时给予加处罚款的决定），同样既可以申请行政复议，也可以不经复议直接向人民法院起诉。申请人对"加处罚款"的决定申请复议的，应当先缴纳罚款和加处罚款，方可申请复议。

## 第七节　税务行政复议的申请

### 一、申请人

税务行政复议的申请人，是指认为税务机关的具体行政行为侵犯其合法权益，向税务行政复议机关申请行政复议的公民、法人和其他组织（也包括在境内向税务机关申请行政复议的外国人、无国籍人和外国组织）。

非具体行政行为的行政管理相对人，但其权利直接被该具体行政行为所剥夺、限制或者被赋予义务的公民、法人或其他组织，在行政管理相对人没有申请行政复议时，可以单独申请行政复议。在行政管理相对人已申请行政复议的情况下，可以由其本人申请或复议机关通知作为第三人参加复议。

### 二、被申请人

申请人对具体行政行为不服申请行政复议的，作出该具体行政行为的税务机关为被申请人。

（1）申请人对扣缴义务人的扣缴税款行为不服的，主管该扣缴义务人的税务机关为被申请人。

（2）对税务机关委托的单位和个人的代征行为不服的，委托税务机关为被申请人。

（3）税务机关与法律、法规授权的组织以共同的名义作出具体行政行为的，税务机关和法律、法规授权的组织为共同被申请人。税务机关与其他组织（指未经法律法规授权的组织）以共同名义作出具体行政行为的，税务机关为被申请人。

（4）税务机关依照法律、法规和规章规定，经上级税务机关批准作出具体行政行为的，批准机关为被申请人。

（5）申请人对经重大税务案件审理程序作出的决定不服的，审理委员会所在税务机关为被申请人。

（6）税务机关设立的派出机构、内设机构或者其他组织，未经法律、法规授权，以自己名义对外作出具体行政行为的，税务机关为被申请人。

## 三、税务行政复议申请书的制作

（一）制作税务行政复议申请书的注意事项

税务律师代理税务行政复议申请，代为制作的书面的税务行政复议申请书，应载明下列事项。

(1) 申请人的基本情况，包括公民的姓名、性别、出生年月、身份证件号码、工作单位、住所、邮政编码、联系电话；法人或者其他组织的名称、住所、邮政编码、联系电话和法定代表人或者主要负责人的姓名、职务。

(2) 被申请人的名称。

(3) 行政复议请求、申请行政复议的主要事实和理由。

(4) 申请人的签名或者盖章。

(5) 申请行政复议的日期。

（二）行政复议申请书参考格式

### 税务行政复议申请书

申请人：姓名、性别、出生年月、身份证件号码、工作单位、住所、邮政编码、联系电话（或法人或者其他组织的名称、住所、邮政编码、联系电话和法定代表人或者主要负责人的姓名、职务）

被申请人：（名称等）

申请人因不服＿＿＿＿＿＿＿＿＿＿＿＿＿＿＿＿＿，特依法提出复议申请。

复议请求：（详细写明复议的具体请求事项）

事实和理由：（详细写明具体的事实、理由以及法律根据）

此致

×××（即复议机关名称）

申请人：（签名或盖章）

××××年××月××日

附送证据：××××

## 四、税务行政复议申请人证据材料的准备和提交

一般情况下，税务行政复议的申请人只需提供其不服的税务行政行为存在以及符合

复议申请条件的证据。但有下列情形之一的，申请人应当提供证明材料：

（1）认为被申请人不履行法定职责的，提供要求被申请人履行法定职责而被申请人未履行的证明材料。

（2）申请行政复议时一并提出行政赔偿请求的，提供受具体行政行为侵害而造成损害的证明材料。

（3）法律、法规规定需要申请人提供证据材料的其他情形。

# 第八节　税务行政复议证据

## 一、举证责任

在行政复议中，被申请人对其作出的具体行政行为负有举证责任。

## 二、定案证据应当具备"三性"

"三性"即具有合法性、真实性和关联性。合法性是指证据形式及证据的取得等均符合法律的规定。真实性是指证据内容客观真实。关联性是指证据与待证事实之间具有因果关系。

证据的合法性主要从以下几方面判断：①证据是否符合法定形式。②证据的取得是否符合法律、法规、规章和司法解释的规定。③是否有影响证据效力的其他违法情形。

证据的真实性主要从以下几方面判断：①证据形成的原因。②发现证据时的环境。③证据是否为原件、原物，复制件、复制品与原件、原物是否相符。④提供证据的人或者证人与行政复议参加人是否具有利害关系。⑤影响证据真实性的其他因素。

证据的关联性主要从以下几方面判断：①证据与待证事实是否具有证明关系。②证据与待证事实的关联程度。③影响证据关联性的其他因素。

## 三、不得作为定案依据的证据材料

下列证据材料不得作为定案依据：①违反法定程序收集的证据材料；②以偷拍、偷录和窃听等手段获取侵害他人合法权益的证据材料；③以利诱、欺诈、胁迫和暴力等不正当手段获取的证据材料。④无正当事由超出举证期限提供的证据材料。⑤无正当理由拒不提供原件、原物，又无其他证据印证，且对方不予认可的证据的复制件、复制品。⑥无法辨明真伪的证据材料。⑦不能正确表达意志的证人提供的证言。⑧不具备合法性、真实性的其他证据材料。

行政复议机构依据职责主动向有关组织和人员调查取证所取得的有关材料，不得作为支持被申请人具体行政行为的证据，但可以作为撤销或变更被申请人具体行政行为的证据。

在税务行政复议过程中，被申请人不得自行向申请人和其他有关单位或者个人收集证据。

### 四、材料查阅权

申请人和第三人可以查阅被申请人提出的书面答复、作出具体行政行为的证据、依据和其他有关材料，除涉及国家秘密、商业秘密或者个人隐私外，行政复议机关不得拒绝。因此，律师代理税务行政复议申请，可以查阅被申请人提出的书面答复以及作出具体行政行为的证据、依据和其他有关材料，行政复议机关不应拒绝。

## 第九节　税务行政复议案件的审理

### 一、以书面审理为原则

行政复议原则上采用书面审查的办法，但是申请人提出要求或者行政复议机构认为有必要时，应当听取申请人、被申请人和第三人的意见，并可以向有关组织和人员调查了解情况。

对重大、复杂的案件，申请人提出要求或者行政复议机构认为必要时，可以采取听证的方式审理。

因此，在实务操作中，律师代理税务行政复议案件时递交税务行政复议申请书，最好同时递交听取意见申请书或听证审理申请书，以获得陈述意见、举证、质证和辩论等机会和权利，从而充分维护申请人的合法权益。

（一）听取意见申请书参考格式

**听取意见申请书**

×××（税务行政复议机关名称）：

申请人×××因不服_____税务行政行为，已依法向贵单位提出行政复议申请。考虑到贵单位对本案属于重大、复杂的案件，申请人又希望能查阅被申请人提供的证据材料且提出相应的质证意见和辩论意见等，根据《税务行政复议规则》第六十四条之规定，特申请贵单位安排专门时间听取申请人的意见，以做到兼听则明，公正处理本案。

申请人：<br>代理人：<br>××××年××月××日

### (二) 听证审理申请书参考格式

**听证审理申请书**

×××（税务行政复议机关名称）：

申请人×××因不服_____税务行政行为，已依法向贵单位提出行政复议申请。考虑到贵单位对本案可能采取书面审查的方式审理，申请人又希望能查阅被申请人提供的证据材料且提出相应的质证意见和辩论意见等，根据《税务行政复议规则》第六十五条之规定，特申请贵单位采取听证的方式审理本案，以做到兼听则明，公正处理本案。

申请人：<br>代理人：<br>××××年××月××日

## 二、全面审查原则

行政复议机关应当全面审查被申请人的具体行政行为所依据的事实证据、法律程序、法律依据和设定的权利义务内容的合法性、适当性。

与税务行政诉讼相比，税务行政复议机关可以对行政行为进行适当性审查，并可以变更原具体行政行为，这是源于税务行政复议机关与被申请人的上下级行政隶属关系及其本身所具有的行政权力，这也是税务行政复议所具有的优势和特色。

而在税务行政诉讼中，法院原则上只进行合法性审查。只有出现税务行政行为"明显不当"时，法院才可判决撤销或部分撤销（但税务行政处罚"明显不当"，或者其他税务行政行为涉及对款额的确定或者认定确有错误时，法院可以判决变更）。

## 三、复议期限

行政复议机关应当自受理申请之日起 60 日内作出行政复议决定。情况复杂，不能在规定期限内作出行政复议决定的，经行政复议机关负责人批准，可以适当延期，并告知申请人和被申请人；但是延期不得超过 30 日。（对于符合规定的行政复议申请，自行政复议机构收到之日起即为受理。）

### 四、复议申请的撤回

申请人在行政复议决定作出以前撤回行政复议申请的，经行政复议机构同意，可以撤回。

申请人撤回行政复议申请的，不得再以同一事实和理由提出行政复议申请。但是，申请人能够证明撤回行政复议申请违背其真实意思表示的除外。

## 第十节 税务行政复议的其他规定

### 一、和解与调解

对下列行政复议事项，按照自愿、合法的原则，申请人和被申请人在行政复议机关作出行政复议决定以前可以达成和解，行政复议机关也可以调解：①行使自由裁量权作出的具体行政行为，如行政处罚、核定税额、确定应税所得率等。②行政赔偿。③行政奖励。④存在其他合理性问题的具体行政行为。

申请人和被申请人达成和解的，应当向行政复议机构提交书面和解协议。和解内容不损害社会公共利益和他人合法权益的，行政复议机构应当准许。

### 二、一事不再理

经行政复议机构准许和解终止行政复议的，申请人不得以不同一事实和理由再次申请行政复议。

### 三、行政复议调解书的效力

经行政复议机构调解达成调解协议的，行政复议机构应制作行政复议调解书，加盖行政复议机关印章。行政复议调解书经双方当事人签字，即具有法律效力。申请人不履行行政复议调解书的，由被申请人依法强制执行，或者申请人民法院强制执行。

### 四、不服税务行政复议决定时的诉讼时限

不服行政复议决定书的，可以自行政复议决定书送达之日起15日内向人民法院提起行政诉讼。但按法律规定由国务院作出的终局裁决不得向人民法院提起行政诉讼。

对应当先向行政复议机关申请行政复议，对行政复议决定不服再向人民法院提起行政诉讼的具体行政行为，行政复议机关决定不予受理或者受理以后超过行政复议期限不作答复的，申请人可以自收到不予受理决定书之日起或行政复议期满之日起 15 日内，依法向人民法院提起行政诉讼。

### 五、税务行政复议文书的送达

根据《行政复议法》第四十条规定，行政复议期间的计算和行政复议文书的送达，依照《民事诉讼法》关于期间、送达的规定执行。

# 第三编
# 税务法律顾问律师实务

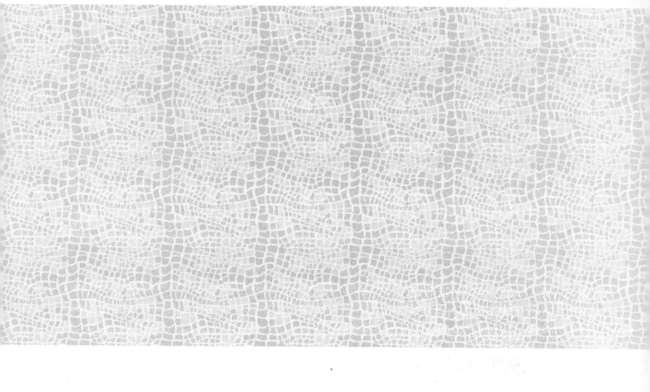

# 第一章 税务咨询与税收筹划

## 第一节 税务咨询

### 一、税务咨询的内容

通常情况下,税务咨询的内容主要有以下方面。

(1) 税收法律规定方面的咨询。主要是提供税收法律、法规、行政规章、规范性文件的政策规定,以及其他法规关于税收方面问题的政策规定。

(2) 税收政策运用方面的咨询。这是有关税收实体法政策运用方面的释疑解难,也是税务咨询最主要的内容。

(3) 办税实务方面的咨询。这是有关税收程序法政策操作、运用方面的咨询。比如涉及税收征管规程、办税实务操作的环节、报送资料和程序、办理的手续及技术处理等具体办税事项。

(4) 涉税会计处理的咨询。主要是就有关涉税会计处理的问题给予咨询。包括现行各税应缴税金的会计处理,计税、缴税、减税、免税相关的会计处理,纳税审查及税务机关查补税款后所涉及会计账务的调整,等等。

(5) 税务动态方面的咨询。这是有关税收政策和税务工作动态方面的咨询。主要有两方面的内容:一是国家、地方的税收政策和办税制度及方法调整的趋势和步骤,二是税务机关的机构设置、职责分工、工作环节、人员配备情况以及调整变动情况。

### 二、税务咨询的形式

(1) 书面咨询。这是税务咨询最为常见的一种方法。它是以书面的形式,如以"关于××问题的解答"等方式释疑解难。

(2) 电话咨询,又称口头咨询。它主要用于比较简单明了的税务问题的咨询服务。

(3) 晤谈。即当面解答纳税人、扣缴义务人提出的税收问题。

(4) 网络咨询。它是以网络为载体,通过咨询窗口(或专栏)、论坛、QQ 聊天或 E-mail 等方式,提供咨询服务。

## 三、企业经营各阶段部分税务问题的咨询

### (一) 企业成立初期

(1) 纳税税种的咨询。
(2) 税收征收管理的咨询。如企业成立初期如何按税收征管要求办理税务登记等。

### (二) 企业日常经营活动

(1) 纳税期限的咨询。
(2) 增值税纳税人性质认定的咨询。
(3) 凭证使用的咨询。
(4) 收入的咨询。收入是流转税和所得税计税的重要组成部分,纳税人经常会对不同经营方式收入的确认时间和金额进行咨询。
(5) 扣除的咨询。我国的企业所得税和土地增值税清算分别以应纳税所得额和增值额为计税依据,纳税人发生成本、费用、税金和损失,能否作为计算缴纳企业所得税或土地增值税清算的扣除项目以及具体扣除的标准和方法,是税务咨询的主要内容。
(6) 享受税收优惠的咨询。
(7) 维护合法权益的咨询。如何维护合法权益,解决与税务机关的分歧,也是税务咨询的重要内容。

### (三) 企业重组

企业进行股权收购或转让、债务重组、企业合并或分立等重组,引起企业或股东的资产转移,会引起一系列税收处理问题,企业重组的税务处理也是税务咨询的重要内容。

### (四) 企业注销

企业注销需要确认清算所得缴纳企业所得税,并按规定办理注销税务登记的手续。纳税人会对注销过程应缴纳税款及涉税事宜进行咨询。

# 第二节 税 收 筹 划

## 一、税收筹划的概念及目标

税收筹划是指在税法规定的范围内,通过对经营、投资、理财活动的事先安排,尽

可能地取得"节税"的税收利益,其要点在于"三性":合法性、筹划性和目的性。合法性表示税收筹划只能在法律许可的范畴内进行。筹划性表示税收筹划必须事先规划、设计安排。目的性表明税收筹划有明确的目的,即取得"节税"利益。

税收筹划的目标是:在合法的前提下实现纳税人税收利益的最大化。这里所谓的"税收利益的最大化",既包括为纳税人最大限度"节税",也包括由于筹划方案的科学性所带来的其他经济利益的最大化,从而实现纳税人总利益最大化的目标。

## 二、税收筹划的基本方法

税收筹划的核心是减轻税收负担,即选择合适的经营活动方式,以使当期或以后的应纳税额减少,实现直接或间接减轻税收负担的目的。

### (一) 不予征税方法

不予征税的方法是指选择国家税收法律、法规或政策规定不予征税的经营、投资、理财等活动的方案以减轻税收负担的方法。

### (二) 减免税方法

减免税方法是指选择国家税收法律、法规或政策规定的可以享受减税或免税优惠的经营、投资、理财等活动方案,以减轻税收负担的方法。

### (三) 税率差异方法

税率差异方法是指根据国家税收法律、法规或政策规定的税率差异,选择税率较低的经营、投资、理财等活动的方案,以减轻税收负担的方法。

### (四) 分割方法

分割方法是指根据国家税收法律、法规或政策规定,选择能使计税依据进行分割的经营、投资、理财等活动的方案,以实现或是不同税负、税种的计税依据相分离;或是分解为不同纳税人或征税对象,增大不同计税依据扣除的额度或频度;或是防止税率的爬升等效果,以求减轻税收负担的方法。

### (五) 扣除方法

扣除方法是指依据国家税收法律、法规或政策规定,使经营、投资、理财等活动的计税依据中尽量增多可以扣除的项目或金额,以减轻税收政策负担的方法。

### (六) 抵免方法

抵免方法是指依据国家税收法律、法规或政策规定,使经营、投资、理财等活动的已纳税额或相应支出,在其应纳税额中予以抵扣,以减轻税收负担的方法。

### (七) 延期纳税方法

延期纳税方法是指依据国家税收法律、法规或政策规定,将经营、投资、理财等活动的当期应纳税额延期缴纳,以实现相对减轻税收负担的方法。

### (八) 退税方法

退税方法是指依据国家税收法律、法规或政策规定,使经营、投资、理财等活动的相关税额退还的方法。

## 三、税收筹划的范围

税收筹划的范围很广,在我国主要是就企业税收进行筹划。

### (一) 新建企业的税收筹划

比如企业组织形式的选择,经营地点、行业的选择,企业会计方法的选择,等等。

### (二) 企业扩展的税收筹划

比如分公司与子公司的选择、企业重组的税收筹划等。

### (三) 企业在融资、投资及利润分配过程中的税收筹划

(1) 企业资本结构的选择。从税收筹划角度看,利用债权筹资越多越好,因为债权利息费用可以在税前扣除,而股权筹资中向股东发放的股利只能从企业税后留利中分配,但债务过大会增加企业经营风险。因此,企业资本结构决策中,对债权筹资与股权筹资各自的规模要进行税收筹划。

(2) 股利决策的税收筹划。在企业股利政策理论中,有一种税负差异理论,据此,股份制企业最好不发放任何一种股利,而通过股票价格升高来间接增加股东财富,因为发放股利,股息要缴个人所得税。可见,企业在选择股利政策时也要进行税收筹划。

# 第二章  律师担任税务法律顾问实务

## 第一节  税务法律顾问概述

法律顾问是指律师接受单位或个人的委托，在特定的期限内，按照约定为委托人就有关法律问题提供意见，草拟、审查法律文书，办理委托的其他法律事务，维护委托人的合法权益。担任法律顾问属于律师的重要业务之一。律师业务实践中，通常将法律顾问分为常年法律顾问和专项法律顾问。常年法律顾问通常以一年为一个法律服务周期。专项法律顾问以某个特定的专项法律服务的完成为一个法律服务周期。

税务法律顾问是指税务律师接受税务机关或纳税人、扣缴义务人的委托，在特定的期限内，就涉税相关法律问题提供咨询、意见、建议，草拟、审查涉税法律文书，办理委托的其他涉税法律事务；或接受纳税人、扣缴义务人的委托，根据其要求，充分利用国家税收政策，通过科学、合理的税收筹划，帮助其合理节税，提高企业的经济效益的服务行为的总称。

税务法律顾问属于法律顾问的专业细分。要做好税务法律顾问，客观上要求律师熟悉财务，精通税法。

## 第二节  税务机关的体制概述

律师要担任税务法律顾问，了解作为征管方的税务机关的体制状况可说是常识和必修课。因此，本部分先概述税务机关的体制。

### 一、国家税收征管机构与系统

为了适应分税制改革的要求，保证中央财政与地方财政的收入，国家按税种分设了国家税务局和地方税务局，国家税务局负责中央税、中央与地方共享税的征收管理，地方税务局负责地方税的征收管理。国家税务总局是我国税务管理工作的最高职能机构，代表国家实施税务管理的职能。

国家税务总局在各省、自治区、直辖市设国家税务局；各省、自治区、直辖市下属地区、省辖市、自治州（盟）设国家税务局；各地区、省辖市、自治州（盟）在下属（县）市、自治区（旗）设国家税务局（分局）。与国家税务局相对应的是地方税务局，各省、自治区、直辖市设地方税务局；各省、自治区、直辖市下属地区、省辖市、自治州（盟）设地方税务局；各地区、省辖市、自治州（盟）在下属（县）市、自治区（旗）设地方税务局（分局）。国家税务局系统实行国家税务总局垂直领导管理体制。省级地方税务局受省级人民政府和国家税务总局双重领导，省级以下地方税务局系统由省级地方税务机关垂直领导。

## 二、稽查局

国家税务总局的稽查局属于总局的内设机构。省以下的稽查局属税务局的直属机构，省以下的稽查局具有执法主体资格，即可以稽查局的名义对外执法。稽查局查税收违法案件时，实行选案、检查、审理、执行分工制约原则。稽查局设立选案、检查、审理、执行部门，分别实施选案、检查、审理、执行工作。

稽查局应当在所属税务局的征收管理范围内实施税务稽查。其他税收违法行为，由违法行为发生地或者发现地的稽查局查处。上级稽查局可以根据税收违法案件性质、复杂程序、查处难度以及社会影响等情况，组织查处或直接查处管辖区域内发生的税收违法案件。下级稽查局查处有困难的重大税收违法案件，可以报请上级稽查局查处。

## 三、国家税务局和地方税务局各自征管范围的划分

按照分税制财政体制的规定，国家税务局和地方税务局有着不同的征收范围。增值税、消费税（除进口环节的增值税、消费税由海关负责代征除外）、车辆购置税，一律由国家税务局征收。房产税、城镇土地使用税、耕地占用税、契税、土地增值税、车船税、烟叶税一律由地方税务局征收。关税、船舶吨税一律由海关征收，进口环节的增值税、消费税也一律由海关代征。

营业税、企业所得税、个人所得税、资源税、印花税和城市维护建设税由国家税务局和地方税务局根据规定确定征管权限。具体划分如下。

1. 营业税、城市维护建设税

除铁道部门、各银行总行、各保险公司总公司集中缴纳的营业税、城市维护建设税由国家税务局负责征管外，营业税、城市维护建设税均由地方税务局负责征管。

2. 个人所得税

除对储蓄存款利息征收的个人所得税（目前暂免征收）由国家税务局负责征管外，个人所得税均由地方税务局负责征收。

### 3. 资源税

除海洋石油企业缴纳的资源税由国家税务局负责征收外，资源税均由地方税务局负责征收

### 4. 印花税

除对股票交易征收的印花税由国家税务局负责征管外，印花税均由地方税务局负责征收。

### 5. 企业所得税

企业所得税的征管范围经历了以下三个阶段的变化：

（1）第一阶段：2001年12月31日前。

国家税务局的征收范围：中央企业所得税；铁道、各银行总行、保险总公司集中缴纳的企业所得税；地方银行和外资银行及非银行金融企业所得税；海洋石油企业所得税；境内外商投资企业和外国企业的企业所得税。地方税务局的征收范围为地方企业所得税。

（2）第二阶段：2002年至2008年。

对于2001年12月31日以前已形成的征管范围不作变动。2002—2008年间注册登记的企业，所得税一律由国家税务局征收管理。

（3）第三阶段：2009年1月1日以后。

以2008年为基年，2008年底之前国家税务局、地方税务局各自管理的企业所得税纳税人不作调整。2009年起新增企业所得税纳税人中：①应缴纳增值税的企业，其企业所得税由国家税务局管理；应缴纳营业税的企业，其企业所得税由地方税务局管理。②既不缴纳增值税也不缴纳营业税的企业，其企业所得税暂由地方税务局征管。③既缴纳增值税又缴纳营业税的企业，原则上按其税务登记时自行申报的主营业务应纳的上述税种确定企业所得税的征收管理机关。企业办理税务登记时无法确定主营业务的，一般以工商登记注明的第一项业务为准。企业所得税的征收管理机关一经确定，原则上不再调整。例外情况：①企业所得税全额为中央收入的企业和在国家税务局缴纳营业税的企业，其企业所得税由国家税务局管理。②银行（信用社）、保险公司的企业所得税由国家税务局管理，除上述规定以外的各类金融企业的企业所得税由地方税务局管理。③外商投资企业和外国企业常驻代表机构的企业所得税仍由国家税务局管理。

## 第三节 税务法律顾问的工作内容

### 一、律师担任税务机关法律顾问的工作内容

依法治国必然要求依法治税。税收法治的实现程度标志和代表着国家法治实现的程

度。可以说，依法治税是税收工作的灵魂和生命线，是税收工作的基本方针，它对税收各项工作提出了严格要求。税务机关通过聘请法律顾问，发挥其专业特长，对于促进依法治税目标的实现起着重要的推动和保障作用。

具体而言，律师担任税务机关法律顾问的工作内容包括（但不限于）：

（1）提供法律咨询。

（2）参与审查、起草、修改各种涉法文书。

（3）提出有前瞻性、有价值的法律建议，帮助防范、化解税收执法风险。

（4）定期对干部职工进行法制宣传和法律知识培训，提高执法水平。

（5）提供应对行政复议、行政诉讼法律服务。

## 二、律师担任纳税人、扣缴义务人的税务法律顾问的工作内容

（1）日常税务咨询法律服务：主要是对企业在生产经营过程中发生的一切与税务有关的问题，根据企业的要求提出税务专业意见。提供意见的形式既可以是口头的，也可以是书面的。

（2）税务风险专项论证法律服务：每季度或年度终了，由税务法律顾问就企业的纳税状况、税务风险进行专项论证，提出相关合理性建议以及对企业可能存在的节税空间作出分析，并结合企业财务及税务事项，提出企业内部控制的改进和完善建议。

（3）税务问题改进跟踪法律服务：针对日常咨询、税务风险专项论证、税收筹划过程中发现的问题和提出的改进建议，税务法律顾问为企业在改进和完善上述问题过程中遇到的疑点和难点提供跟踪辅导法律服务，协助问题的解决。

（4）税务法律培训：根据国家有关税收法律法规等规定，结合企业实际，税务法律顾问不定期对企业的管理层和财务人员进行税法培训，提高企业办税人员及财务管理人员的税务操作水平和税收成本控制能力。

（5）最新税收政策解读法律服务：税务法律顾问及时收集与企业经营有关的最新税收政策，并以专业水准进行解读，分析其与原有政策的异同及对企业的适用性，并及时传递给企业。

（6）日常协调法律服务：根据企业的委托，税务法律顾问协助企业进行与税务机关的协调和沟通，处理与税务机关之间日常或危机公共关系。

（7）单项涉税审批法律服务：对税法尚未明确事项，或虽明确但存在理解差异或执行偏差事项，税务法律顾问代企业进行各个层级的单项申请，取得税务机关等的合法性界定或明确的解释或答复，以解决企业经营和发展中的一些重大疑难问题。

（8）税收筹划法律服务：为企业优化节税方案，在不违背税收法律法规规定的前提下，对存在两种以上的纳税方案进行筹划和优化选择，实现税收负担最小化，达到税收利润最大化。通过对企业公司架构、纳税方式等的优化，合法享受相关税收优惠政策，节约税收成本。

(9) 财务管理中的税务支持法律服务：为企业财务管理制度设计，企业重大融资、投资、分配决策进行税务测算、税务筹划和制度安排，帮助企业在全面成本管理的基础上进行最优决策。

(10) 税务管理程序及相关内部控制制度设计的法律服务：制度化税务管理程序有助于企业规避不必要的税务风险和降低纳税成本，而对制度的科学设计能帮助企业减轻税收负担。税务法律顾问可以协助企业设计科学、高效的税务管理程序及相关内部控制制度，以期减少人为因素带来的纳税风险或额外的税收支出，降低纳税成本。

# 第四编

# 涉税专项律师实务

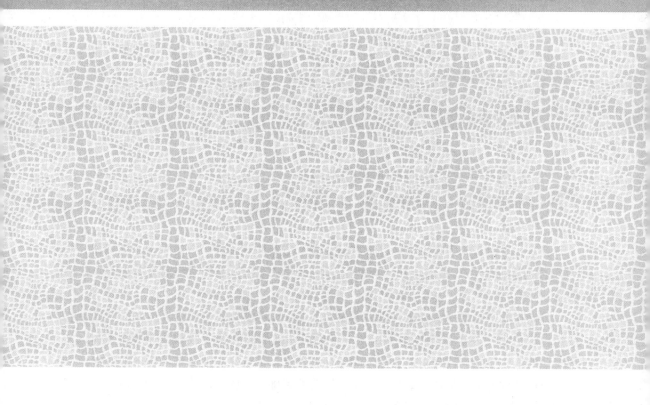

# 第一章　企业重组涉税专项律师实务

## 第一节　企业重组概述

### 一、企业重组含义

对企业拥有的各种要素（如组织形式、注册地点等法律要素，资产、负债、所有者权益等经济要素）重新组合配置，就是企业重组。

### 二、企业重组类型

#### （一）按重组企业组织结构变化划分

按重组企业组织结构变化情况，可分为合并式重组、分立式重组、整体原续型重组。

合并式重组又分为吸收合并（即两家企业一方吸收另一方，一方保留主体资格，另一方主体资格消灭）、新设合并（即两家企业的主体资格均不保留，而合并成立一个新的企业）。

分立式重组是指一家企业（即"被分立企业"）将部分或全部资产分离转让给现存或新设的企业（即分立企业），被分立企业的股东换取分立企业股权或非股权支付，实现企业的依法分立。被分立企业存续的为存续分立，被分立企业解散的为解散分立。

整体原续型重组是在被重组企业持续经营的基础上，将其法律形式予以改变。如企业股份制改造、企业由法人转变为个人独资企业、合伙企业等非法人组织、企业登记注册地改变等。

#### （二）按重组分类的内容划分

按重组分类的内容，可分为产权重组、债务重组、资产重组以及组织形式重组等。

产权重组是对企业产权的重新配置，如股权收购、职工持股计划、国有股减持、企业清算、企业托管等。

债务重组是对企业的债权债务关系重新调整的重组形式。

资产重组是指企业将存量资产进行重组，如资产对外投资、资产收购、资产租赁等。

组织形式重组就是指公司制企业、合伙企业、独资企业等企业形式的相互转换。

## 第二节 债权性投资的涉税专项实务

### 一、债权性投资的含义

债权性投资是指为取得债权所进行的投资。购买公司债券、购买国库券、借款给其他单位和个人均属于债权性投资。

### 二、债权性投资的税收处理

（一）债权人的税收处理

**1. 企业所得税**

债权人若是法人企业，取得的利息收入应计入企业收入总额中，计缴企业所得税。但企业持有国务院财政部门发行的国债取得的利息收入免税。若企业到期前转让国债，或者从非发行者手中购买的国债，其持有期间尚未兑付的国债利息收入应免税。

企业转让债权取得的价款，减除其取得债权成本以及交易过程中相关税费后的余额，为转让债权投资转让收益，应作为转让财产损益计入企业应纳税所得额计算纳税。

**2. 个人所得税**

个人取得的利息应纳个人所得税，但个人持有财政部发行的国债而取得的所得以及个人持有经国务院批准发行的金融债券而取得的利息免税。

个人转让债权产生的所得，应按财产转让所得缴纳个人所得税。

**3. 营业税和增值税**

债权人将资金存入金融机构以及购买债券在持有期间取得的利息收入不属于营业税的征税范围。债权人（不论是企业还是个人）将资金贷与他人使用取得的利息收入，在2016年5月1日营改增试点全面推开前应按金融保险业缴纳营业税，在2016年5月1日营改增试点全面推开后按贷款服务缴纳增值税。

（二）债务人的税收处理

**1. 企业所得税**

企业发生的利息支出按如下规定在企业所得税前扣除：

第一,利息支出必须符合一定条件才能在企业所得税前扣除。首先,必须是在生产经营活动中实际发生的利息支出,需有合法的利息支出凭证;其次,必须是企业经批准发行债券的利息,或向金融企业借款的利息,或向非金融企业借款不超过金融企业同期同类贷款利率计算的利息。另外,若是接受关联方债权性投资支付的利息支出,还应满足债权性投资与权益性投资的比例不超过规定的标准的限制(比例规定的标准,金融企业为5:1,其他企业为2:1)。

第二,由于企业投资者投资未到位而发生的利息支出问题。根据国税函〔2009〕312号文件,凡企业投资者在规定期限内(以公司章程规定的出资时间为准)未缴足其应缴资本额的,该企业对外借款所发生的利息,相当于投资者实缴资本额与在规定期限内应缴资本额的差额应计付的利息,其不属于企业的合理的支出,应由企业投资者负担,不得在计算企业应纳税所得额时扣除。

第三,应资本化的利息支出应计入有关资产的成本,按照税法的规定以折旧、摊销的形式分期扣除。

### 2. 土地增值税

房地产开发企业发生的利息支出,按如下规定在计算土地增值税时扣除:

第一,利息支出能够按转让房地产项目计算分摊并提供金融机构证明的,允许据实扣除,但最高不能超过按商业银行同类同期贷款利率计算的金额。

第二,利息支出不能按转让房地产项目计算分摊或不能提供金融机构证明的,利息支出不单独扣除,与房地产其他开发费用一起按"取得土地使用权支付的金额"与"房地产开发成本"金额之和的10%以内计算扣除。

超过贷款期限的利息部分和加罚的利息不得在计算土地增值税前扣除。

## 第三节 权益性投资的涉税专项实务

### 一、权益性投资概述

权益性投资是指为获取其他企业的权益或净资产所进行的投资。如对其他企业的普通股股票投资、为获取其他企业股权的联营投资等,均属于权益性投资。权益性投资分为增量投资和存量投资,如为获得其他企业股权的联营投资为增量投资(被投资企业的股本增加),投资人从被投资企业原有股东处购买股权的投资为存量投资。

权益性投资涉及投资、持有和处置(包括转让、清算)三个环节,权益性投资还涉及投资方和被投资企业两个主体。如果是存量投资,还涉及股权转让方。

## 二、权益性投资的税收处理

（一）投资方的税收处理

**1. 取得权益性投资资产计税基础的确定**

（1）投资方如果是企业，则涉及企业所得税。投资资产按下列方法确定计税基础：①通过支付现金方式取得的投资资产，以购买价款为计税基础；②通过支付现金以外的方式取得的投资资产，以该资产的公允价值和支付的相关税费为计税基础。

在符合规定的条件下，企业取得权益性投资资产计税基础有特殊规定，特殊规定见债务重组、资产收购、股权收购、企业合并与企业分立相关内容。

（2）投资方如果是个人，则涉及个人所得税。个人转让权益性投资的所得按财产转让所得计缴个人所得税。财产原值按合法的财产原值凭证确定。不能正确计算财产原值的，由主管税务机关核定其财产原值。

**2. 以非货币资产投资转移出去的非货币性资产应缴纳的税**

（1）企业所得税。

企业以非货币性资产投资（不管是存量投资还是增量投资）均应视同销售非货币性资产，确认转让非货币性资产的所得或损失。

在符合规定的条件下，企业以非货币性资产投资可暂不确认转让所得或损失。特殊规定见债务重组、资产收购、股权收购、企业合并与企业分立相关内容。

（2）个人所得税。

个人以非货币性资产进行评估后投资于企业，其评估增值取得的所得在投资取得股权时，应按转让财产所得缴纳个人所得税。

（3）增值税。

单位或者个体工商户以非货币资产投资，非货币性资产涉及的货物应视同销售缴纳增值税。

增值税一般纳税人以自己使用过的机器设备投资，应区分不同情形按规定缴纳增值税：①以自己使用过的2009年1月1日以后购进或者自制的机器设备投资，按照机器设备适用税率缴纳增值税；②2008年12月31日以前未纳入扩大增值税抵扣范围试点的增值税一般纳税人，以自己使用过的2008年12月31日以前购进或者自制的机器设备投资，按照4%的税率减半缴纳增值税；③2008年12月31日以前已纳入扩大增值税抵扣范围试点的增值税一般纳税人，以自己使用过的在本地区扩大增值税抵扣范围试点以前购进或自制的机器设备投资，按照4%征收率减半征收增值税；④以自己使用过的在本地区扩大增值税抵扣范围试点以后购进或自制的机器设备投资，按照机器设备的适用税率缴纳增值税。

增值税小规模纳税人以自己使用过的机器设备投资，减按2%征收率征收增值税。

（4）营业税。

以无形资产、不动产投资入股，参与接受投资方利润分配，共同承担投资风险的行为，在2016年5月1日营改增试点全面推开前不征收营业税，在2016年5月1日营改增试点全面推开后应征收增值税。

（5）土地增值税。

对于以房地产投资，将房地产转让到所投资的企业中的，即增量投资，一般情况下免征土地增值税，但被投资的企业从事房地产开发的，或房地产开发企业以其建造的商品房进行投资的，在将房地产转让到所投资的企业中时，应就房地产的增值额缴纳增值税。

### 3. 分得的股息、红利所得税的处理

（1）股息、红利所得的含义。

股息、红利应是从被投资企业取得的来源于被投资企业的利润。现实中，被投资企业税后利润分配形式主要有现金和股票两种形式，分配的来源都有未分配利润、盈余公积和资本公积。但用资本公积转增股本的情况要注意，如果是用股权（票）溢价所形成的资本公积转为股本的不属于股息、红利性质的分配，投资人不能按股息、红利所得处理。也就是说，被投资企业用股权（票）溢价所形成的资本公积转为股本，投资人不进行所得税处理。被投资企业用未分配利润、盈余公积和除股权（票）溢价发行外的其他资本公积转为股本的，在税收上应视为被投资企业向投资者分配利润和投资者再将分得的利润投资到该被投资企业两项业务，即投资人应作为股息、红利所得，同时应增加该项投资的成本。

（2）视同股息、红利的规定。

第一，个人投资者向被投资企业借款不还可视同取得股息、红利所得。借款期限为超过一年。结合财税〔2003〕158号和国税发〔2005〕120号两个文件的规定，作这样理解：对投资人从其投资企业所借非生产用款超过1年，且在纳税年度终了后未还的借款，应视同取得股息红利按规定纳税。个人投资者将被投资企业的资金用于本人、家庭成员及其相关人员的消费性支出或财产性支出视同取得股息、红利所得。

第二，股息、红利的确认。

投资人是企业的，在被投资企业作出利润分配或转股决定时，确认股息、红利所得。投资人是个人的，被投资企业在将利息、股息、红利所得分配到个人名下时，应按税法规定及时代扣代缴个人应缴纳的个人所得税。

投资人取得股票股利应按股票票面价值计算确认股息、红利所得，同时，按照股票票面价值计算增加股权投资成本。

第三，股息红利所得征免规定。

《中华人民共和国企业所得税法》第二十六条规定："符合条件的居民企业之间的股息、红利等权益性投资收益；在境内设立机构、场所的非居民企业从居民企业取得与该机构、场所有实际联系的股息、红利等权益性投资收益，为免税收入。"但享受免税

的股息、红利不包括连续持有居民企业公开发行并上市流通的股票不足12个月取得的投资收益。

个人取得的股息、红利所得应纳个人所得税。个人从居民企业取得的股息红利没有免征个人所得税的规定。优惠规定有：个人从公开发行和转让市场取得的上市公司股票，持股期限在1个月以内（含）的，其股息红利所得全额计入应纳税所得额；持股期限在1个月以上至1年（含）的，暂减按50%计入应纳税所得额；持股期限超过1年的，暂减按25%计入应纳税所得额。上述所得统一适用20%税率计征个人所得税。

## （二）被投资企业的税收处理

以非货币性资产分派股息、红利，应当视同销售，确认非货币性资产转让所得或损失，计缴企业所得税。

非货币性资产所涉及的货物视同销售计缴增值税。

以非货币性资产中的不动产、无形资产分派股息红利，在2016年5月1日营改增试点全面推开前应按转让无形资产、销售不动产缴纳营业税，在2016年5月1日营改增试点全面推开后应按销售无形资产、销售不动产缴纳增值税。

以非货币性资产分派股息红利，其非货币性资产涉及的不动产应按规定缴纳土地增值税。

# 第四节 资产收购的涉税专项实务

## 一、资产收购的含义

资产收购是指一家企业（下称"受让企业"）购买另一家企业（下称"转让企业"）实质经营性资产的交易。所谓实质经营性资产，是指企业用于从事生产经营活动、与产生经营收入直接相关的资产，包括经营所用各类资产、企业拥有的商业信息和技术、经营活动产生的应收款项、投资资产等。

## 二、资产收购的基本类型

（1）增资收购型（增量投资）：指受让企业以本企业的股份、股权作为对价支付给转让企业的资产收购。简言之，对受让企业来说，就是增资。

（2）非货币性资产收购型：指受让企业以本企业非货币性资产作为对价支付给转让企业的资产收购。其实质是以转让企业的实质性经营资产换取受让企业的非货币性资产。

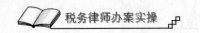

(3) 货币性资产收购型：指受让企业以本企业货币性资产作为对价支付给转让企业的资产收购。其实质是以转让企业的实质性经营资产换取受让企业的货币性资产。

### 三、资产收购的税收问题

#### （一）企业所得税

**1. 一般性税务处理**

《企业所得税法实施条例》第七十五条规定，除国务院财政、税务主管部门另有规定外，企业在重组过程中，应当在交易发生时确认有关资产的转让所得或者损失，相关资产应当按照交易价格重新确定计税基础。这是重组交易应遵循的一般原则。财税〔2009〕59号文对资产收购的一般性税务处理为：转让企业应确认资产转让所得或损失，受让企业取得资产的计税基础应以公允价值为基础确定。

**2. 特殊性税务处理**

（1）财税〔2009〕59号文件对资产收购还规定，符合条件的，交易各方对其交易中的股权支付部分，可以选择特殊性税务处理：转让企业暂不确认资产的转让所得或损失，取得股权的计税基础以被转让资产的原有计税基础确定。受让企业暂不确认股权转让所得或损失，取得资产的计税基础以被转让资产的原有计税基础确定。

（2）选择特殊性税务处理必须同时符合下列条件：①具有合理的商业目的，且不以减少、免除或推迟缴纳税款为主要目的；②受让企业收购的资产不低于转让企业全部资产的75%；③资产收购后的连续12个月内不改变重组资产原来的实质性经营活动；④资产收购交易对价中涉及股权支付金额符合规定的比例（≥85%）；⑤资产收购中取得股权支付的原主要股东，在资产收购后连续12个月内，不得转让所取得的股权。

（3）在资产收购中，选择特殊性税务处理的，对股权支付部分，暂不确认有关资产的转让所得或损失；对非股权支付部分，仍应确认有关资产的转让所得或损失，并调整相应资产的计税基础。

非股权支付部分对应的资产所得或损失＝（被转让资产的公允价值－被转让资产的计税基础）×（非股权支付金额÷被转让资产的公允价值）

#### （二）货物和劳务税的处理

**1. 增值税**

资产收购行为中，转让企业转让资产涉及的货物是否应纳增值税，关键就看资产相关的债权、负债和劳动力是否也随同资产一并转让。如果不具备与资产相关的债权、负债和劳动力随同资产一并转让的条件，则转让企业转让资产涉及的货物应征增值税。

**2. 营业税**

纳税人在资产重组中，通过合并、分立、出售、置换等方式，将全部或部分资产以及与其相关联的债权、债务和劳动力一并转让给其他单位和个人的行为，不属于营业税征收范围，其中涉及的不动产、土地使用权转让，在 2016 年 5 月 1 日营改增试点全面推开前不征收营业税。

资产收购中，若受让企业支付的对价是不动产、土地使用权，相当于受让企业以不动产、土地使用权取得了转让企业的实质经营性资产，属于有偿转让不动产、土地使用权的行为，在 2016 年 5 月 1 日营改增试点全面推开前应按规定征收营业税，在 2016 年 5 月 1 日营改增试点全面推开后应按规定征收增值税。

（三）其他税种的处理

1. 土地增值税

资产收购中，转让企业转让资产中涉及的不动产转让，属于有偿转让不动产的行为，按现行土地增值税的规定，应征土地增值税。

在资产收购中，若受让企业支付的对价是不动产，相当于受让企业以不动产取得了转让企业的实质经营性资产，属于有偿销售不动产的行为，应按规定征收土地增值税。

2. 契税

在境内转移土地、房屋权属，承受的单位和个人为契税的纳税人。但契税现行政策规定，用于交换的不动产价格相等时，双方均不产生契税的纳税义务；当用于交换的不动产价格不等时，应由多交付货币、实物、无形资产或其他经济利益的一方缴纳契税。

资产收购中的免税规定有：国有、集体企业整体出售，被出售企业法人整体予以注销，并且买受人按照《中华人民共和国劳动法》等妥善安置原企业全部职工，与原企业全部职工签订不少于三年的劳动用工合同，对其承受所购企业的土地、房屋权属，免征契税；与原企业超过 30% 的职工签订不少于三年的劳动用工合同的，减半征收契税。

3. 印花税

在税收征管中，一般对资产收购合同按购销合同税目征收印花税。但资产收购是一项企业重组行为，与一般的资产买卖不完全相同，对于资产收购合同涉及的内容是资产以及与其相关联的债权、负债和劳动力一并转让，这样的资产收购合同不应征收印花税。

# 第五节 资产租赁的涉税专项实务

## 一、资产租赁的含义

资产租赁是出租人与承租人签订协议，约定出租人在一定期限内将资产使用权有偿让与承租人的行为。按与租赁资产所有权有关的全部风险和报酬是否转移，租赁分为经营租赁和融资租赁。

融资租赁是指实质上转移了与资产所有权有关的全部风险和报酬的租赁。符合下列一项或数项标准的，应当认定为融资租赁：①在租赁期届满时，租赁资产的所有权转移给承租人。②承租人有购买租赁资产的选择权，所订立的购买价款行使选择权时租赁资产的公允价值。③即使租赁资产的所有权不转移，但租赁期占租赁资产使用寿命的大部分。④承租人在租赁开始日的最低租赁付款额现值，几乎相当于租赁开始日租赁资产公允价值；出租人在租赁开始日的最低租赁收款额现值，几乎相当于租赁开始日租赁资产公允价值。⑤租赁资产性质特殊，如果不作较大改造，只有承租人才能使用。

## 二、经营租赁的税收问题

（一）出租人

1. 营业税和增值税

经营租赁的出租人收取的租金，在 2016 年 5 月 1 日营改增试点全面推开前应按"服务业——租赁业"缴纳营业税（但根据"营改增"政策，自 2013 年 8 月 1 日起，在全国范围内经营租赁有形动产的出租人，收取的租金缴纳增值税）。

经营租赁的出租人收取的租金，在 2016 年 5 月 1 日营改增试点全面推开后应按"租赁"缴纳增值税。

比如个人出租住房，在 2016 年 5 月 1 日营改增试点全面推开前，不区分用途，在 3% 的税率的基础上，减半征收营业税。在 2016 年营改增试点全面推开后，应按照 5% 的征收率减按 1.5% 计算应纳增值税额。

2. 企业所得税

企业出租人收取的租金，应作为"租金收入"计入应纳税所得额计缴企业所得税。

国税函〔2010〕79 号文规定，企业提供固定资产、包装物或者其他有形动产的使用权取得的租金收入，应按交易合同或协议中规定的承租人应付租金的日期确认收入的实现。其中，如果交易合同或协议中规定租赁期限跨年度，且租金提前一次性支付的，出租人可对上述已确认的收入，在租赁期内分期均匀计入相关年度收入。

3. 个人所得税

个人出租财产取得的所得，按财产租赁所得缴纳个人所得税。其计税方法如下：

（1）财产租赁所得以一个月内取得的收入为一次。

（2）每次（月）收入不足或等于 4000 元时，应纳税额 =［每次（月）收入额 - 准予扣除项目（如税费）- 修缮费用（以 800 元为限，未扣完部分，向以后月份结转）- 800］×20%；每次（月）收入超过 4000 元时，应纳税额 =［每次（月）收入额 - 准予扣除项目（如税费）- 修缮费用（以 800 元为限，未扣完部分，向以后月份结转）］×（1 - 20%）×20%。

(3) 个人出租住房,减按10%的税率征收个人所得税。

4. 印花税

印花税税率为1‰。计税依据为租赁金额。对于房地产管理部门与个人订立的租房合同,凡用于生活居住的,暂免贴花;用于生产经营的,按规定贴花。

## (二) 承租人

承租人只涉及印花税。

## 三、融资租赁的税收问题

### (一) 出租人

1. 营业税和增值税

凡租赁物为不动产的融资租赁业务,租赁期间取得的收入,在2016年5月1日营改增试点全面推开前,一律按"服务业——租赁业"征收营业税(根据财税〔2013〕37号文件规定,自2013年8月1日起,在全国范围内有形动产融资租赁业务所收取的租金缴纳增值税)。

凡租赁物为不动产的融资租赁业务,租赁期间取得的收入,在2016年5月1日营改增试点全面推开后,一律缴纳增值税。

2. 企业所得税

出租人租金收入应当按照有关融资租赁合同或协议约定的应付租金的日期和金额确定。在按租金收入作为计税收入的同时,租赁资产的公允价值应当作为成本扣除。

纳税年度应确认的所得额 = 本期应收租金收入 - (租赁资产公允价值 + 初始直接费用) ÷ 租赁期

### (二) 承租人

1. 企业所得税

承租人融资租入固定资产发生的租赁费和初始直接费用应资本化,以提取折旧的形式在税前扣除。

2. 房产税

融资租赁为房产的,由于融资租赁房产是承租人分期购买房产的一种形式,出租人提供的只是信贷服务,租赁期间房产的纳税人应为房产承租人。因此,融资租赁的房产,由承租人自融资租赁合同约定开始日的次月起依照房产余值缴纳房产税。合同未约定开始日的,由承租人自合同签订的次月起依照房产余值缴纳房产税。

融资租赁合同要按"借款合同"计税贴花,而不是按产权转移书据或购销合同计税贴花。

# 第六节 股权收购的涉税专项实务

## 一、股权收购的含义

股权收购是指收购方（企业或个人）购买被收购企业股权的行为。股权收购是两个股东之间的交易，即收购方与被收购企业股东之间的交易，收购方支付的对价形式有可能是股权、非股权或两者的组合。

股权收购与资产收购一样，根据收购方支付对价的形式不同分为增资收购型、非货币性资产收购型和货币性资产收购型三大基本类型。其中，非货币性资产收购型又分为股权收购型和股权以外的非货币性资产收购两种。

在股权收购交易中，涉及被收购企业（目标公司）、被收购企业股东（被收购方）和收购方（受让方）三方主体。

## 二、股权收购的税收处理

### （一）企业所得税

**1. 一般性税务处理**

股权收购的一般性税务处理为：①被收购方应确认股权转让所得或损失，收购方取得股权的计税基础应以公允价值为基础确定。②收购方应确认资产（股权）转让所得或损失，被收购方取得资产（或股权）的计税基础应以公允价值为基础确定。

**2. 特殊性税务处理**

（1）股权收购同时符合下列条件的，可以适用特殊性税务处理规定：①具有合理的商业目的，且不以减少、免除或推迟缴纳税款为主要目的；②收购企业收购的股权不低于被收购企业全部股权的75%；③股权收购后的连续12个月内不改变重组资产原来的实质性经营活动；④收购企业在该股权收购发生时的股权支付金额不低于其交易支付总额的85%；⑤股权收购中取得股权支付的原主要股东，在股权收购后连续12个月内，不得转让所取得的股权。

（2）股权收购符合上述条件的，交易各方对其交易中的股权支付部分，可以按以下规定进行特殊性税务处理：①对股权支付部分，暂不确认有关资产的转让所得或损失；②对非股权支付部分，仍应确认有关资产的转让所得或损失，并调整相应资产的计税基础。

非股权支付部分对应的资产转让所得或损失 =（被转让资产的公允价值 - 被转让资

产的计税基础）×（非股权支付金额÷被转让资产的公允价值）

（3）企业发生涉及境内与境外之间（包括涉港、澳、台地区）的股权收购交易，除应符合前述（1）项条件外，还应同时符合另行规定的条件，才可选择适用特殊性税务处理。

（4）企业在重组发生前后连续 12 个月内分步对其股权进行交易，应根据实质重于形式的原则将上述交易作为一项股权收购交易进行处理。

（5）适用特殊性税务处理，要在重组业务完成当年所得税纳税申报时，向税务机构书面备案，否则，一律不得按特殊性税务处理。而且，同一重组业务的当事各方应采取一致税务处理原则，即统一按一般性或特殊性税务处理。

（二）个人所得税

在股权收购中，若被收购企业的股东（被收购方）或收购方是个人，被收购方将拥有的被收购企业的股权转让给收购方，或收购方以其直接持股企业的股权作为对价支付给被收购方，属于个人财产转让行为，应以股权转让所得征收个人所得税。对个人转让境内上市公司股票取得的所得暂免征收个人所得税。

纳税人申报的计税依据明显偏低又无正当理由的，税务机关有权核定其应纳税额。《国家税务总局关于股权转让所得个人所得税计税依据核定问题的公告》（下称总局 2010 年 27 号公告）明确了股权转让计税依据明显偏低又无正当理由的判断，以及计税依据的核定方法。

符合下列情形之一且无正当理由的，可视为计税依据明显偏低：

（1）申报的股权转让价格低于初始投资成本或低于取得该股权所支付的价款及相关税费的。

（2）申报的股权转让价格低于对应的净资产份额的。

（3）申报的股权转让价格低于相同或类似条件下同一企业同一股东或其他股东股权转让价格的。

（4）申报的股权转让价格低于相同或类似条件下同类行业的股权转让价格的。

（5）经主管税务机关认定的其他情形。

正当理由，是指以下情形：

（1）所投资企业连续三年以上（含三年）亏损。

（2）因国家政策调整的原因而低价转让股权。

（3）将股权转让给配偶、父母、子女、祖父母、外祖父母、孙子女、外孙子女、兄弟姐妹以及对转让人承担直接抚养或赡养义务的抚养人或赡养人。

（4）经主管税务机关认定的其他合理情形。

对申报的计税价格明显偏低且无正当理由的，可采取以下核定方法：

（1）参照每股净资产或纳税人享有的股权比例所对应的净资产份额确定股权转让收入。

（2）参照相同或类似条件下同一企业同一股东或其他股东股权转让价格核定股权转让收入。

（3）参照相同或类似条件下同类行业的企业股权转让价格核定股权转让收入。

（4）纳税人对主管税务机关采取的上述核定方法有异议的，应当提供相关证据，主管税务机关认定属实后，可采取其他合理的核定方法。

（三）货物和劳务税的处理

股权收购中一般不涉及货物和劳务税。但若收购方支付的对价资产是货物、无形资产和不动产，则涉及货物和劳务税的问题。

1. 增值税

在股权收购中收购方支付的对价有可能是存货、设备等货物，这相当于收购方以存货、设备等货物换取被收购方拥有的被收购企业股权，收购方有偿销售了存货、设备等货物，对收购方应按销售货物征收增值税。当然，如果收购方支付的是本企业实质性经营资产，将实物资产以及与其相关联的债权、负债和劳动力一并转让条件，则其中涉及的存货、设备等货物不征增值税。

2. 营业税和增值税

股权收购中收购方支付的对价有可能是无形资产、不动产，这相当于收购方以无形资产、不动产换取被收购方拥有的被收购企业股权，收购方有偿转让了无形资产或销售不动产，在2016年5月1日营改增试点全面推开前应属于征营业税的行为（但根据财税〔2002〕191号文规定，以无形资产、不动产投资入股，参与接受投资方利润分配，共同承担投资风险的行为不征收营业税），在2016年5月1日营改增试点全面推开后应属于征增值税的行为。

（四）其他税种的处理

1. 土地增值税

股权收购中收购方支付的对价如果是不动产，相当于收购方以不动产换取被收购企业股权，收购方有偿转让了不动产，应属于土地增值税的征收范围。但财税字〔1995〕048号文件规定："对于以房地产进行投资、联营的，投资、联营的一方以土地（房地产）作价入股进行投资或作为联营条件，将房地产转让到所投资联营的企业中时，暂免征收土地增值税。"

2. 契税

在股权收购中，如果收购方支付的对价是土地、房屋，则对被收购方来说，就承受了土地、房屋权属，对被收购方应按规定征收契税。

3. 印花税

在股权收购中，签订的股权收购合同、土地、房屋的产权转移书据都属于印花税应税凭证，应征收印花税。

## 第七节　企业合并的涉税专项实务

### 一、企业合并的含义

《中华人民共和国公司法》（简称《公司法》）规定的企业合并包括吸收合并和新设合并。

吸收合并是指一家或两家以上的企业（下称被合并企业）将其全部资产和负债加入另一家企业（下称合并企业），以合并企业的名义存续经营，被合并企业解散。

新设合并是指两家或两家以上企业（下称被合并企业）将其全部资产和负债合并设立一家新的企业（下称合并企业），被合并企业解散。

会计上还引入了控股合并的概念。控股合并是指企业（下称合并企业）通过购买另一家企业（下称被合并企业）达到控股权比例的股份，将其变为自己的控股子公司，被合并企业法人主体只需变更股权登记，不丧失法人主体资格。

### 二、企业合并的基本类型

根据合并企业支付对价的形式分，企业合并分为三大基本类型。

#### （一）增资型合并

增资型合并是指合并企业以本企业的股份、股权作为对价支付给被合并企业股东的企业合并。这种合并对合并企业来说，就是增资；对被合并企业来说，是以被合并企业股权换合并企业股权。

#### （二）非货币性资产型合并

非货币性资产型合并是指合并企业以本企业非货币性资产作为对价支付给被合并企业股东的企业合并。合并企业以其直接持股企业的股权、股份作为对价支付给被合并企业股东的企业合并为股权型合并。合并企业以本企业直接持股企业的股权、股份以外的非货币性资产作为对价支付给被合并企业股东的企业合并为股权以外的非货币性资产型合并。

#### （三）货币性资产型合并

货币性资产型合并是指合并企业以本企业货币性资产作为对价支付给被合并企业股东的企业合并。

## 三、企业合并所得税的处理

### (一) 企业所得税

**1. 一般性税务处理**

财税〔2009〕59号对企业合并规定的一般性税务处理为：合并企业应按公允价值确定接受被合并企业各项资产和负债的计税基础；被合并企业及其股东都应按清算进行所得税处理。根据企业所得税法及其实施条件的规定，合并企业应确认资产（或股权）转让所得或损失，被合并企业股东取得对价资产（或股权）的计税基础应以公允价值为基础确定。

**2. 特殊性税务处理**

财税〔2009〕59号文件对企业合并还规定，符合条件的，交易各方对其交易中的股权支付部分，可以选择特殊性税务处理，特殊性税务处理是法人所得税制的例外。选择特殊性税务处理必须同时符合下列条件：①具有合理的商业目的，且不以减少、免除或推迟缴纳税款为主要目的。②企业合并后的连续12个月内不改变重组资产原来的实质性经营活动。③企业股东在该企业合并发生时取得的股权支付金额不低于其交易支付总额的85%，以及同一控制下且不需要支付对价的企业合并。④企业合并中取得股权支付的原主要股东，在企业合并后连续12个月内，不得转让所取得的股权。"原主要股东"是指持有被合并企业20%以上股权的股东。

财税〔2009〕59号文件同时规定，交易各方对股权支付暂不确认有关资产的转让所得或损失的，其非股权支付仍应在交易当期确认相应的资产转让所得或损失，并调整相应资产的计税基础。

非股权支付部分对应的资产转让所得或损失＝（被转让资产的公允价值－被转让资产的计税基础）×（非股权支付金额÷被转让资产的公允价值）

**3. 被合并企业合并前的相关所得税事项由合并企业承继问题**

被合并企业合并前的相关所得税事项能否由合并企业承继的问题，一般的处理原则是：被合并企业没有进行所得税清算的，其相关所得税事项由合并企业承继；被合并企业进行了所得税清算的，其相关所得税事项不能由合并企业承继。财税〔2009〕59号文件具体规定如下。

（1）被合并企业弥补期限内的亏损的处理。

在一般性税务处理中，被合并企业的亏损不得在合并企业结转弥补。

在特殊性税务处理中，被合并企业弥补期限内的亏损可由合并企业结转弥补。

每年可由合并企业弥补的被合并企业亏损的限额＝被合并企业净资产公允价值×截至合并业务发生当年年末国家发行的最长期限的国债利率

（2）被合并企业尚未享受期满的税收优惠的处理。

被合并企业尚未享受期满的就企业有关生产经营项目的所得享受的税收优惠，不管合并时是采用一般性税务处理还是特殊性税务处理，合并企业都可以在剩余期限内承继。

被合并企业尚未享受期满的就企业整体（即全部生产经营所得）享受的税收优惠处理：一般性税务处理中，被合并企业尚未享受期满的税收优惠不允许由合并企业承继。特殊性税务处理中，被合并企业尚未享受期满的税收优惠，合并后的企业性质及适用税收优惠条件未发生改变的，可以由合并企业承继。合并前各企业剩余的税收优惠年限不一致的，合并后企业每年度的应纳税所得额，应统一按合并日各合并前企业资产占合并后企业总资产的比例进行划分，再分别按相应的剩余优惠计算应纳税额。

4. 吸收合并后存续企业合并前未享受完的税收优惠继续享受的问题

（1）存续企业尚未享受期满的就企业有关生产经营项目的所得享受的税收优惠，不管合并时是采用一般性税务处理还是特殊性税务处理，合并企业都可以在剩余期限内继续享受。

（2）存续企业尚未享受期满的就企业整体（即全部生产经营所得）享受的税收优惠，只要合并后的存续企业性质及适用税收优惠的条件未发生改变，可以继续享受。

一般性税务处理中，合并后的存续企业性质及适用税收优惠的条件未发生改变的，可以继续享受合并前该企业剩余期限的税收优惠，其优惠金额按存续企业合并前一年的应纳税所得额（亏损计为零）计算。

特殊性税务处理中，合并后的存续企业性质及适用税收优惠条件未发生改变的，可以继续享受合并前该企业剩余期限的税收优惠。合并前各企业（包括存续企业）剩余的税收优惠年限不一致的，合并后企业每年度的应纳税所得额，应统一按合并日各合并前企业资产占合并后企业总资产的比例进行划分，再分别按相应的剩余优惠计算应纳税额。

（二）个人所得税

在企业合并中，被合并企业的股东若是个人，则其取得的对价属于股权清算的范围，应在合并重组时对被合并企业的个人股东依法确认股权转让所得征收个人所得税。

需要说明的是，只有企业所得税才有特殊性税务处理，个人所得税没有特殊性税务处理。

## 四、企业合并中货物和劳务税的处理

（一）增值税

企业合并属于将被合并企业的全部资产以及与其相关联的债权、负债和劳动力一并转让的行为，转让资产中涉及的货物转让，不属于增值税的征税范围。被合并企业为增值税一般纳税人的,其尚未抵扣完的进项税额可以结转到合并企业继续抵扣。

企业合并中,若合并企业支付的对价是货物,相当于合并企业以货物取得了被合并企业的净资产,属于有偿销售货物行为,应按规定征收增值税。

### (二) 营业税

企业合并属于将被合并企业的全部资产以及与其相关联的债权、负债和劳动力一并转让的行为,转让资产中涉及的不动产、土地使用权转让,在 2016 年 5 月 1 日营改增试点全面推开前不征收营业税,在 2016 年 5 月 1 日营改增试点全面推开后不征收增值税。

企业合并中,若合并企业支付的对价是无形资产、不动产,相当于合并企业以无形资产、不动产取得了被合并企业的净资产,属于有偿销售无形资产、不动产行为,在 2016 年 5 月 1 日营改增试点全面推开前应按规定征收营业税,在 2016 年 5 月 1 日营改增试点全面推开后应按规定征收增值税。

## 五、企业合并中其他税种的处理

### (一) 土地增值税

企业合并中,被合并企业将房地产转让到合并企业中的,暂免征收土地增值税。

企业合并中,若合并企业支付的对价是不动产,相当于合并企业以不动产取得了被合并企业的净资产,属于有偿销售不动产行为,应按规定征收土地增值税。

### (二) 契税

两家或两家以上的公司,依据法律规定、合同约定,合并为一家公司,且原投资主体存续的,对其合并后的公司承受原合并各方的土地、房屋权属,免征契税。

企业合并中,若合并企业支付的对价是不动产,接受不动产的被合并企业股东,应按规定征收契税。

### (三) 印花税

根据财税〔2003〕183 号文规定,经县级以上人民政府及企业主管部门批准改制的企业,以合并或分立方式成立的新企业,其新启用的资金账簿记载的资金,凡原已贴花的部分不再贴花,未贴花的部分和以后新增加的资金按规定贴花。经县级以上人民政府及企业主管部门批准改制的企业,企业因改制签订的产权转移书据免予贴花。

## 第八节 企业分立的涉税专项实务

### 一、企业分立的含义

企业分立是指一家企业（下称被分立企业）将部分或全部资产分离转让给现存或新设的企业（下称分立企业），被分立企业股东换取分立企业的股权或非股权支付，实现企业的依法分立。

根据企业分立后被分立企业是否解散，企业分立有存续分立和解散分立两种。

（1）存续分立：是指一家企业（下称被分立企业）将部分或全部资产分离转让给现存或新设的企业（下称分立企业），被分立企业存续。

（2）解散分立：是指一家企业（下称被分立企业）将部分或全部资产分离转让给现存或新设的企业（下称分立企业），被分立企业解散。

### 二、企业分立的基本类型

根据分立企业支付对价的形式，企业分立分为三大基本类型。

#### （一）增资型分立

增资型分立是指分立企业以本企业的股份、股权作为对价支付给被分立企业股东的企业分立。这种类型对分立企业来说，就是增资；对被分立企业股东来说，是以被分立企业股权换分立企业股权。

#### （二）非货币性资产型分立

非货币性资产型分立是指分立企业以本企业非货币性资产作为对价支付给被分立企业股东的企业分立。分立企业以其直接持股企业的股权、股份作为对价支付给被分立企业股东的企业分立为股权型分立。分立企业以本企业直接持股企业的股权、股份以外的非货币性资产作为对价支付给被分立企业股东的企业分立为股权以外的非货币性资产型分立。

#### （三）货币性资产型分立

货币性资产型分立是指分立企业以本企业货币性资产作为对价支付给被分立企业股东的企业分立。

## 三、企业分立所得税的处理

(一)企业所得税

**1. 一般性税务处理**

财税〔2009〕59号对企业分立规定的一般性税务处理为:分立企业应按公允价值确定接受资产的计税基础;被分立企业对分立出去资产应按公允价值确认资产转让所得或损失;被分立企业继续存在时,其股东取得的对价应视同被分立企业分配进行处理;被分立企业不再继续存在时,被分立企业及其股东都应按清算进行所得税处理。根据企业所得税法及其实施条件的规定,分立企业应确认资产(或股权)转让所得或损失,被分立企业股东取得资产(或股权)的计税基础应以公允价值为基础确定。

**2. 特殊性税务处理**

财税〔2009〕59号文件对企业分立还规定,符合条件的,交易各方对其交易中的股权支付部分,可以选择特殊性税务处理,特殊性税务处理是法人所得税制的例外。选择特殊性税务处理必须同时符合下列条件:

(1) 具有合理的商业目的,且不以减少、免除或推迟缴纳税款为主要目的。

(2) 被分立企业所有股东按原持股比例取得分立企业的股权,分立企业和被分立企业均不改变原来的实质经营活动。

(3) 企业分立后的连续12个月内不改变重组资产原来的实质性经营活动。

(4) 被分立企业股东在该企业分立发生时取得的股权支付金额不低于其交易支付总额的85%。只有增资型分立才能选择特殊性税务处理。

(5) 企业分立中取得股权支付的原主要股东,在企业分立后连续12个月内,不得转让所取得的股权。"原主要股东"是指持有被分立企业20%以上股权的股东。

财税〔2009〕59号文件同时规定,交易各方对股权支付暂不确认有关资产的转让所得或损失的,其非股权支付仍应在交易当期确认相应的资产转让所得或损失,并调整相应资产的计税基础。

非股权支付部分对应的资产转让所得或损失=(被转让资产的公允价值-被转让资产的计税基础)×(非股权支付金额÷被转让资产的公允价值)

**3. 被分立企业已分立出去资产相应的所得税事项由分立企业承继问题**

被分立企业已分立出去资产相应的所得税事项,能否由分立企业承继的问题,一般的处理原则是:被分立企业分离出去资产隐含的增值或减值分立时未得到确认的,其相应所得税事项由分立企业承继;被分立企业分离出去资产隐含的增值或减值分立时得到确认的,其相应的所得税事项不由分立企业承继。财税〔2009〕59号文件具体规定如下:

(1) 被分立企业弥补期限内的亏损的处理。

在一般性税务处理中，被分立企业的亏损不得在分立企业结转弥补。

在特殊性税务处理中，被分立企业未超过法定弥补期限的亏损额可按分立资产占全部资产的比例进行分配，由分立企业继续弥补。

（2）被分立企业尚未享受期满的税收优惠的处理。

被分立企业尚未享受期满的就企业有关生产经营项目的所得享受的税收优惠，不管分立时是采用一般性税务处理还是特殊性税务处理，分立企业都可以在剩余期限内承继。

被分立企业尚未享受期满的就企业整体（即全部生产经营所得）享受的税收优惠处理：一般性税务处理中，被分立企业尚未享受期满的税收优惠不允许由分立企业承继。特殊性税务处理中，被分立企业尚未享受期满的税收优惠，分立后的企业性质及适用税收优惠条件未发生改变的，可以由分立企业承继。

**4. 存续分立时存续企业分立前未享受完的税收优惠继续享受的问题**

（1）存续企业尚未享受期满的就企业有关生产经营项目的所得享受的税收优惠，不管分立时是采用一般性税务处理还是特殊性税务处理，存续企业都可以在剩余期限内继续享受。

（2）存续企业尚未享受期满的就企业整体（即全部生产经营所得）享受的税收优惠，只要分立后的存续企业性质及适用税收优惠的条件未发生改变，可以继续享受：

一般性税务处理中，分立后的存续企业性质及适用税收优惠的条件未发生改变的，可以继续享受分立前该企业剩余期限的税收优惠，其优惠金额按该企业分立前一年的应纳税所得额（亏损计为零）乘以分立后存续企业资产占分立前该企业全部资产的比例计算。

特殊性税务处理中，分立后的存续企业性质及适用税收优惠条件未发生改变的，可以继续享受分立前该企业剩余期限的税收优惠。

### （二）个人所得税

在企业分立中，被分立企业的股东若是个人，则其取得的对价属于分配的所得，对被分立企业的个人股东在企业分立重组时，依法确认所得征收个人所得税。

## 四、企业分立中货物和劳务税的处理

### （一）增值税

企业分立属于将被分立企业的部分资产以及与其相关联的债权、负债和劳动力一并转让的行为，转让资产中涉及的货物转让，不属于增值税的征税范围。

企业分立中，若分立企业支付的对价是货物，属于有偿销售货物行为，应按规定征收增值税。

## （二）营业税

企业分立属于将被分立企业的部分资产以及与其相关联的债权、负债和劳动力一并转让的行为，转让资产中涉及的不动产、土地使用权转让，在 2016 年 5 月 1 日营改增试点全面推开前不征收营业税，在 2016 年 5 月 1 日营改增试点全面推开后不征收增值税。

企业分立中，若分立企业支付的对价是无形资产、不动产，属于有偿转让无形资产、销售不动产行为，在 2016 年 5 月 1 日营改增试点全面推开前应按规定征收营业税，在 2016 年 5 月 1 日营改增试点全面推开后应按规定征收增值税。

## 五、企业分立中其他税种的处理

### （一）土地增值税

企业分立中，被分立企业将房地产转让到分立企业中，应根据具体情况确定是否计缴土地增值税。

备注：对于以房地产投资、联营的，如果投资、联营的一方以土地（房地产）作价入股进行投资或作为联营条件，暂免征收土地增值税。但对以房地产作价入股，凡所投资、联营的企业从事房地产开发的，或者房地产开发企业以其建造的商品房进行投资和联营的，或是投资、联营企业将上述房地产再转让的，则属于土地增值税的征收范围。

企业分立中，若分立企业支付的对价是不动产，属于有偿销售不动产行为，应按规定征收土地增值税。

### （二）契税

公司依据法律规定、合同约定，分设两个或两个以上与原公司投资主体相同的公司，对派生方、新设方承受原企业土地、房屋权属，免征契税。

企业分立中，若分立企业支付的对价是不动产，接受不动产的被分立企业股东，应按规定征收契税。

### （三）印花税

根据财税〔2003〕183 号文规定，经县级以上人民政府及企业主管部门批准改制的企业，以合并或分立方式成立的新企业，其新启用的资金账簿记载的资金，凡原已贴花的部分不再贴花，未贴花的部分和以后新增加的资金按规定贴花。经县级以上人民政府及企业主管部门批准改制的企业，企业因改制签订的产权转移书据免予贴花。

# 第九节 企业债务重组的涉税专项实务

## 一、债务重组的含义

债务重组是债权人按照其与债务人达成的协议或法院的裁决同意债务人修改债务条件的事项。债务重组涉及债权人和债务人，对债权人而言为"债权重组"，对债务人而言为"债务重组"。为方便表达，统称为"债务重组"。

## 二、债务重组的方式

（1）资产清偿债务。这是指债务人转让其资产给债权人以清偿债务的债务重组方式。

（2）债务转为资本，即债转股。是指债务人将债务转为资本，同时，债权人将债权转为股权的重组方式。其结果是，债务人因此增加股本（或实收资本），债权人因此增加长期股权投资。

（3）修改其他债务条件清偿债务。如减少债务本金、减少或免去债务利息等。

## 三、债务重组所得税的处理

### （一）企业所得税处理

财税〔2009〕59号文件对债务重组的一般性税务处理规定为：①以非货币性资产清偿债务，应当分解为转让相关非货币性资产、按非货币性资产公允价值清偿债务两项业务，确认相关资产的所得或损失。②发生债权转股权的，应当分解为债务清偿和股权投资两项业务，确认有关债务清偿所得或损失。③债务人应当按照支付的债务清偿额低于债务计税基础的差额，确认债务重组所得；债权人应当按照收到的债务清偿额低于债权计税基础的差额，确认债务重组损失。④债务人的相关所得税纳税事项原则上保持不变。

财税〔2009〕59号文件规定，具有合理的商业目的，且不以减少、免除或推迟缴纳税款为主要目的的债务重组，交易各方对其交易中的股权支付部分，可以进行特殊性税务处理：①企业债务重组确认的应纳税所得额占该企业当年应纳税所得额50%以上，可以在5个纳税年度的期间内，均匀计入各年度的应纳税所得额。②企业发生债权转股权业务，对债务清偿和股权投资两项业务暂不确认有关债务清偿所得或损失，股权投资的计税基础以原债权的计税基础确定。企业的相关所得税事项保持不变。

## （二）个人所得税

在债务重组中若涉及的债务为个人，或债权转到个人，还会涉及个人所得税。

## 四、债务重组中货物和其他税的处理

### （一）增值税

企业债务重组中，若债务人以货物抵债，属于有偿销售行为，应按规定征收增值税。

### （二）营业税

企业债务重组中，若债务人以不动产、无形资产抵资，属于有偿销售行为，在2016年5月1日营改增试点全面推开前应按规定征收营业税，在2016年5月1日营改增试点全面推开后应按规定征收增值税。

备注：增值税、营业税的应税收入都是按同类产品的销售价格确定，而不是按抵债的金额确定。

### （三）土地增值税

企业债务重组中，若债务人以不动产抵债，属于有偿销售行为，应按规定征收土地增值税。应税收入按下列方法和顺序确定：①按本企业在同一地区、同一年度销售的同类房地产的平均价格确定；②由主管税务机关参照当地当年、同类房地产的市场价格或评估价值确定。

对个人销售住房以及个人以房屋抵债的，暂免征收土地增值税。

### （四）契税

企业债务重组中，若债务人以不动产抵债，债权人承受不动产应按规定征收契税。

根据财税〔2012〕4号文件规定，经国务院批准实施债权转股权的企业，对债权转股权后新设立的公司承受原企业的土地、房屋权属，免征契税。

### （五）印花税

债务重组协议有可能属于印花税的应税凭证，如以货物抵债的债务重组协议属于购销合同范围，以专利权等无形资产抵债的债务重组协议属于产权转移书据范围。因此，判断债务重组协议是否属于印花税征税范围要根据具体内容确定。

## 第十节 企业清算的涉税专项实务

### 一、企业清算的含义

企业清算是企业解散或破产的原因出现后，依照法定程序，对企业的财产和债权债务关系，进行清理、处分和分配，以了结其债权债务关系，从而消灭企业作为一个民事主体资格的法律行为。

### 二、清算企业的税收问题

#### （一）清算基准日前的税款结清

清算基准日前的税款结清，包括清算基准日前欠缴税款的结清以及清算基准日最后一个纳税期开始到清算基准日止实际生产经营期间产生的各种税款结清两部分。

《企业所得税法》规定，企业在年度中间终止经营活动的，应当以其实际经营期为一个纳税年度，自实际经营终止之日起60日内，向税务机关办理当期企业所得税汇算清缴。

#### （二）清算期间的税款结清

清算期间是指纳税人实际生产经营终止之日至办理完毕清算事务之日止的期间。

**1. 企业所得税**

《企业所得税法》规定，企业依法清算时，应当以清算期间作为一个纳税年度。企业应当在办理注销登记前，就其清算所得向税务机关申报并依法缴纳企业所得税。企业的全部资产或变现价值或交易价格，减除资产的计税基础、清算费用、相关税费，加上债务清偿等后的余额，为清算所得。需注意以下几点：

（1）企业清算期间的资产，一律应视同变现，确认资产变现损益。

（2）清算期是一个独立的纳税年度，按税收规定可以在税前弥补的以前纳税年度尚未弥补的亏损额，允许用清算所得弥补。

（3）清算所得不适用《企业所得税法》规定的税收优惠政策。但企业在正常经营期间的行为，导致在清算期获得的收入或在规定期限内尚未享受完的税收优惠，应该仍然适用相关的税收优惠政策。

（4）企业所得税清算并非都以企业清算为前提，有的情况下，企业无须清算，但需要进行企业所得税清算。

### 2. 增值税

企业清算先要进行资产评估、清查，对有形动产发生非正常损失的，增值税一般纳税人，应作进项税额转出处理。清算处置中，有形动产用于销售、抵债，属于增值税的应税行为，应依法征收增值税。用清算资产的有形动产分配给股东，应视同销售征收增值税。

### 3. 营业税

企业清算资产中的不动产，不管是销售、抵债还是直接分配给股东，均属于有偿销售无形资产和不动产行为，在2016年5月1日营改增试点全面推开前应按规定征收营业税，在2016年5月1日营改增试点全面推开后应按规定征收增值税。

### 4. 土地增值税

企业清算资产中的不动产，不管是销售、抵债还是直接分配给股东，均属于有偿销售不动产行为，都应依法缴纳土地增值税。

对被撤销金融机构财产用来清偿债务时，免征被撤销金融机构转让货物、不动产、无形资产、有价证券、票据等应缴纳的增值税、营业税、城市维护建设税、教育费附加和土地增值税。

## 三、清算企业债权人的税收问题

### （一）因债权取得清算资产

取得的清算资产足额清偿债务时，不存在坏账损失。取得的清算资产不足清偿债务时，依法确认坏账损失。清算企业债权人的坏账损失或贷款损失应以专项申报的方式向税务机关申报企业所得税前扣除。

### （二）从清算企业取得非货币性资产

债权人从清算企业取得非货币性资产，以该资产的公允价值和支付的相关税费为计税基础。

债权人（包括破产企业职工）承受破产企业土地、房屋权属，免征契税。对非债权人承受破产企业土地、房屋权属，凡按照《中华人民共和国劳动法》（简称《劳动法》）等妥善安置原企业全部职工，与原企业全部职工签订服务年限不少于三年的劳动用工合同的，对其承受所购企业的土地、房屋权属，免征契税；与原企业超过30%的职工签订服务年限不少于三年的劳动用工合同的，减半征收契税。

## 四、清算企业股东的税收问题

### （一）清算企业股东为企业法人

法人股东从清算企业分得的剩余资产应按股权清算进行企业所得税处理。

财税〔2009〕60号文件规定：被清算企业的股东分得的剩余资产的金额，其中相当于被清算企业累计未分配利润和累计盈余公积中按该股东所占股份比例计算的部分，应确认为股息所得；剩余资产减除股息后的余额，超过或低于股东投资成本的部分，应确认为股东的投资转让所得或损失。也就是说，按照财税〔2009〕60号文件规定，被清算企业的剩余财产，按分得股息所得、收回投资成本、股权转让所得的顺序处理。而按照2011年国家税务总局34号文件规定，股东从被投资企业撤回或减少投资，取得的资产是按收回投资成本、分股息、股权转让所得的顺序处理。

清算企业法人股东分得的剩余资产中的土地、房屋，应征契税。但清算企业法人股东从其全资子公司分得的剩余资产中的土地、房屋，免征契税。

（二）个人所得税

根据2011年国家税务总局34号文件规定，个人因各种原因终止投资，从被投资企业取得的款项，均属于个人所得税应税收入，应按照财产转让所得项目计缴个人所得税。

清算企业个人股东分得的剩余资产中的土地、房屋，应征契税。但清算企业个人股东从其一人有限公司分得的剩余资产中的土地、房屋，免征契税。

### 五、企业破产清算中的税收优先权

税收优先权是指当应纳税款与其他债务并存，纳税人财产不足以同时缴纳税款和清偿其他债务时，应纳税款有优先清偿权。我国企业破产法中税收优先权主要表现在三个方面。

（一）变卖、分配破产企业财产产生的税收的清偿

清算组在变卖、分配破产企业财产过程中，会发生应税行为，产生应纳税款，这部分税收是变卖、分配破产财产产生的支出，属于破产费用，该部分破产费用应当优先从破产财产中支付。

（二）共益税收债务的清偿

共益债务是人民法院受理破产申请后，为了全体债权人的共同利益及破产程序顺利进行而产生的债务。在共益债务中可能有共益税收债务。如尚未履行完的销售合同的继续履行应会产生增值税或营业税、城市维护建设税等，这部分税收就是共同税收债务。《中华人民共和国企业破产法》（简称《企业破产法》）第四十三条规定："破产费用和共益债务由债务人财产随时清偿。债务人财产不足以清偿所有破产费用和共益债务的，先行清偿破产费用。债务人财产不足以清偿所有破产费用或者共益债务的，按照比例清偿。"

## (三) 企业破产宣告前欠税的清偿

我国采用相对税收优先权,将企业破产宣告前欠税放在所欠职工的工资和医疗、伤残补助、抚恤费用、所欠的应当划入职工个人账户的基本养老保险、基本医疗保险费用,以及法律、行政法规规定应当支付的职工补偿金以后,但在普通破产债权之前清偿。

值得注意的是,税收债权与有担保债权之间获得清偿的顺序存在特殊性。根据《企业破产法》第一百零九条之规定,有担保债权优先于税收债权获得清偿。但按照《税收征收管理法》第四十五条规定,破产企业税收债权与有担保债权谁先获得清偿,取决于税收债权与有担保债权发生时间的先后,有担保债权发生在欠税之后的,欠税优先获得清偿。

# 第十一节 企业股权激励计划的涉税专项实务

## 一、股权激励计划的含义

股权激励计划是一种使经营者获得公司一定的股权,让其能够享受股权带来的经济效益与权利,能够以股东的身份参与企业决策、分享利润、承担风险,从而激励其勤勉尽责地为企业长期发展服务的激励方法。

自 20 世纪 90 年代起,我国企业陆续开始引入股权激励机制,特别是《上市公司股权激励管理办法》《国有控股上市公司(境外)实施股权激励试行办法》的出台,完善了我国股权激励的法律环境,股权激励在越来越多的企业实行。

## 二、股票期权的税收问题

### (一) 股票期权

股票期权的内容是指公司授予激励对象在未来一定期限内以预先确定的价格和条件购买本公司一定数量股份的权利。股票期权给激励对象预期带来的所得主要有行权所得、行权后股票持有期间参与企业分配所得和股票转让所得。

**1. 行权所得**

行权所得是行权价低于行权日股票公平市场价格的差额。

财税〔2005〕35 号文规定:"员工行权时,其从企业取得股票的实际购买价(施权价)低于购买日公平市场价(指该股票当日的收盘价,下同)的差额,是因为员工在企业的表现和业绩情况而取得的与任职、受雇有关的所得，应按'工资、薪金所得'适用的规定计算缴纳个人所得税。"可见，我国税法将行权所得确认为工资薪金所得。

**2. 行权后股票持有期间参与企业分配所得**

该部分所得属于利息、股息、红利所得，据此计算缴纳个人所得税。

**3. 股票转让所得**

股票转让所得是行权后股票转让行权日公平市场价格低于出售价的差额，属于财产转让所得，据此计算缴纳个人所得税。

行权所得和股权转让所得的确定都涉及与公平市场价格比较。对于上市公司的股票有公开的市场交易价格，则按公开的市场交易价格确定；对于非上市公司的股票没有公开的市场交易价格，可考虑参照行权日的上一年度经中介机构审计的会计报告中每股净资产数额合理确定。

**（二）激励对象所获得的所得纳税义务发生时间的确定**

**1. 股票期权授予日**

对因特殊情况，员工在行权日之前将股票期权转让的，以股票期权的转让净收入，作为工资薪金所得征收个人所得税。

**2. 股票期权行权日**

我国税法将股票期权行权日作为确定纳税义务发生时间，即员工行权时，行权所得按工资薪金所得计缴个人所得税。我国税法对纳税确有困难的，经主管税务机关审核后，可以分期（6个月内）缴纳税款。

（1）根据财税〔2009〕40号文件规定，"对于上市公司高管人员取得股票期权在行权时，纳税确有困难的，经主管税务机关审核，可自其股票期权行权之日起，在不超过6个月的期限内分期缴纳个人所得税"。

员工因参加股票期权计划而从中国境内取得行权所得按工资薪金所得征税，可区别于所在月份的其他工资薪金所得，单独按下列公式计算当月应纳税款：

应纳税款 =（行权所得应纳税所得额÷规定月份数×适用税率 - 速算扣除数）×规定月份数

其中"规定月份数"指员工取得来源于境内的行权所得的境内工作期间月份数，长于12个月的，按12个月计算。

行权所得应纳税所得额 =（行权股票的每股市场价 - 员工取得该股票期权支付的每股行权价）×股票数量

（2）对于非上市公司员工，《国家税务总局关于个人认购股票等有价证券而从雇主取得折扣或补贴收入有关征收个人所得税问题的通知》（国税发〔1998〕9号）规定："在计算缴纳个人所得税时，因一次收入较多，全部计入当月工资、薪金所得计算缴纳个人所得税有困难时，可在报经当地主管税务机关批准后，自其实际认购股票等有价证券的当月，在不超过6个月的期限内平均分月计入工资、薪金所得计算缴纳个人所得税。"

### 3. 股票出售日

我国规定在行权日和股票出售日两个时点均是纳税义务发生时间。

目前，我国对个人在上海证券交易所、深圳证券交易所转让从上市公司公开发行和转让市场取得的上市公司股票所得，免征个人所得税。个人转让不属于上述情形的股票所得应按规定缴纳个人所得税。也就是说，个人将行权后的境内上市公司股票再行转让而取得的所得，免征个人所得税；个人将行权后的境外上市公司股票或非上市公司股票再行转让而取得的所得，应按"财产转让所得"计算缴纳个人所得税。

### （三）股票期权所涉及的企业所得税

股票期权激励计划的实质就是企业通过支付股票期权的形式，换取激励对象提供服务的交易。企业为此交易发生的费用，是获得激励对象提供的服务而给予的支出，应允许在企业所得税前扣除。《国家税务总局关于我国居民企业实行股权激励计划有关企业所得税处理问题的公告》（国税总局公告2012年第18号）规定，企业根据实际行权时该股票的公允价格与激励对象实际行权支付价格的差额和数量，计算确定作为当年工资薪金支出，依照税法规定进行税前扣除。国税总局公告2012年第18号规定的是境内上市的居民企业实施股权激励计划企业所得税处理，也明确了对在我国境外上市的居民企业和非上市公司，凡比照《上市公司股权激励管理办法（试行）》的规定建立职工股权激励计划，且在企业会计处理上，也按照我国企业会计准则的有关规定处理的，其股权激励计划企业所得税的处理，可以按照该文的规定执行。

## 二、限制性股票的税收问题

限制性股票是指激励对象按照股权激励计划规定的条件，获得的一定数量的本企业股票。限制性股票是在授予日先按行权价（或授予价）购买授予的本企业股票，在符合股权激励计划规定的激励对象获授股票的业绩条件后，才可出售。

### （一）限制性股票涉及的个人所得税

#### 1. 限制性股票给激励对象预期的所得

限制性股票给激励对象预期带来的所得主要有行权所得、行权后股票持有期间参与企业分配所得和股票转让所得。

（1）行权所得，是行权价低于行权日（或购买日）股票公平市场价格的差额。按工资、薪金所得计缴个人所得税。

（2）行权后股票持有期间参与企业分配所得。属于利息、股息、红利所得。

（3）股票转让所得。属于财产转让所得。

#### 2. 纳税义务发生时间

（1）股票购买日。此时没有获得股票的转让权，不征税。

(2) 股票解禁日。此时激励对象购买的股票可以转让。我国税法将此时确定为纳税义务发生时间。国税函〔2009〕461号文件规定,应在限制性股票所有权归属于被激励对象时确认其限制性股票所得的应纳税所得额。计算公式如下:

应纳税所得额 =(股票登记日股票市价 + 本批次解禁股票当日市价)÷2×本批次解禁股票份数 - 被激励对象实际支付的资金总额×(本批次解禁股票份数÷被激励对象获取的限制性股票总份数)

对上市公司员工:应纳税款 =(行权所得应纳税所得额÷规定月份数×适用税率 - 速算扣除数)×规定月份数

其中:"规定月份数"指员工取得来源于境内的行权所得的境内工作期间月份数,长于12个月的,按12个月计算。

注意:我国限制性股票个人所得税政策与股票期权一样,上市公司员工与非上市公司员工有别。对于非上市公司员工,应将行权所得直接计入个人当期工资、薪金所得计算应纳税额。

(3) 股票出售日。按财产转让所得计缴个人所得税。

(二)限制性股票涉及的企业所得税处理

国家税务总局公告2012年第18号规定,企业根据实际行权时该股票的公允价格与激励对象实际行权支付价格的差额和数量,计算确定作为当年工资薪金支出,依照税法规定进行税前扣除。对于限制性股票而言,此处的"实际行权时"应是指股票解禁日。

国家税务总局公告2012年第18号规定的是境内上市的居民企业实施股权激励计划企业所得税处理,也明确了对在我国境外上市的居民企业和非上市公司,凡比照《上市公司股权激励管理办法(试行)》的规定建立职工股权激励计划,且在企业会计处理上,也按照我国企业会计准则的有关规定处理的,其股权激励计划有关企业所得税的处理,可以按照该文的规定执行。

## 三、股票增值权的税收问题

股票增值权是指企业授予激励对象在一定的时期和条件下,获得规定数量的股票价格上升所带来的收益的权利。股票激励对象不拥有这些股票的所有权,也不拥有股东表决权、配股权、分红权,股票增值权不能转让和用于担保、偿还债务等。

(一)股票增值权个人所得税

股票增值权个人所得税的计算公式为:

股票增值权某次行权应纳税所得额 =(行权日股票价格 - 授权日股票价格)×行权股票数量

对上市公司员工:

应纳税款 =（行权所得应纳税所得额÷规定月份数×适用税率-速算扣除数）×规定月份数

其中"规定月份数"指员工取得来源于境内的行权所得的境内工作期间月份数，长于12个月的，按12个月计算。

注意：我国股票增值权个人所得税政策与股票权期权、限制性股票一样，上市公司员工与非上市公司员工有别。对于非上市公司员工，应将行权所得直接计入个人当期工资、薪金所得计算应纳税额。

(二) 股票增值权涉及的企业所得税处理

企业实施股票增值权在行权时发生的费用，属于支付给本企业任职、受雇的员工的劳动报酬，所以该发生的费用允许在税前扣除。

# 第二章 税务登记代理

## 第一节 税务登记

### 一、设立税务登记

企业,企业设在外地的分支机构和从事生产、经营的场所,个体工商户和从事生产、经营的事业单位(以下统称从事生产经营的纳税人),向生产、经营所在地的税务机关申报办理纳税登记。

(一)申报税务登记的期限

申报税务登记的期限为自领取工商营业执照或有关部门批准设立之日起30日内。

对于应办而未办工商营业执照,或应经有关部门批准设立而未经批准的所谓"无照户纳税人",应当自纳税义务发生之日起30日内申报办理税务登记。税务机关对无照户纳税人核发临时税务登记证,并限量供应发票。但对于仅是临时经营的"无照户",不得办理临时税务登记,但必须照章征税,也不得向其出售发票;确需开具发票的,可以向税务机关代开发票。

从事生产经营的纳税人外出经营,自其在同一县(市)实际经营或提供劳务之日起,在连续的12个月内累计超过180天的,应当自期满之日起30日内,向生产经营所在地的税务机关申报办理税务登记,税务机关核发临时税务登记证及副本。

(二)申报办理税务登记需提供的材料

申报办理税务登记时应提供的证件和资料如下:①工商营业执照或其他核准执业证件;②有关合同、章程、协议书;③组织机构统一代码证书;④法定代表人或负责人或业主的居民身份证、护照或者其他合法证件。

纳税人在申报办理税务登记时,应当如实填写税务登记表。

(三)扣缴税款登记

已办理扣缴税务登记的扣缴义务人,应自扣缴义务发生之日起30日内,向税务登记地税务机关办理扣缴税款登记。税务机关在其税务登记证件上登记扣缴税款事项，不再发给扣缴税款登记证件。

依法可不办理税务登记的扣缴义务人，应自扣缴义务发生之日起30日内，向机构所在地税务机关办理扣缴税款登记。税务机关核发扣缴税款登记证件。

## 二、变更税务登记

变更税务登记是指纳税人办理税务登记后，需要对税务登记证或税务登记表上的原登记内容进行更改，而向税务机关申报办理的税务登记。

当企业改变住所或经营地点时，若辖区改变，涉及主管税务机关变动的，则应先办理注销税务登记，再到新辖区办理税务登记。

变更税务登记的申报期限和税务部门的办理期限分别为30日。对于同时涉及营业执照登记内容发生变更的，应先办理营业执照登记内容的变更，再在营业执照变更之日起30日内办理变更税务登记。

## 三、停业、复业登记

实行定期定额征收方式的个体工商户需要停业的，应当在停业前向税务机关申报办理停业登记。纳税人的停业期不得超过一年。纳税人停业期满不能及时恢复生产经营的，应当在停业期满前向税务机关提出延长停业登记申请。

纳税人应于恢复生产经营之前，向税务机关申报办理复业登记。

## 四、注销税务登记

（1）先后顺序：①应先办理注销税务登记，再到工商行政管理机关或其他机关办理注销登记。②对于不需要到工商行政管理机关或其他机关办理注销登记的，则应自有关机关批准或宣告终止之日起15日内办理注销税务登记。③对于被吊销营业执照或被撤销登记的，应当自营业执照被吊销或被撤销登记之日起15日内办理注销税务登记。

（2）纳税人因住所、经营地点变动，涉及改变税务登记机关的，应先向原税务登记机关办理注销税务登记，并自注销税务登记之日起30日内向迁达地税务机关办理税务登记。

备注：无论是办理税务登记、变更税务登记、停业复业登记、注销税务登记，均要向税务机关领取相应的表格，按规定填写。

## 第二节 纳税事项税务登记

### 一、增值税一般纳税人认定登记

#### （一）申请一般纳税人资格认定

应当申请一般纳税人资格认定的情形：年应税销售额（包括免税销售额）超过小规模纳税人标准的，除另有规定外，应当申请一般纳税人资格认定。对于应当申请而未申请的，应按销售额依照增值税税率计算应纳税额，不得抵扣进项税额，也不得使用增值税专用发票（此系惩罚性规定）。

可以申请一般纳税人资格认定的情形：年应税销售额未超过小规模纳税人标准以及新开业的纳税人，可以向主管税务机关申请一般纳税人资格认定。

小规模纳税人的标准：年应税销售额工业为 50 万元以下，商业为 80 万元以下。但对于营改增企业，小规模纳税人资格适用条件应按相关营改增文件执行。在 2016 年 5 月 1 日全面营改增后，对于营改增企业，小规模纳税人资格适用条件按照《营业税改征增值税试点实施办法》和《营业税改征增值税试点有关事项的规定》确定（详见本书附录六）。

#### （二）一般纳税人资格认定的权限及时间

一般纳税人资格认定的权限，在其机构所在地的县（市、区）国家税务局或同级别的税务分局。

纳税人申请一般纳税人资格认定，应当在申报期结束后 40 日（工作日）内向主管税务机关报送增值税一般纳税人申请认定表，申请一般纳税人资格认定。认定机关应当在 20 日内完成一般纳税人资格认定，并由主管税务机关制作、送达税务事项通知书。

### 二、税种认定登记

纳税人应在领取税务登记证副本后和申报纳税之前，到主管税务机关的征收管理部门申请税种认定登记（即进行适用税种、税目、税率的鉴定），填写纳税人税种登记表。若税种认定登记涉及国税、地税两套税务机构的纳税人，应分别申办税种认定手续。

# 第三章 发票领购与审查代理

## 第一节 发票领购

### 一、发票的概念

发票是指一切单位和个人在购销商品、提供或接受劳务服务以及从事其他经营活动时,所提供给对方的收付款的书面证明。它是财务收支的法定凭证,是会计核算的原始凭证,是税务检查的重要依据。

### 二、发票的种类

发票的管理权限按流转税主体税种划分。增值税发票领购到国税局办理,营业税发票领购到地税局办理。如果一个企业以增值税为主并兼营营业税的经营项目,就应该分别到国税和地税机关办理。

（一）增值税专用发票

增值税专用发票只限于增值税一般纳税人领购使用,增值税小规模纳税人和非增值税纳税人不得领购使用。

一般纳税人有下列情形之一的,不得领购开具专用发票：

（1）会计核算不健全,不能向税务机关准确提供有关增值税税务资料的。

（2）有税收违法行为,拒不接受税务机关处理的。

（3）销售的货物全部属于免税项目者。

（4）商业企业一般纳税人零售的烟、酒、食品、服装、鞋帽（不包括劳保专用部分）、化妆品等消费品不得开具专用发票。

（二）普通发票

普通发票主要由营业税纳税人和增值税小规模纳税人使用,增值税一般纳税人在不能开具专用发票的情况下也可使用普通发票,不同的是具体种类要按适用范围选择。

### (三）专业发票

经国家税务总局或者省、市、自治区税务机关批准，专业发票可由政府主管部门自行管理，不套印税务机关的统一发票监制章，也可根据税收征管的需要纳入统一发票管理。

### 三、发票的领购

（1）凭税务登记证可以申请领购发票。申请领购普通发票的，税务机关应在五个工作日内予以确认。

（2）无税务登记证，发生临时经营业务需要使用发票的，可以凭单位介绍信和其他有效证件，到税务机关代开发票。

（3）临时到外省从事经营活动的单位和个人，凭所在地税务机关出具的外出经营活动税收管理证明，在办理纳税担保（保证人或缴纳不超过一万元的保证金）的前提下，可向经营地税务机关领购经营地的发票。

### 四、发票印制与领购注意事项

（1）凡有固定生产经营场所、财务和发票管理制度健全的纳税人，发票使用量较大或统一发票式样不能满足经营活动需要的，可以向省级以上税务机关申请印有本单位名称的发票。

（2）全国统一发票监制章是税务机关管理发票的法定标志。

（3）发票专用章是指用票单位和个人在其开具发票时加盖的有其名称、税务登记号、"发票专用章"字样的印章。

（4）《发票管理办法》第十八条所称保证人，是指在中国境内具有担保能力的公民、法人或其他经济组织。

保证人同意为领购发票的单位和个人提供担保的，应当填写担保书。担保书内容包括担保对象、范围、期限和责任以及其他有关事项。

担保书须经购票人、保证人和税务机关签字盖章后方为有效。

## 第二节　发　票　开　具

开具发票需要注意以下几点。

（1）一般情况下，是由收款方向付款方开具发票。下列情况下，由付款方向收款开具发票：①收购单位和扣缴义务人支付个人款项时；②国家税务总局认为其他需要由付款方向收款方开具发票的。

（2）填开发票的单位和个人必须在发生经营业务确认收入时开具发票。未发生经营业务一律不准开具发票。

（3）应在发票联和抵扣联加盖发票专用章。

（4）开具发票后，如发生销货退回需开红字发票的，必须收回原发票并注明"作废"字样或取得对方有效证明。开具发票后，如发生销售折让的必须在收回原发票并注明"作废"字样后重新开具销售发票或取得对方有效证明后开具红字发票。

（5）用票单位和个人有权申请税务机关对发票的真伪进行鉴别。收到申请的税务机关应当受理并负责鉴别发票的真伪。

## 第三节 发票审查

### 一、发票审查的基本内容

#### （一）普通发票审查的基本内容

（1）审查发票基础管理情况。

（2）审查发票领购、发放、保管情况。

（3）审查发票使用情况。

#### （二）增值税专用发票审查的基本内容

（1）增值税专用发票开具的范围。审查发生免税项目、在境外销售应税劳务、向消费者销售应税项目时，用票单位是否有开具增值税专用发票的问题。

（2）增值税专用发票抵扣联的取得。除农产品外，目前发票和可抵扣票种都要求先由税务机关认证后抵扣。

（3）增值税专用发票的缴销。为了保证专用发票的安全使用，纳税人要按规定的期限缴销，主管税务机关在纸质专用发票监制章处按"V"字剪角作废，同时作废相应的专用发票数据电文。

### 二、发票审查方法

#### （一）对照审查法

对照审查法是将用票单位发票使用的实际情况与发票领购簿及发票领用存的情况核

对，审查私印发票、丢失发票、转借发票、虚开发票、代开发票、使用作废发票和超经营范围填开发票的问题。

（二）票面逻辑推理法

票面逻辑推理法是根据发票各个栏目所列内容之间、发票与用票单位有关经济业务之间的关系进行分析审核，从中发现问题的一种审查方法。

（三）发票真伪鉴别方法

1. 普通发票真伪鉴别方法

（1）发票监制章是识别发票真伪的法定标志之一。全国统一启用的新版发票的"发票监制章"，其形状为椭圆形，上环刻制"全国统一发票监制章"字样，下环刻制"税务局监制"字样，中间刻制国税、地税税务机关所在地的省、市全称或简称，字体为正楷，印色为大红色，套印在发票联的票头正中央。

（2）从发票联底纹、发票防伪专用纸等方面识别。

（3）采用发票防伪鉴别仪器，识别是否为统一的防伪油墨。

2. 增值税专用发票真伪鉴别方法

（1）对照光线审查增值税专用发票的发票联和抵扣联，看是否为国家税务局统一规定的带有水印图案的防伪专用纸印制。

（2）用紫外线灯和发票鉴别仪鉴别无色和有色荧光防伪标志。

# 第五编

# 税务律师业务提升必备

# 第一章 税务律师必备的公司证券知识

## 第一节 《公司法》三十问

### 一、《公司法》修改情况如何？

《中华人民共和国公司法》（简称《公司法》）由第八届全国人民代表大会第五次会议于1993年12月29日通过，自1994年7月1日施行。全国人民代表大会常务委员会于1999年12月25日、2004年8月28日两次对《公司法》进行修正，又于2005年10月27日对《公司法》进行修订（此修订案自2006年1月1日起施行）。2013年12月28日，全国人民代表大会常务委员会通过了《全国人民代表大会常务委员会关于修改〈中华人民共和国海洋环境保护法〉等七部法律的决定》，对《公司法》进行了总共12处修改，对其所作的修改，自2014年3月1日起施行。

### 二、最高法院关于《公司法》的司法解释有哪些？

截至2016年5月，出台了三个关于《公司法》的司法解释，分别是《最高人民法院关于适用〈中华人民共和国公司法〉若干问题的规定》（一）、（二）、（三）。2014年2月17日最高人民法院审判委员会第1607次会议通过《最高人民法院关于修改关于适用〈中华人民共和国公司法〉若干问题的规定的决定》，自2014年3月1日起施行。《最高人民法院关于适用〈中华人民共和国公司法〉若干问题的规定》（二）主要就人民法院审理公司解散和清算案件适用法律问题作出规定。《最高人民法院关于适用〈中华人民共和国公司法〉若干问题的规定》（三）主要就公司设立、出资、股权确认等纠纷案件作出规定。

备注：2016年4月12日发布《最高人民法院关于适用〈中华人民共和国公司法〉若干问题的规定》（四）（征求意见稿），但这仅是征求意见稿，尚未正式发布实施。

### 三、"1元公司"是否合法（即注册资本为1元是否可设立公司）？

2014年3月1日，新修改的《公司法》生效，取消最低注册资本限制，且变实缴登记制为认缴登记制。现只需要根据自己的经济能力申报注册资本并纳入公司章程,在公司章程规定的期限内缴纳注册资本就行了,也不需要验资报告。哪怕注册资本确定为1元,也可以依法设立合法的公司。当然,不得违反法律法规对特殊情形的规定。

因此,1元钱注册资本在法律上是可行的。但从实践操作看,这样的公司由于注册资本仅为1元,股东仅以1元投资承担有限责任。所以,一般情况而言,是没有人会和"1元公司"进行商业交易的。

### 四、哪些自然人和法人不得投资设立有限责任公司?

法律对有限责任公司股东有如下限制性规定:

(1)党政机关、司法行政部门以及党政机关主办的社会团体不得投资设立有限责任公司。

(2)党政机关所属具有行政管理和执法监督职能的事业单位,以及党政机关各部门所办后勤性、保障性经济实体(企业法人)和培训中心不得投资设立有限责任公司。

(3)会计师事务所、审计事务所、资产评估机构、律师事务所不得作为投资主体向其他行业投资设立有限责任公司。

(4)工会经区、县级以上工会批准后可以投资设立公司。

(5)法律、法规禁止从事营利性活动的人,不得成为公司股东。

(6)一个自然股东或一个法人股东可投资设立一人有限责任公司。一个自然人可以投资设立一个一人有限责任公司。

### 五、什么是挂名股东,挂名股东承担什么责任?

挂名股东,是指在工商登记或公司股东记载材料中的股东,虽具有法律要求取得股东资格的法定形式要件,但其名下的股权实际为他人出资,从而缺乏出资实质要件的名义股东。

挂名股东虽为名义股东,但由于公司登记的公信力,对外而言,挂名股东仍然要对公司承担股东责任。

### 六、公司章程中是否可以规定董事的交叉任期制?

公司章程中可以规定董事的交叉任期制,即董事的改选可以交叉进行。比如,董事任期为3年,每年重新选举其中的1/3;或者董事任期为2年,每年选举其中的一半。

### 七、公司章程中是否可以规定董事会专门委员会?

公司章程中可以规定董事会专门委员会。对于上市公司而言,《上市公司治理准则》第 52 至 58 条对上市公司董事会专门委员会作出了具体规定：上市公司董事会可以按照股东大会的有关决议，设立战略委员会、审计委员会、提名委员会、薪酬与考核委员会。专门委员会成员全部由董事组成，其中审计委员会、提名委员会、薪酬与考核委员会中独立董事应占多数并担任召集人，审计委员会中至少应有一名独立董事是会计专业人士。

## 八、公司合并的程序是什么？

公司合并的操作步骤为：
（1）董事会制订合并方案。
（2）股东（大）会作出合并决议。
（3）公司合并各方签署合并协议。
（4）处理债权债务。各方编制资产负债表和财产清单，自作出合并协议之日起 10 日内通知债权人，并于 30 日内在报纸上公告。债权人自接到通知之日起 30 日内，未接到通知的自公告之日起 45 日内，可以要求公司清偿债务或提供相应担保。
（5）向公司登记机关办理变更登记、注销登记或设立登记。

## 九、公司分立的程序是什么？

公司分立的操作步骤为：
（1）由董事会制订分立方案。
（2）股东（大）会作出分立决议。
（3）由分立各方就有关事项订立分立协议。
（4）处理债权债务。公司分立，应当编制资产负债表及财产清单。公司应当自作出分立决议之日起 10 日内通知债权人，并于 30 日内在报纸上公告。公司分立前的债务由分立后的公司承担连带责任。但是，公司在分立前与债权人就债务清偿达成的书面协议另有约定的除外。
（5）办理工商变更登记。

## 十、减少公司注册资本的程序是什么？

减少公司注册资本的操作步骤为：
（1）编制资产负债表和财产清单。
（2）股东（大）会作出减资决议。
（3）向债权人通知和公告。公司应自作出减少注册资本决议之日起 10 日内通知债权人，并于 30 日内在报纸上公告。债权人自接到通知之日起 30 日内，未接到通知的自公告之日起 45 日内，可以要求公司清偿债务或提供相应担保。

（4）减资工商登记。

### 十一、何为"债转股"？"债转股"有何限制性规定？

"债转股"就是债权转为股权。债权人可以将其依法享有的对在中国境内设立的公司的债权，转为公司股权。用以转为公司股权的债权有两个以上债权人的，债权人对债权应当已经作出分割。债权转为公司股权的，公司应当增加注册资本。

根据 2014 年《公司注册资本登记管理规定》第七条，转为公司股权的债权应当符合下列情形之一：

（1）债权人已经履行债权所对应的合同义务，且不违反法律、行政法规、国务院决定或者公司章程的禁止性规定。

（2）经人民法院生效裁判或者仲裁机构裁决确认。

（3）公司破产重整或者和解期间，列入经人民法院批准的重整计划或者裁定认可的和解协议。

### 十二、何为股权出资？对于股权出资有何限制性规定？

股权出资是指股东或者发起人以其持有的在中国境内设立的公司（以下称股权所在公司）的股权进行出资。以股权出资的，该股权应当权属清楚、权能完整、依法可以转让。

根据 2014 年《公司注册资本登记管理规定》第六条，具有下列情形的股权不得用作出资：

（1）已被设立质权。

（2）股权所在公司章程约定不得转让。

（3）法律、行政法规或者国务院决定规定，股权所在公司股东转让股权应当报经批准而未经批准。

（4）法律、行政法规或者国务院决定规定不得转让的其他情形。

### 十三、公司营业执照记载的注册资本，其含义是什么？

根据 2014 年《公司注册资本登记管理规定》第二条，有限责任公司的注册资本为在公司登记机关依法登记的全体股东认缴的出资额；股份有限公司采取发起设立方式设立的，注册资本为在公司登记机关依法登记的全体发起人认购的股本总额；股份有限公司采取募集设立方式设立的，注册资本为在公司登记机关依法登记的实收股本总额。

法律、行政法规以及国务院决定规定公司注册资本实行实缴的，注册资本为股东或者发起人实缴的出资额或者实收股本总额。

### 十四、商誉是否可以出资？设定担保的财产是否可以出资？

根据2014年《公司注册资本登记管理规定》第五条，股东或者发起人可以用货币出资，也可以用实物、知识产权、土地使用权等可以用货币估价并可以依法转让的非货币财产作价出资。但股东或者发起人不得以劳务、信用、自然人姓名、商誉、特许经营权或者设定担保的财产等作价出资。

因此，商誉以及设定担保的财产均不得作价出资。

### 十五、《中华人民共和国公司登记管理条例》（简称《公司登记管理条例》）与《中华人民共和国企业法人登记管理条例》（简称《企业法人登记管理条例》）各自的适用范围是什么？

《公司登记管理条例》是1994年国务院发布的，经过2005年和2014年两次修订。2014年的修订案自2014年3月1日起施行。该条例第二条规定，《公司登记管理条例》仅适用于有限责任公司和股份有限公司的设立、变更、终止登记。

《企业法人登记管理条例》是1988年国务院发布，经过2011年和2014年两次修订。该条例第二条规定，具备法人条件的下列企业，应当依照本条例的规定办理企业法人登记：①全民所有制企业；②集体所有制企业；③联营企业；④在中华人民共和国境内设立的中外合资经营企业、中外合作经营企业和外资企业；⑤私营企业；⑥依法需要办理企业法人登记的其他企业。

### 十六、什么是企业年度报告公示制度？

根据2014年2月7日《注册资本登记制度改革方案》，企业年检制度改为企业年度报告公示制度。企业应当按年度在规定的期限内，通过市场主体信用信息公示系统向工商机关报送年度报告，并向社会公示，任何单位和个人均可查询。企业年报的主要内容包括公司股东（发起人）缴纳出资情况、资产状况等，企业对年度报告的真实性、合法性负责，工商机关可以对企业年度报告公示内容进行抽查。经检查发现企业年度报告隐瞒真实情况、弄虚作假的，工商机关依法予以处罚，并将企业法定代表人、负责人等信息通报公安、财政、海关、税务等有关部门，形成"一处违法，处处受限"。对未按规定期限公示年度报告的企业，工商机关会将其载入经营异常名录。企业在三年内履行年度报告公示义务的，可以申请恢复正常记载状态；超过三年未履行的，工商机关将其永久列入严重违法企业"黑名单"。改革个体工商户验照制度，建立符合个体工商户特点的年度报告制度。探索实施农民专业合作社年度报告制度。

《公司登记管理条例》第五十八条规定："公司应当于每年 1 月 1 日至 6 月 30 日，通过企业信用信息公示系统向公司登记机关报送上一年度报告，并向社会公示。"

### 十七、注册资本认缴登记制的范围是哪些？

根据 2014 年 2 月 7 日《注册资本登记制度改革方案》，实行注册资本认缴登记制。公司股东认缴的出资总额或者发起人认购的股本总额（即公司注册资本）应当在工商行政管理机关登记。公司股东（发起人）应当对其认缴出资额、出资方式、出资期限等自主约定，并记载于公司章程。有限责任公司的股东以其认缴的出资额为限对公司承担责任，股份有限公司的股东以其认购的股份为限对公司承担责任。公司应当将股东认缴出资额或者发起人认购股份、出资方式、出资期限、缴纳情况通过市场主体信用信息公示系统向社会公示。公司股东（发起人）对缴纳出资情况的真实性、合法性负责。

放宽注册资本登记条件。除法律、行政法规以及国务院决定对特定行业注册资本最低限额另有规定的外，取消有限责任公司最低注册资本 3 万元、一人有限责任公司最低注册资本 10 万元、股份有限公司最低注册资本 500 万元的限制。不再限制公司设立时全体股东（发起人）的首次出资比例，不再限制公司全体股东（发起人）的货币出资金额占注册资本的比例，不再规定公司股东（发起人）缴足出资的期限。

公司实收资本不再作为工商登记事项。公司登记时，无须提交验资报告。

现行法律、行政法规以及国务院决定明确规定实行注册资本实缴登记制的银行业金融机构、证券公司、期货公司、基金管理公司、保险公司、保险专业代理机构和保险经纪人、直销企业、对外劳务合作企业、融资性担保公司、募集设立的股份有限公司，以及劳务派遣企业、典当行、保险资产管理公司、小额贷款公司实行注册资本认缴登记制问题，另行研究决定。在法律、行政法规以及国务院决定未修改前，暂按现行规定执行。

已经实行申报（认缴）出资登记的个人独资企业、合伙企业、农民专业合作社仍按现行规定执行。

鼓励、引导、支持国有企业、集体企业等非公司制企业法人实施规范的公司制改革，实行注册资本认缴登记制。

### 十八、虚报注册资本罪、虚假出资罪、抽逃出资罪是否适用于实行注册资本认缴登记制的公司？

2014 年 4 月 24 日全国人民代表大会常务委员会讨论了公司法修改后《刑法》第一百五十八条、一百五十九条对实行注册资本实缴登记制、认缴登记制的公司的适用范围问题，明确解释如下："刑法第一百五十八条、第一百五十九条的规定，只适用于依法实行注册资本实缴登记制的公司。"因此，虚报注册资本罪、虚假出资罪、抽逃出资罪不适用于实行注册资本认缴登记制的公司。

### 十九、企业法人营业执照、营业执照、电子营业执照的区别是什么？

一般而言，企业法人经工商登记后领取企业法人营业执照。不具有法人资格的分公司等经工商登记后领取营业执照。企业法人营业执照、营业执照均分为正本和副本，正本和副本具有同等法律效力。

关于电子营业执照，2014 年 2 月 7 日《注册资本登记制度改革方案》确定：推行电子营业执照和全程电子化登记管理。建立适应互联网环境下的工商登记数字证书管理系统，积极推行全国统一标准规范的电子营业执照，为电子政务和电子商务提供身份认证和电子签名服务保障。电子营业执照载有工商登记信息，与纸质营业执照具有同等法律效力。大力推进以电子营业执照为支撑的网上申请、网上受理、网上审核、网上公示、网上发照等全程电子化登记管理方式，提高市场主体登记管理的信息化、便利化、规范化水平。《公司登记管理条例》第五十九条第二款也规定："电子营业执照与纸质营业执照具有同等法律效力。"

### 二十、工商登记机关对工商登记材料实行形式审查还是实质审查？

2014 年 2 月 7 日《注册资本登记制度改革方案》规定：明确政府对市场主体和市场活动监督管理的行政职责，区分民事争议与行政争议的界限。尊重市场主体民事权利，工商行政管理机关对工商登记环节中的申请材料实行形式审查。股东与公司、股东与股东之间因工商登记争议引发民事纠纷时，当事人应依法向人民法院提起民事诉讼，寻求司法救济。支持配合人民法院履行民事审判职能，依法审理股权纠纷、合同纠纷等经济纠纷案件，保护当事人合法权益。当事人或者利害关系人依照人民法院生效裁判文书或者协助执行通知书要求办理工商登记的，工商行政管理机关应当依法办理。

所以，工商登记机关对工商登记材料实行形式审查。

### 二十一、股东何种情况下对公司债务承担连带责任？

公司股东滥用公司独立法人地位和股东有限责任，逃避债务，严重损害公司债权人利益的，应当对公司债务承担连带责任。特别是一人有限责任公司，更要求股东就其个人财产是否与公司财产相分离负举证责任。《公司法》第六十三条规定："一人有限责任公司的股东不能证明公司财产独立于股东自己的财产的，应当对公司债务承担连带责任。"

### 二十二、出资额与股份的区别是什么？

有限责任公司的出资，在《公司法》中称为出资额。股份是股份有限公司特有的概念，是股份有限公司资本的最基本构成单位。《公司法》第一百二十五条规定：股份有限公司的资本划分为股份,每一股的金额相等。公司的股份采取股票的形式。

### 二十三、未成年人能否成为公司股东?

《公司法》没有对未成年人能否成为公司股东作出限制性规定。因此,未成年人可以成为公司股东,其股东权利可以由法定代理人代为行使。

### 二十四、股权转让与股份转让有何区别?

股权转让通常是指有限责任公司的股权转让。根据《公司法》第七十一条规定,有限责任公司的股东之间可以相互转让其全部或者部分股权。股东向股东以外的人转让股权,应当经其他股东过半数同意。其他股东半数以上不同意转让的,不同意转让的股东应当购买该转让的股权;不购买的,视为同意转让。经股东同意转让的股权,在同等条件下,其他股东有优先购买权。

股份转让是指股份有限公司的股东所持股份的转让。根据《公司法》第一百三十七条规定,股东持有的股份可以依法转让,即除法律有特别规定外,股份有限公司的股份是可以自由转让的,公司不得以任何方式进行限制。《公司法》对股份有限公司股份转让的限制主要包括:①发起人持有的本公司股份,自公司成立之日起一年内不得转让。②公司公开发行股份在证券交易所上市交易的,公开发行股份前已经发行的股份自上市公开交易之日起一年内不得转让。③公司董事、监事、高级管理人员持有的本公司的股份,在其任职期间每年转让的股份不得超过其所持有本公司股份总数的25%。但公司股票在证券交易所上市交易的,自上市交易之日起一年内不得转让。上述人员离职后半年内,不得转让其所持有的本公司股份。同时授权公司章程可以对公司董事、监事、高级管理人员转让其所持有的本公司股份作出其他限制性规定。

### 二十五、什么叫可转换债券?

可转换债券是指公司按照法定程序发行的可转换为股票的公司债券。公司发行可转换为股票的公司债券,即承担了按照约定条件向债券持有人换发股票的义务,而债券持有人则享有按照约定条件向公司要求将其持有的公司债券换发为股票的权利。但债券持有人对转换为股票或者不转换为股票有选择权。如果债券持有人在债券届满时不行使转换权,则可以要求公司按照公司债券募集办法的规定还本付息。

### 二十六、公司的法定公积金和任意公积金是如何形成的?资本公积金是如何形成的?公积金的作用是什么?

公司的法定公积金和任意公积金均是从税后利润提取而形成,两者在提取方式上是不同的。根据《公司法》第一百六十六条规定，公司分配当年税后利润时，应当提取利润的10%列入公司法定公积金。公司法定公积金累计为公司注册资本的50%时，可以不再提取。公司从税后利润提取法定公司积金后，经股东会或者股东大会决议，还可以从税后利润中提取任意公积金。

资本公积金是指由资本或资产等原因直接形成的公积金。也就是说，资本公积金并非由税后利润提取形成。如股份有限公司的股票发行所得净溢价额以及国务院财政部门规定列入公积金的收入（接受捐赠的财产，资产评估确认的价值或者合同、协议约定的价值与原账面净值的差额以及资本汇率折算差额等），都应当按照规定列入资本公积金。

《公司法》第一百六十八条规定了公积金的作用，即公司的公积金用于弥补公司的亏损、扩大公司生产经营或者转为增加公司资本。但是资本公积金不得用于弥补公司的亏损。法定公积金转为资本时，所留存的该项公积金不得少于转增前公司注册资本的25%。

## 二十七、公司年度财务会计报告是否必须经会计师事务所审计？

2014年3月1日施行的新《公司法》第一百六十五条第一款规定："公司应当在每一会计年度终了时编制财务会计报告，并依法经会计师事务所审计。"这一规定是2005年修订的《公司法》就有并一直沿用至今的规定。2007年2月15日国家工商行政管理总局《关于加强和改进企业年度检验工作的通知》（工商企字〔2007〕33号）中第三条对公司年度财务会计报告的审计的规定是："为了减轻企业负担和增强监管的针对性，除法律法规规定应当进行年度审计的一人有限责任公司、上市股份有限公司和从事金融、证券、期货的公司应提交审计报告外，外商投资企业和从事保险、创业投资、验资、评估、担保、房地产经纪、出入境中介、外派劳务中介、企业登记代理的公司，注册资本实行分期缴付未全额缴齐的公司，以及三年内有虚报注册资本、虚假出资、抽逃出资违法行为的公司，也应当提交审计报告，其他企业可以不要求提交。企业提交的审计报告可以是针对企业财务会计报告的审计报告，也可以是针对企业年度资产负债表和损益表的审计报告。"可见，新《公司法》第一百六十五条第一款中"并依法经会计师事务所审计"并不是说对所有公司都必须要经过会计师事务所进行年度审计，而是根据公司法、会计法和其他有关法律的规定，明确要求必须进行审计的公司，其年度财务会计报告才要经过会计师事务所审计。比如2014年3月1日施行的新《公司法》第六十二条中"一人有限责任公司应当在每一会计年度终了时编制财务会计报告，并经会计师事务所审计"的规定，也是2005年修订的公司法就有并一直沿用至今的规定，是对一人有限责任公司年度财务会计报告法定审计（必须审计）的明确规定。

## 二十八、什么叫独立董事？

独立董事是指不在公司担任除董事外的其他职务，并与其所受聘的公司及其主要股东不存在可能妨碍其进行独立客观判断关系的董事。也就是说，独立董事独立于公司股东且不在公司内部任职并与公司或公司经营管理者没有重要的业务联系或专业联系，并对公司事务作出独立判断。

对于上市公司而言，中国证券监督管理委员会（简称"中国证监会"）在《关于在上市公司建立独立董事制度的指导意见》中对独立董事作了专门规定。

### 二十九、什么叫董事会秘书？

董事会秘书（通常称为"董秘"）为上市公司高级管理人员，由董事会聘任并对董事会负责，是上市公司与证券交易所之间的指定联络人。

我国 2014 年《公司法》第一百二十三条明确规定，上市公司设董事会秘书，负责公司股东大会和董事会会议的筹备、文件保管以及公司股东资料的管理，办理信息披露事务等事宜。

### 三十、什么叫上市公司？在"新三板"挂牌的企业是否可称为上市公司？

《公司法》第一百二十条规定："上市公司是指其股票在证券交易所上市交易的股份有限公司。"所以，根据股份有限公司的股票是否在证券交易所交易，可以将其分为上市公司和非上市公司两种形式。

由于"新三板"挂牌企业的股票并非在证券交易所上市交易，因此，在"新三板"挂牌的公司不能称为上市公司。

## 第二节 《证券法》三十问

### 一、《证券法》修改情况如何？

《中华人民共和国证券法》（简称《证券法》）是全国人民代表大会常委会于 1998 年 12 月 29 日通过。根据 2004 年 8 月 28 日全国人民代表大会常委会《关于修改〈中华人民共和国证券法〉的决定》第一次修正。2005 年 10 月 27 日全国人民代表大会常委会进行了修订。根据 2013 年 6 月 29 日全国人民代表大会常委会《关于修改〈中华人民共和国文物保护法〉等十二部法律的决定》第二次修正。根据 2014 年 8 月 31 日全国人民代表大会常委会《关于修改〈中华人民共和国保险法〉等五部法律的决定》第三次修正。

## 二、何为公开发行证券？公开发行证券的前置条件是什么？

向不特定对象发行证券的或向特定对象发行证券累计超过200人的，均属于公开发行证券。

公开发行证券，必须符合法律、行政法规规定的条件，并依法报经国务院证券监督管理机构或者国务院授权的部门核准；未经依法核准，任何单位和个人不得公开发行证券。

## 三、何种情况下聘请保荐人？保荐人的职责是什么？

发行人申请公开发行股票、可转换为股票的公司债券，依法采取承销方式的，或者公开发行法律、行政法规规定实行保荐制度的其他证券的，应当聘请具有保荐资格的机构担任保荐人。

申请股票、可转换为股票的公司债券或者法律、行政法规规定实行保荐制度的其他证券上市交易，应当聘请具有保荐资格的机构担任保荐人。

保荐人应当遵守业务规则和行业规范，诚实守信，勤勉尽责，对发行人的申请文件和信息披露资料进行审慎核查，督导发行人规范运作。

## 四、设立股份有限公司公开发行股票，应报送的文件有哪些？

根据《证券法》第十二条规定，设立股份有限公司公开发行股票，应当符合《公司法》规定的条件和经国务院批准的国务院证券监督管理机构规定的其他条件，向国务院证券监督管理机构报送募股申请和下列文件：①公司章程；②发起人协议；③发起人姓名或者名称，发起人认购的股份数、出资种类及验资证明；④招股说明书；⑤代收股款银行的名称及地址；⑥承销机构名称及有关的协议；⑦依照《证券法》规定聘请保荐人的，还应当报送保荐人出具的发行保荐书。法律、行政法规规定设立公司必须报经批准的，还应当提交相应的批准文件。

## 五、上市公司非公开发行新股，是否须经核准？

上市公司非公开发行新股，应当符合经国务院批准的国务院证券监督管理机构规定的条件，并报国务院证券监督管理机构核准。

### 六、公开发行公司债券，必须具备哪些条件？

根据《证券法》第十六条规定，公开发行公司债券，应当符合下列条件：①股份有限公司的净资产不低于人民币三千万元，有限责任公司的净资产不低于人民币六千万元；②累计债券余额不超过公司净资产的百分之四十；③最近三年平均可分配利润足以支付公司债券一年的利息；④筹集的资金投向符合国家产业政策；⑤债券的利率不超过国务院限定的利率水平；⑥国务院规定的其他条件。

公开发行公司债券筹集的资金，必须用于核准的用途，不得用于弥补亏损和非生产性支出。

上市公司发行可转换为股票的公司债券，除应当符合第一款规定的条件外，还应当符合本法关于公开发行股票的条件，并报国务院证券监督管理机构核准。

### 七、股票发行审核委员会是怎么组成的？对证券发行申请的核准或不予核准的决定应在多长时间内作出？

根据《证券法》第二十二条规定，国务院证券监督管理机构设发行审核委员会，依法审核股票发行申请。发行审核委员会由国务院证券监督管理机构的专业人员和所聘请的该机构外的有关专家组成，以投票方式对股票发行申请进行表决，提出审核意见。发行审核委员会的具体组成办法、组成人员任期、工作程序，由国务院证券监督管理机构规定。

根据《证券法》第二十四条规定，国务院证券监督管理机构或者国务院授权的部门应当自受理证券发行申请文件之日起三个月内，依照法定条件和法定程序作出予以核准或者不予核准的决定，发行人根据要求补充、修改发行申请文件的时间不计算在内；不予核准的，应当说明理由。

### 八、目前拟实施股票发行的注册制改革，其法律依据是什么？

2015年12月27日第十二届全国人民代表大会常务委员会第十八次会议通过了《全国人大常委会关于授权国务院在实施股票发行注册制改革中调整适用〈中华人民共和国证券法〉有关规定的决定》，明确"授权国务院对拟在上海证券交易所、深圳证券交易所上市交易的股票的公开发行，调整适用《中华人民共和国证券法》关于股票公开发行核准制度的有关规定，实行注册制度，具体实施方案由国务院作出规定，报全国人民代表大会常务委员会备案"。该决定自2016年3月1日起施行，实施期限为二年。

### 九、什么叫证券代销？什么叫证券包销？

证券代销是指证券公司代发行人发售证券，在承销期结束时，将未售出的证券全部退还给发行人的承销方式。

证券包销是指证券公司将发行人的证券按照协议全部购入或者在承销期结束时将售后剩余证券全部自行购入的承销方式。

### 十、证券公司承销证券，应履行的职责是什么？

证券公司承销证券，应当同发行人签订代销或者包销协议。

证券公司承销证券，应当对公开发行募集文件的真实性、准确性、完整性进行核查；发现有虚假记载、误导性陈述或者重大遗漏的，不得进行销售活动；已经销售的，必须立即停止销售活动，并采取纠正措施。

### 十一、《证券法》对参与证券服务的中介机构和人员买卖股票有何限制性规定？

《证券法》第四十五条第一款规定：为股票发行出具审计报告、资产评估报告或者法律意见书等文件的证券服务机构和人员，在该股票承销期内和期满后六个月内，不得买卖该种股票。第二款规定：除前款规定外，为上市公司出具审计报告、资产评估报告或者法律意见书等文件的证券服务机构和人员，自接受上市公司委托之日起至上述文件公开后五日内，不得买卖该种股票。

### 十二、申请股票上市交易，应当向证券交易所报送的文件有哪些？

根据《证券法》第五十二条规定，申请股票上市交易，应当向证券交易所报送下列文件：①上市报告书；②申请股票上市的股东大会决议；③公司章程；④公司营业执照；⑤依法经会计师事务所审计的公司最近三年的财务会计报告；⑥法律意见书和上市保荐书；⑦最近一次的招股说明书；⑧证券交易所上市规则规定的其他文件。

### 十三、上市公司的中报和年报什么时候报送？

根据《证券法》第六十五条和第六十六条的规定，上市公司和公司债券上市交易的公司，应当在每一会计年度的上半年结束之日起二个月内，向国务院证券监督管理机构和证券交易所报送中期报告，并予公告。应当在每一会计年度结束之日起四个月内向

### 十七、什么叫证券公司？

证券公司是指依照《公司法》和《证券法》规定设立的经营证券业务的有限责任公司或者股份有限公司。设立证券公司，必须经国务院证券监督管理机构审查批准。证券公司必须在其名称中标明证券有限责任公司或者证券股份有限公司字样。经国务院证券监督管理机构批准，证券公司可以经营下列部分或者全部业务：①证券经纪；②证券投资咨询；③与证券交易、证券投资活动有关的财务顾问；④证券承销与保荐；⑤证券自营；⑥证券资产管理；⑦其他证券业务。

### 十八、什么叫证券登记结算机构？

证券登记结算机构是为证券交易提供集中登记、存管与结算服务，不以营利为目的的法人。设立证券登记结算机构必须经国务院证券监督管理机构批准。证券登记结算机构履行下列职能：①证券账户、结算账户的设立；②证券的存管和过户；③证券持有人名册登记；④证券交易所上市证券交易的清算和交收；⑤受发行人的委托派发证券权益；⑥办理与上述业务有关的查询；⑦国务院证券监督管理机构批准的其他业务。证券登记结算机构应当向证券发行人提供证券持有人名册及其有关资料。

### 十九、《证券法》对证券服务机构的审批是如何规定的？证券服务机构的责任如何界定？

《证券法》第一百六十九条规定：投资咨询机构、财务顾问机构、资信评级机构、资产评估机构、会计师事务所从事证券服务业务，必须经国务院证券监督管理机构和有关主管部门批准。

《证券法》第一百七十三条规定：证券服务机构为证券的发行、上市、交易等证券业务活动制作、出具审计报告、资产评估报告、财务顾问报告、资信评级报告或者法律意见书等文件，应当勤勉尽责，对所依据的文件资料内容的真实性、准确性、完整性进行核查和验证。其制作、出具的文件有虚假记载、误导性陈述或者重大遗漏，给他人造成损失的，应当与发行人、上市公司承担连带赔偿责任，但是能够证明自己没有过错的除外。

### 二十、国务院证券监督管理机构的职责是什么？

根据《证券法》第一百七十九条规定，国务院证券监督管理机构在对证券市场实施监督管理中履行下列职责：①依法制定有关证券市场监督管理的规章、规则，并依法国务院证券监督管理机构和证券交易所报送年期报告，并予公告。

**十四、《证券法》规定了上市公司"重大事件"公告制度。"重大事件"主要包括哪些事件？**

重大事件主要包括：①公司的经营方针和经营范围的重大变化；②公司的重大投[资]行为和重大的购置财产的决定；③公司订立重要合同，可能对公司的资产、负债、权[益]和经营成果产生重要影响；④公司发生重大债务和未能清偿到期重大债务的违约情[况]；⑤公司发生重大亏损或者重大损失；⑥公司生产经营的外部条件发生的重大变化；⑦[公]司的董事、三分之一以上监事或者经理发生变动；⑧持有公司百分之五以上股份的股[东]或者实际控制人，其持有股份或者控制公司的情况发生较大变化；⑨公司减资、合并、分立、解散及申请破产的决定；⑩涉及公司的重大诉讼，股东大会、董事会决议被依[法]撤销或者宣告无效；⑪公司涉嫌犯罪被司法机关立案调查，公司董事、监事、高级管[理]人员涉嫌犯罪被司法机关采取强制措施；⑫国务院证券监督管理机构规定的其他事项。

**十五、上市公司信息披露资料有虚假记载、误导性陈述或者重大遗漏，致使投资者在证券交易中遭受损失的，其责任如何界定？**

《证券法》第六十九条规定，发行人、上市公司公告的招股说明书、公司债券[募]集办法、财务会计报告、上市报告文件、年度报告、中期报告、临时报告以及其他信[息]披露资料，有虚假记载、误导性陈述或者重大遗漏，致使投资者在证券交易中遭受损[失]的，发行人、上市公司应当承担赔偿责任；发行人、上市公司的董事、监事、高级管[理]人员和其他直接责任人员以及保荐人、承销的证券公司，应当与发行人、上市公司承[担]连带赔偿责任，但是能够证明自己没有过错的除外；发行人、上市公司的控股股东、[实]际控制人有过错的，应当与发行人、上市公司承担连带赔偿责任。

**十六、什么叫证券交易所？**

证券交易所是为证券集中交易提供场所和设施，组织和监督证券交易，实行自律[管]理的法人。证券交易所的设立和解散，由国务院决定。证券交易所必须在其名称中标[明]证券交易所字样。其他任何单位或者个人不得使用证券交易所或者近似的名称。证[券交]易所设总经理一人，由国务院证券监督管理机构任免。目前，我国有上海证券交易所[和]深圳证券交易所。

行使审批或者核准权;②依法对证券的发行、上市、交易、登记、存管、结算进行监督管理;③依法对证券发行人、上市公司、证券公司、证券投资基金管理公司、证券服务机构、证券交易所、证券登记结算机构的证券业务活动进行监督管理;④依法制定从事证券业务人员的资格标准和行为准则,并监督实施;⑤依法监督检查证券发行、上市和交易的信息公开情况;⑥依法对证券业协会的活动进行指导和监督;⑦依法对违反证券市场监督管理法律、行政法规的行为进行查处;⑧法律、行政法规规定的其他职责。

### 二十一、国务院证券监督管理机构监督检查、调查的形式要件是什么?

根据《证券法》第一百八十一条规定,国务院证券监督管理机构依法履行职责,进行监督检查或者调查,其监督检查、调查的人员不得少于二人,并应当出示合法证件和监督检查、调查通知书。监督检查、调查的人员少于二人或者未出示合法证件和监督检查、调查通知书的,被检查、调查的单位有权拒绝。

### 二十二、企业申请在新三板挂牌应符合哪些条件?

根据《全国中小企业股份转让系统业务规则(试行)》第2.1条规定,股份有限公司申请股票在全国股份转让系统挂牌,应当符合下列条件:

(1) 依法设立且存续满两年。有限责任公司按原账面净资产值折股整体变更为股份有限公司,存续时间可以从有限责任公司成立之日起计算。(注意:2005年10月27日修订并于2006年1月1日生效的《公司法》对股份有限公司的设立采取准则主义,只要符合法律规定的条件,设立股份有限公司可直接向登记机关申请设立,不再需要报行政主管机关批准。但对于2006年1月1日前设立的股份有限公司,须取得国务院授权部门或者省级人民政府的批准文件。)
(2) 业务明确,具有持续经营能力。
(3) 公司治理机制健全,合法规范经营。
(4) 股权明晰,股票发行和转让行为合法合规。
(5) 主办券商推荐并持续督导。
(6) 全国股份转让系统公司要求的其他条件。

### 二十三、新三板挂牌企业股东人数可否超过200人?

《国务院关于全国中小企业股份转让系统有关问题的决定》(国发〔2013〕49号)第三条规定:"挂牌公司依法纳入非上市公众公司监管,股东人数可以超过200人。股东人数未超过200人的股份公司申请在全国股份转让系统挂牌,证监会豁免核准。挂牌公司向特定对象发行证券,且发行后证券持有人累计不超过200人的,证监会豁免核准。依法需要核准的行政许可事项,证监会应当建立简便、快捷、高效的行政许可方式,简化审核流程,提高审核效率,无须再提交证监会发行审核委员会审核。"

所以,新三板挂牌企业股东人数可超过200人。

## 二十四、什么叫非上市公众公司?

《非上市公众公司监督管理办法》中的"非上市公众公司"(简称公众公司)是指有下列情形之一且股票未在证券交易所上市交易的股份有限公司:①股票向特定对象发行或者转让导致股东人数超过200人;②股票公开转让。

《非上市公众公司监督管理办法》规定,股东超过200人的公众公司应向中国证监会登记,再申请在新三板挂牌。公众公司公开转让股票应当在全国中小企业股份转让系统进行,公开转让的公众公司股票应当在中国证券登记结算公司集中登记存管。

## 二十五、对参与"新三板"业务的中介机构资质有何规定?

对参与"新三板"业务的中介机构资质无明确规定。但全国中小企业股份转让系统有限责任公司对此作出了如下解答:"为股份公司向我司申请相关业务提供中介服务的会计师事务所或律师事务所,不需要向我司申请核准或备案。但根据财政部、中国证监会相关规定,会计师事务所执行证券、期货相关业务,必须取得证券、期货业务许可证;根据司法部、中国证监会相关规定,从事证券法律业务的律师事务所及其指派律师,须按照《律师事务所从事证券法律业务管理办法》及《律师事务所证券法律业务执业规则(试行)》要求开展查验、制作和出具法律意见书等执业活动。"

## 二十六、对于新三板投资者适当性管理规定的主要内容是什么?

《投资者适当性管理细则》于2013年2月8日发布施行,并于2013年12月30日修订,明确了参与挂牌公司股票公开转让和参与挂牌公司股票定向发行的投资者。

参与挂牌公司股票公开转让的投资者条件:①注册资本500万元以上的法人机构或实缴出资总额500万元人民币以上的合伙企业;②集合信托计划、证券投资基金、银行理财产品、证券公司资产管理计划,以及由金融机构或者相关监管部门认可的其他机构管理的金融产品或资产;③投资者本人名下前一交易日日终证券类资产市值500万元人民币以上,且具有两年以上证券投资经验,或具有会计、金融、投资、财经等相关专业背景或培训经历。

参与挂牌公司股票定向发行的投资者条件:①《非上市公众公司监督管理办法》第三十九条规定的投资者;②符合参与挂牌公司股票公开转让条件的投资者。

## 二十七、什么叫做市转让？

做市转让是指转让日内,做市商连续报出其做市证券的买价和卖价,若投资者的限价申报满足成交条件,则做市商在其报价数量范围内按其报价履行与投资者成交义务。

## 二十八、什么叫新三板定向发行？新三板定向发行的对象是什么？

根据《上市公众公司监督管理办法》第三十九条规定,定向发行包括向特定对象发行股票导致股东累计超过 200 人,以及股东人数超过 200 人的公众公司向特定对象发行股票两种情形。

前述特定对象的范围包括下列机构和自然人:①公司股东;②公司的董事、监事、高级管理人员、核心员工;③符合投资者适当性管理规定的自然人投资者、法人投资者及其他经济组织。符合后两项规定的投资者合计不得超过 35 名。

## 二十九、什么叫优先股？什么公司可以发行优先股？

根据中国证监会《优先股试点管理办法》第二条规定,优先股是指依照《公司法》,在一般规定的普通种类股份之外,另行规定的其他种类股份,其股份持有人优先于普通股股东分配公司利润和剩余财产,但参与公司决策管理等权利受到限制。

根据《优先股试点管理办法》第三条规定,上市公司可以发行优先股,非上市公众公司可以非公开发行优先股。

## 三十、什么叫创业板？主板与中小企业板是什么关系？从股票代码上如何区分主板、中小板、创业板？

创业板,又称二板市场,是与主板市场不同的一类证券市场,专为暂时无法在主板上市的创业型企业、中小企业和高科技产业企业等需要进行融资和发展的企业提供融资途径和成长空间的证券交易市场,是对主板市场的重要补充。

2009 年 3 月 31 日,中国证监会正式发布《首次公开发行股票并在创业板上市管理暂行办法》,该办法自 2009 年 5 月 1 日起实施。2009 年 7 月 1 日,证监会正式发布实施《创业板市场投资者适当性管理暂行规定》。2009 年 10 月 30 日,中国创业板正式上市。2012 年 4 月 20 日,深圳证券交易所正式发布《深圳证券交易所创业板股票上市规则》,并于 5 月 1 日起正式实施。2014 年 5 月 16 日,中国证监会公布施行《首次公开发行股票并在创业板上市管理办法》。

企业不管是在中国主板、中小板还是创业板上市,都需要同样遵守《公司法》和《证券法》,只是在发行、上市及监管的具体法律规则上有所区别,这体现在中国证监会及上海、深圳证券交易所对主板、中小板和创业板不同的规则中。主板和中小企业板的发行条件实际是一样的,只不过中小企业板的企业规模小一点,在深圳证券交易所上市。因此,广义的主板市场也包括中小板。

上海证券交易所只有一个主板市场。从股票代码看:上海证券交易所主板 A 股以 6 开头,深圳证券交易所主板 A 股以 0 开头。目前,创业板和中小板都属于深圳证券交易所管理。中小板目前以 002 开头,创业板以 300 开头。

# 第二章 税务律师业务营销——从律师视角看营销

营销这一概念，对于大多数律师而言，算不上是一个陌生的词语。也可以说，在市场经济比较发达的社会，营销这一概念，对于各行各业的人来说，都不再稀罕少见。笔者花时间研习律师营销的问题，主要基于律师业务营销确有其特殊的规律和特点，律师业务营销对于律师确有其特殊意义。执业律师要想更优秀、更出名，甚至成为知名律师，除了要具备扎实的法律专业知识、丰富的实战经验外，具备必备的营销知识，并熟练加以运用，也是至关重要的。

"酒好不怕巷子深"的时代已经过去，随着市场经济的进一步发达和完善，尽快通过合适的渠道找到相对比较匹配的合作伙伴，是供需双方的共同愿望。要实现供需双方这一愿望，营销则成了必备的手段。对律师业来说，营销也显示出举足轻重的作用。

笔者做律师已整整24个年头，从做律师初期的分成制办案分配模式，到合伙制，虽然并不具备系统的营销理论知识，但也积累了一定的开发案源的实战经验。追求自由、追求超脱，是做律师之向往。但由于法律服务市场化程度相对较高，市场这只无形的手始终会束缚着每一个市场人。所以，树立科学的营销理念，可说是律师的必修课，当然也是税务律师的必修课。

## 第一节 营销基本理论知识

### 一、市场营销概述

（一）什么是市场

就"市场"一词，对于在市场经济环境中成长的个体而言，并不陌生。各个个体受经历、职业、环境、专业等因素的影响，对"市场"概念的理解也是多元化、多维度的。

日常生活经验会直观地告诉我们，市场是买卖的场所。但对市场的认识仅停留于此还远远不够。经济学家认为，市场是社会分工和商品生产的产物，是为完成商品形态变化,在商品所有者之间进行了商品交换的总体体现。管理学家则认为,市场是供需双方在共同认可的一定条件下所进行的商品或劳务的交换活动。营销学家菲利普·科特勒则认为:"市场由一切具有特定欲望和需求并且愿意和能够以交换来满足这些需求的潜在顾客所组成"。

律师,并非经济学家,也并非管理学家或营销学家,但基于职业的社会属性和本质要求,有必要对"法律服务市场"的应有之义有一个清醒的认识。笔者认为,法律服务市场由具有法律服务需求并且愿意和能够以交换来满足这些法律服务需求的潜在顾客所组成。法律服务市场交换的客体是法律服务。

(二)什么是市场营销

营销学认为,市场营销是指个人和群体通过创造并同他人交换产品和价值,以满足需求和欲望的一种社会过程和管理过程。相应地,法律服务市场营销则是指律师或律师事务所通过研究法律服务市场需求并创造性地开发法律服务个性产品,以满足客户法律服务需求的一种社会过程和管理过程。

营销不同于推销。市场营销观念是一种以顾客需要和欲望为导向的哲学,是消费者主权论在企业营销管理中的体现。市场营销观念认为,实现企业营销目标的关键在于正确确定目标市场的需要和欲望。"顾客需要什么,企业就生产什么。"这种观念抛弃了以企业为中心的指导思想,取而代之的是以消费者为中心的指导思想。而推销观念却是以卖方需要为出发点,考虑如何把产品变成现金。市场趋势由卖方市场向买方市场过渡的情况下,大量产品销售不出去,迫使企业重视采用广告术和推销术去推销产品。"我卖什么,顾客就买什么。"

## 二、需要与需求

步入营销学领域,在开始探索营销的一般规律过程中,我们会发现一个现象:无论是营销理论书籍,还是营销实战书籍,都会高频率地用到两个词语,那就是"需要"和"需求"。无论何种专业领域的营销研究和实战,无不紧扣"需要"或"需求"展开论述。因此,有必要对其基本含义进行简单剖析。

(一)什么是需要

需要,是指人们缺乏某东西而产生的一种"想得到"的心理状态,通常以对某种客体的欲望、意愿、兴趣等形式表现出来。马克思说:"没有需要,就没有生产。"歌德说:"伟大的需要使人崇高,卑微的需要使人沉沦。"可以说,需要是人类社会发展变化的本源动力。

1943年,美国心理学家马斯洛提出了需要层次理论。马斯洛认为,人的需要是有层次的,主要包括生理需要、安全需要、社会需要、尊重需要和自我实现的需要五个层次。具体说明如下：

（1）生理需要。生理需要是人最原始、最基本的需要，它包括衣、食、住、行和性等方面的生理要求，是人类赖以生存和繁衍的基本需要。

（2）安全需要。当一个人的生理需要获得满足以后，就希望满足安全需要。例如，人们要求摆脱失业的威胁，解除对年老、生病、职业危害、意外事故等的担心，以及希望摆脱严酷的监督和避免不公正的待遇等等。

（3）社会需要。社会需要主要包括社交的需要、归属的需要以及对友谊、情感和爱的需要。社会需要也叫联系动机，是说一个人在前面两种需要基本满足之后，社会需要便开始成为强烈的动机。人们一般都有社会交往的欲望。另外，人们在归属感的支配下，希望自己隶属于某个集团或群体，希望自己成为其中的一员并得到关心和照顾，从而使自己不至于感到孤独。"社会需要"是一种比"生理需要""安全需要"更细致、更难以捉摸的需要，它与一个人的性格、经历、受教育程度，所隶属的国家和民族以及宗教信仰等都有一定的关系。

（4）尊重需要。尊重的需要，即自尊和受人尊重的需要。这类需要主要叫以分为两个方面：①内部需要。就是个体在各种不同的情境下，总是希望自己有实力、能独立自主，对自己的知识、能力和成就充满自豪和自信。②外部需要。就是一个人希望自己有权力、地位和威望，希望别人和社会看得起，能够受到别人的尊重、信赖和高度评价。

马斯洛认为，尊重需要得到满足，能使人对自己充满信心，对社会满腔热情，体会到自己生活在世界上的用处和价值。

（5）自我实现的需要。自我实现的需要也叫自我成就需要。它是指一个人希望充分发挥个人的潜力，实现个人的理想和抱负。这是一种高级的精神需要，这种需要可以分为两个方面：①胜任感。表现为人总是希望干称职的工作，喜欢带有挑战性的工作，把工作当成一种创造性活动，为出色地完成任务而废寝忘食地工作。②成就感。表现为希望进行创造性的活动并取得成功。

（二）什么是需求

需求是指人们在欲望驱动下的一种有条件的、可行的，又是最优的选择。这种选择使欲望达到有限的最大满足，即人们总是选择能负担的最佳物品。简单地说，需求就是指消费者具有货币支付能力的实际需要。

需求不等于需要。形成需求有三个要素：对物品的偏好、物品的价格和手中的收入。需要只相当于对物品的偏好，并没有考虑支付能力等因素。一个没有支付能力的购买意愿并不构成需求。需求比需要的层次更高，涉及的因素不仅仅是内在的。所以在经济学中，必须注意不要将两者混淆。经济学的基础分析工具是需求与供给理论，而非需要与供给理论。

消费者需求理论是西方经济学理论中的一个重要内容。我国的市场由卖方市场转变为买方市场以后，研究消费者需求理论，对于指导企业的生产和经营有着十分重要的意义。

## 三、管理、服务与营销

### （一）管理、服务与营销的联系

将管理、服务与营销放在一起来讨论，是因为它们之间存在区别的同时，似乎又存在某种联系。

笔者在提供法律服务的过程中，曾与某企业的中层干部谈到"管理"这一话题。她说：管理的本来含义是"管事"、"理人"。"管事"要求管理者遵循事物发展的客观规律，发挥组织、协调的作用。"理人"是指管理者在履行管理职责时，要有以人为本的理念。她的观点并非很全面，但揭示了"管理"的本质特征。

其实，管理的本质就是服务。从另外的角度看，管理者也是一名服务者。没有服务，就没有管理。将管理与服务对立起来、割裂开来的观点是不足取的。

而营销是任何企业运作必不可少的重要一环，是联结企业供给与客户需求之间的纽带。就企业而言，企业管理必须注重营销，而营销模式又反作用于企业管理，两者相互依存、相互联系。

笔者1992年离开国家行政机关步入律师队伍，其核心的动因是为了追求律师业之"自由"，也曾经在观念上将管理、营销与服务割裂开甚至对立起来，一度抗拒"管理"、抗拒"营销"。经过多年的律师执业，笔者才领悟到"自由之路"如何摆脱束缚，获得自由。律师职业的天然属性要求律师必须懂"管理"、懂"营销"，尤其是法律服务管理和法律服务营销。只有将管理和营销有机结合，才能为律师"自由之路"增光添彩。

### （二）什么是管理

#### 1. 概述

从字面意义来看，"管"，原意为细长而中空之物，其四周被堵塞，中央可通达；使之闭塞为堵，使之通行为疏。"理"，本义为顺玉之纹而剖析；代表事物的道理、发展的规律，包含合理、顺理的意思。管理犹如治水，疏堵结合、顺应规律而已。所以，管理就是合理地疏与堵的思维与行为。

传统管理学认为，管理（manage）是社会组织中，管理者为了实现预期的目标，以人为中心进行的协调活动。这种活动包括计划、组织、指挥、协调、控制、人员配备、领导激励、创新等。

每一种组织都需要对其事务、资产、人员、设备等所有资源进行管理。每一个人也同样需要管理，比如管理自己的起居饮食、时间、健康、情绪、学习、职业、财富、人际关系、社会活动、精神面貌（即穿着打扮）等。

管理和被管理是每一个人都必须面临的课题。管理与被管理客观上是一对矛盾，两者的结合形成了一个矛盾的统一体，共同推动着事物的发展。每一个人既有管理的需要，也有被管理的需要。一个自然人始终生存于管理与被管理并存的状态之中。

**2. 管理之理念**

律师的管理包括对业务的管理、对客户的管理、对团队的管理以及自我管理等等。管理使秩序井然，管理使人各得其所。

笔者认为，应从以下几方面来认识管理：

（1）管理是一门学问，有规律可循，有经验可借。管理可说是与安排、分工、协调、指导、控制、领导等密切相关。只要有人就有管理，管理涉及的也必然是人。作为每个个体的自然人是整个社会大链条中的一个个小环。每个人在受到他人的管理的同时，又在管理着他人。管理也是无处不在、无时不有，大到国家管理、行政管理、企业管理，小到家庭管理、自我管理。

（2）管理与技术可说是两个层面的东西。管理是统筹，管理是策划，管理是协调；技术是操作，技术是执行，技术是内容。管理最主要的职能是平台的搭建，技术最主要的职能是内容的充实。做平台，意味着做管理与营销；做技术，意味着做内容。管理与技术是两条线。从职业分类来看，要么做管理要么做技术。

（3）管理与营销相当于一对孪生兄妹，有管理必然有营销，有营销也必然有管理。无论是管理还是营销，均以人的需求为出发点，又以满足人的需求为最终落脚点。

（4）相对于特权管理而言，制度管理更科学更值得提倡；相对经验型管理而言，科学化管理更值得提倡。

### （三）服务与营销

"服务"，是指为他人做事，并使他人从中受益的一种有偿或无偿的活动。这是不以实物形式而以提供劳动的形式满足他人的某种特殊需要。

营销的目的，是要为供需双方建立一个桥梁，以让供需双方能借助这一桥梁而建立合适的匹配模型。当然，营销不仅要研究需求，还涉及竞争对手。营销的本质是为消费者提供一个购买的理由。从研究需求、为需方建立桥梁这一意义上来说，营销其实也是一种服务。

## 第二节　法律服务营销模式的转变

### 一、关于市场营销观念

营销学认为，市场营销观念是指企业从事营销活动的指导思想，其发展和演变大致分为五个阶段：生产观念阶段、产品观念阶段、推销观念阶段、市场营销观念阶段和社会市场营销观念阶段。

（1）急需扩大再生产的生产观念阶段。生产观念产生于20世纪20年代前期。市场趋势是供不应求的卖方市场。生产观念不是从消费者需求出发，而是从企业生产出发，其主要表现是"我生产什么，就卖什么"。生产观念是指导销售者行为的最古老的观念之一。

（2）卖方市场形势下的产品观念。产品观念认为，消费者最喜欢高质量、多功能和具有某些特色的产品，企业应致力于生产优质产品，并不断加以改进。产品观念的缺陷在于：如果在市场营销管理中缺乏远见，只看到自己的产品质量好，而看不到市场需求在变化，会使企业经营陷入困境。

（3）刺激消费者的推销观念。它认为，消费者通常表现出一种购买惰性或抗衡心理。如果听其自然的话，消费者一般不会足量购买某一企业的产品，因此企业必须积极推销和大力促销。推销观念表现为"我卖什么，顾客就买什么"。

（4）以消费者为中心的市场营销观念。它认为实现企业营销目标的关键在于正确确定目标市场的需要和欲望，"顾客需要什么，企业就生产什么"。这种观念抛弃了以企业为中心的指导思想，取而代之的是以消费者为中心的指导思想。

（5）社会市场营销观念。这是对市场营销观念的修改和补充。它认为，企业的任务是确定目标市场需求，并且在保持和增进消费者、社会福利的情况下，比竞争者更有效率地使目标顾客更满意。

## 二、法律服务市场的变化与市场营销观念的转变

1980年8月26日，《中华人民共和国律师暂行条例》通过，该条例自1982年1月1日起施行。该条例规定："律师是国家的法律工作者"，"律师执行职务的工作机构是法律顾问处"。这一时期，律师具有国家干部身份，占用国家编制，作为律师执业机构的法律顾问处均由国家开办。当时国家经济体制主要是计划经济体制。1984年党的十二届三中全会《中共中央关于经济体制改革的决定》提出了"有计划的商品经济"的理论。当时律师人才奇缺、供不应求，甚至出现排队找律师、排号找律师的场面。1986年，国家开始推行两年一次的律师资格考试，源源不断地为律师行业注入新鲜"血液"。与这一时期经济相适应的法律服务市场主要表现为卖方市场。与之相适应的法律服务主流营销观念则处于"生产观念阶段"和"产品观念阶段"，即以供方为主导的法律服务营销模式。

1993年，党的十四届三中全会明确提出我国经济体制改革的目标是建立社会主义市场经济体制。同年，为适应律师行业快速发展的需要，国家律师资格考试由每两年一次改为每年一次。1996年5月，《律师法》颁布。该法明确规定："律师，是指依法取得律师执业证书，为社会提供法律服务的执业人员。"同时规定，律师执业机构是律

事务所，律师事务所主要有国办所、合作所、合伙所三种主要形式。2001年12月对《律师法》作了第一次修正。笔者认为，此阶段的主流营销观念处于"推销观念阶段"。

2007年10月《律师法》作了第二次修订时，将律师事务所的形式规定为国资所、合伙所、个人所，同时规定："律师，是指依法取得律师执业证书，接受委托或者指定，为当事人提供法律服务的执业人员。律师应当维护当事人合法权益，维护法律正确实施，维护社会公平和正义。"2012年10月对《律师法》作了第三次修正，但对律师事务所形式及律师定义均未作修改。笔者认为，此后市场主流营销观念进入"市场营销观念阶段"和"社会市场营销观念阶段"。

### 三、律师营销的方式和种类

律师营销，可以理解为让当事人更方便地找到合适的律师，让律师获得更多的业务；在诉讼业务中追求个案公正，以实现社会公平正义，在非诉业务中以最经济的投入获得客户最满意的效果，最终实现客户价值。

律师营销分为隐性的律师营销和显性的律师营销。

隐性的律师营销，是指律师不是向外界采用"大声广播"来推销自己，而是通过自己平时的语言、行为、专业能力、职业、品德、服务态度等来赢得口碑，是一种潜移默化的方式。通过这样的方式所进行的营销往往是效果最好的，所赢得的市场也是最稳定的。这种营销更多的是通过展示个人的执业魅力，并在个案中体现的营销方式，故又可称为"魅力营销"或"个案营销"。

显性的律师营销是指律师主动出击，利用电视广播、报纸、网络等渠道推销自己，争取案源，希望达到立竿见影效果的方式，这也是最传统的营销方式，也是目前业界比较喜欢采用的营销方式。

律师营销的方法，主要包括新闻营销、博客营销、微博营销、微信营销、数据库营销、QQ群营销、邮件营销、SNS营销、事件营销、个人网站建设、活动营销、学术营销、图书出版、法律培训、法律论坛等。

## 第三节 法律服务专业细分

### 一、复合型律师与"万金油律师"

近年来，随着律师队伍人数的不断壮大，执业律师的不断增多，律师的专业化细分也迅速加剧。于是律师行业出现一股潮流，认为律师应做专业细分，不宜样样案子都做。市场上出现了团队化组合做业务的律师团队。其形式往往是一个律师带助手办案，或者律师间的特定案件的组合办案。

"万金油律师"这一概念的出现,是伴随几分"批判"、几分"贬义"的。人们认为,"万金油律师"是样样都懂点、样样都不精通的律师。也就是说,"万金油律师"是广度有余而专业深度非常欠缺的律师。

但在现实生活中,我们会发现一个现象:有一部分律师,特别是资深律师,由于其执业时间长,接触的案件类型多,经过了多年的实践积累和学习积累,涉及的领域广泛,同时又在一个或几个领域有较深的造诣,从而成为既有专业广度,又同时具有专业深度的律师。这种类型的律师就不能称之为"万金油律师",而应称为"复合型律师"。复合型律师是具有复合的知识结构、复合的思维习惯、复合的实践经验的律师。司法部曾经提出要求律师成为懂法律、懂财会、懂管理、懂经济的"四懂"复合型律师人才。

当然,人才本身是分层次的,市场对人才的需求也是分层次、多元化的。客观地说,复合型律师是社会需要的,"万金油律师"也是社会需要的。正如医疗小诊所需要全科医生("万金油"医生)一样,法律服务市场也需要"万金油律师"。

## 二、法律服务专业细分的趋势

笔者认为,法律服务专业可从多维度细分。

(1)按争议解决与非争议解决来分,可分为争议解决律师、非争议解决律师。争议解决律师又可分为民商事争议解决律师、刑事争议解决律师等。

(2)按诉讼与非诉讼来分,可分为诉讼律师与非诉讼律师。诉讼律师又可分为民商事诉讼律师、刑事辩护律师等。

(3)按是否涉外来分,可分为涉外法律事务律师和非涉外法律事务律师。

(4)按专业领域来分,可分为建设工程律师、公司证券律师、税务律师、知识产权律师、婚姻家庭律师等。

附 录

# 附录一 《民诉法司法解释》解析提纲

《最高人民法院关于适用〈中华人民共和国民事诉讼法〉的解释》(简称《民诉法司法解释》)于2015年2月4日起已施行。全文共552条,分二十三部分。为了税务律师代理涉税民事案件时方便查阅,特作此解析提纲(见表附1-1)。

表附1-1 《民诉法司法解释》篇章结构

| 部分 | 条文起止 | 条数 | 部分 | 条文起止 | 条数 |
| --- | --- | --- | --- | --- | --- |
| 一、管辖 | 1—42 | 42 | 十三、公益诉讼 | 284—291 | 8 |
| 二、回避 | 43—49 | 7 | 十四、第三人撤销之诉 | 292—303 | 12 |
| 三、诉讼参加人 | 50—89 | 40 | 十五、执行异议之诉 | 304—316 | 13 |
| 四、证据 | 90—124 | 35 | 十六、第二审程序 | 317—342 | 26 |
| 五、期间和送达 | 125—141 | 17 | 十七、特别程序 | 343—374 | 32 |
| 六、调解 | 142—151 | 10 | 十八、审判监督程序 | 375—426 | 52 |
| 七、保全和先予执行 | 152—173 | 22 | 十九、督促程序 | 427—443 | 17 |
| 八、对妨害民事诉讼的强制措施 | 174—193 | 20 | 二十、公示催告程序 | 444—461 | 18 |
| 九、诉讼费用 | 194—207 | 14 | 二十一、执行程序 | 462—521 | 60 |
| 十、第一审普通程序 | 208—255 | 48 | 二十二、涉外民事诉讼程序的特别规定 | 522—551 | 30 |
| 十一、简易程序 | 256—270 | 15 | 二十三、附则 | 552 | 1 |
| 十二、简易程序中的小额诉讼 | 271—283 | 13 | | | |

## 一、管辖

(一)关于公民的住所地、经常居住地、居住地,法人或其他组织的住所地、登记注册地

以公民的经常居住地、法人或其他组织的住所地(即主要办事机构所在地)确定

管辖为原则。以公民的户籍所在地（即住所地）或居住地、法人的登记注册地确定管辖为例外。这就解决了目前人口流动大、企业办公地点流动性大的特点。

公民的经常居住地是指公民离开住所地至起诉时已连续居住一年以上的地方，但公民住院就医的地方除外。

公民的居住地是指公民离开住所地至起诉时连续居住尚不满一年的地方。

### （二）追索赡养费、抚育费、扶养费案件

追索赡养费、抚育费、扶养费案件的几个被告住所地不在同一辖区的，可以由原告住所地人民法院管辖。

### （三）离婚案件

夫妻一方离开住所地超过一年，另一方起诉离婚的案件，可以由原告住所地（即户籍所在地）人民法院管辖。夫妻双方离开住所地超过一年，一方起诉离婚的案件，由被告经常居住地人民法院管辖；没有经常居住地的，由原告起诉时被告居住地人民法院管辖。

### （四）合同履行地点的确定

（1）合同约定履行地点的，以约定的履行地点为合同履行地。合同对履行地点没有约定或者约定不明确，争议标的为给付货币的，接收货币一方所在地为合同履行地；交付不动产的，不动产所在地为合同履行地；其他标的，履行义务一方所在地为合同履行地。即时结清的合同，交易行为地为合同履行地。

备注：如借款合同，当未约定合同履行地时，接受货币一方所在地为合同。如果贷款方未按合同约定借出货币，接受货币一方则为借款方，则借款方所在地就为合同履行地；如果贷款方已借出货币，涉及借款归还时，贷款方则为货币接受一方，贷款方所在地则为合同履行地。

（2）合同没有实际履行，当事人双方住所地都不在合同约定的履行地的，由被告住所地人民法院管辖。

### （五）保险合同

保险合同，为了方便投保人或被保险人，可以不到保险公司所在地起诉。①财产保险合同：如果保险标的物是运输工具或者运输中的货物，可以由运输工具登记注册地、运输目的地、保险事故发生地人民法院管辖。②人身保险合同：可以由被保险人住所地人民法院管辖。

### （六）因产品、服务质量不合格造成他人财产、人身损害提起的诉讼

侵权行为地（侵权行为发生地或侵权行为结果地）、产品销售地、服务提供地、产品制造地和被告住所地人民法院都有管辖权。

### （七）诉前财产保全损失诉讼

诉前财产保全损失诉讼，由已经受理起诉的人民法院或者采取保全措施的人民法院管辖。

备注：诉讼中的财产保全，因财产保全错误给被申请人造成损失的情况下，被申请人可以直接从申请人提供担保的财产中得到赔偿。程序方面，笔者认为，被申请人可以以申请人为被告向原受理起诉的人民法院提起侵权赔偿诉讼。人民法院依职权采取的诉讼保全，因保全错误造成的损失，属于国家赔偿的范围，依据《中华人民共和国国家赔偿法》的规定申请国家赔偿。

### （八）建设工程施工合同纠纷等案件的管辖

农村土地承包经营合同纠纷、房屋租赁合同纠纷、建设工程施工合同纠纷、政策性房屋买卖合同纠纷，按照不动产纠纷案件由不动产所在地法院专属管辖。

### （九）管辖协议约定两个法院管辖时的效力

管辖协议约定两个以上与争议有实际联系的地点的人民法院管辖，原告可以向其中一个人民法院起诉。

### （十）格式合同管辖条款的效力

经营者使用格式条款与消费者订立管辖协议，未采取合理方式提请消费者注意，消费者主张管辖协议无效的，人民法院应予支持。

### （十一）按管辖协议签订时的住所地作为确定管辖时的依据地

管辖协议约定由一方当事人住所地人民法院管辖，协议签订后当事人住所地变更的，由签订管辖协议时的住所地人民法院管辖，但当事人另有约定的除外。

### （十二）对答辩期满后的管辖权异议，裁定与否的决定权在法院

当事人在答辩期间届满后未应诉答辩，人民法院在一审开庭前，发现案件不属于本院管辖的，应当裁定移送有管辖权的人民法院。

### （十三）上管下移的特殊情形

下列第一审民事案件，人民法院可以在开庭前交下级人民法院审理：①破产程序中有关债务人的诉讼案件；②当事人人数众多且不方便诉讼的案件；③最高人民法院确定的其他类型案件。

人民法院交下级人民法院审理前，应当报请其上级人民法院批准。上级人民法院批准后，人民法院应当裁定将案件交下级人民法院审理。

## 二、回避

在一个审判程序中参与过本案审判工作的审判人员,不得再参与该案其他程序的审判。

发回重审的案件,在一审法院作出裁判后又进入第二审程序的,原第二审程序中合议庭组成人员不受前款规定的限制。

## 三、诉讼参加人

### (一)法定代表人

法人的法定代表人以依法登记的为准,但法律另有规定的除外。依法不需要办理登记的法人,以其正职负责人为法定代表人;没有正职负责人的,以其主持工作的副职负责人为法定代表人。

法定代表人已经变更,但未完成登记,变更后的法定代表人要求代表法人参加诉讼的,人民法院可以准许。

其他组织,以其主要负责人为代表人。

### (二)挂靠

以挂靠形式从事民事活动,当事人请求由挂靠人和被挂靠人依法承担民事责任的,该挂靠人和被挂靠人为共同诉讼人。

### (三)提供劳务造成他人损害

提供劳务一方因劳务造成他人损害,受害人提起诉讼的,以接受劳务一方为被告。

### (四)解散清算企业的诉讼主体问题

企业法人解散的,依法清算并注销前,以该企业法人为当事人;未依法清算即被注销的,以该企业法人的股东、发起人或者出资人为当事人。

### (五)二审中可否追加第三人

第一审程序中未参加诉讼的第三人,申请参加第二审程序的,人民法院可以准许。

## 四、证据

### (一)作出判决前均可举证的特殊规定

在作出判决前,当事人未能提供证据或者证据不足以证明其事实主张的,由负有举

证证明责任的当事人承担不利的后果。

### (二) 自认的于己不利的事实

一方当事人在法庭审理中，或者在起诉状、答辩状、代理词等书面材料中，对于己不利的事实明确表示承认的，另一方当事人无须举证证明。

对于涉及身份关系、国家利益、社会公共利益等应当由人民法院依职权调查的事实，不适用前款自认的规定。

自认的事实与查明的事实不符的，人民法院不予确认。

### (三) 当事人无须举证的情形

下列事实，当事人无须举证证明：①自然规律以及定理、定律；②众所周知的事实；③根据法律规定推定的事实；④根据已知的事实和日常生活经验法则推定出的另一事实；⑤已为人民法院发生法律效力的裁判所确认的事实；⑥已为仲裁机构生效裁决所确认的事实；⑦已为有效公证文书所证明的事实。

对于前述②至⑦项，当事人有相反证据足以反驳或推翻的除外。

### (四) 申请法院调查取证的期限

当事人及其诉讼代理人因客观原因不能自行收集的证据，可以在举证期限届满前书面申请人民法院调查收集。

### (五) 法院原则上应依申请方可取证

除下列情形外，人民法院调查收集证据，应当依照当事人的申请进行：①涉及可能损害国家利益、社会公共利益的；②涉及身份关系的；③涉及对污染环境、侵害众多消费者合法权益等损害社会公共利益的行为提起诉讼的；④当事人有恶意串通损害他人合法权益可能的；⑤涉及依职权追加当事人、中止诉讼、终结诉讼、回避等程序性事项的。

人民法院调查收集证据，应当由两人以上共同进行。调查材料要由调查人、被调查人、记录人签名、捺印或者盖章。

### (六) 申请证据保全

当事人申请证据保全的，可以在举证期限届满前书面提出。

证据保全可能对他人造成损失的，人民法院应当责令申请人提供相应的担保。

### (七) 举证期限

人民法院确定举证期限，第一审普通程序案件不得少于十五日，当事人提供新的证据的第二审案件不得少于十日。

举证期限届满后，当事人对已经提供的证据，申请提供反驳证据或者对证据来源、形式等方面的瑕疵进行补正的，人民法院可以酌情再次确定举证期限，该期限不受前款规定的限制。

当事人申请延长举证期限的，应当在举证期限届满前向人民法院提出书面申请。申请理由成立的，人民法院应当准许，适当延长举证期限，并通知其他当事人。延长的举证期限适用于其他当事人。申请理由不成立的，人民法院不予准许，并通知申请人。

### （八）逾期提供证据分情形对待

当事人逾期提供证据的，人民法院应当责令其说明理由，必要时可以要求其提供相应的证据。

当事人因客观原因逾期提供证据，或者对方当事人对逾期提供证据未提出异议的，视为未逾期。

当事人因故意或者重大过失逾期提供的证据，人民法院不予采纳。但该证据与案件基本事实有关的，人民法院应当采纳，并依照《民事诉讼法》第六十五条、第一百一十五条第一款的规定予以训诫、罚款。

当事人非因故意或者重大过失逾期提供的证据，人民法院应当采纳，并对当事人予以训诫。

当事人一方要求另一方赔偿因逾期提供证据致使其增加的交通、住宿、就餐、误工、证人出庭作证等必要费用的，人民法院可予支持。

### （九）质证

证据应当在法庭上出示，由当事人互相质证。未经当事人质证的证据，不得作为认定案件事实的根据。

人民法院应当组织当事人围绕证据的真实性、合法性以及与待证事实的关联性进行质证，并针对证据有无证明力和证明力大小进行说明和辩论。

备注：对于人民法院审查判断证据，《民诉法司法解释》第一百零五条规定：人民法院应当按照法定程序，全面、客观地审核证据，依照法律规定，运用逻辑推理和日常生活经验法则，对证据有无证明力和证明力大小进行判断，并公开判断的理由和结果。

### （十）非法证据予以排除

对以严重侵害他人合法权益、违反法律禁止性规定或者严重违背公序良俗的方法形成或者获取的证据，不得作为认定案件事实的根据。

### （十一）证明标准

对负有举证证明责任的当事人提供的证据，人民法院经审查并结合相关事实，确信待证事实的存在具有高度可能性的，应当认定该事实存在。

对一方当事人为反驳负有举证证明责任的当事人所主张事实而提供的证据,人民法院经审查并结合相关事实,认为待证事实真伪不明的,应当认定该事实不存在。

法律对于待证事实所应达到的证明标准另有规定的,从其规定。

当事人对欺诈、胁迫、恶意串通事实的证明,以及对口头遗嘱或者赠予事实的证明,人民法院确信该待证事实存在的可能性能够排除合理怀疑的,应当认定该事实存在。

## (十二) 法院可以要求当事人本人到庭接受询问

《民诉法司法解释》第一百一十条规定:人民法院认为有必要的,可以要求当事人本人到庭,就案件有关事实接受询问。在询问当事人之前,可以要求其签署保证书。

保证书应当载明据实陈述、如有虚假陈述愿意接受处罚等内容。当事人应当在保证书上签名或者捺印。

负有举证证明责任的当事人拒绝到庭、拒绝接受询问或者拒绝签署保证书,待证事实又欠缺其他证据证明的,人民法院对其主张的事实不予认定。

## (十三) 举证期限届满前可书面向法院申请责令对方当事人提交其持有的书证

书证在对方当事人控制之下的,承担举证证明责任的当事人可以在举证期限届满前书面申请人民法院责令对方当事人提交。

申请理由成立的,人民法院应当责令对方当事人提交,因提交书证所产生的费用,由申请人负担。对方当事人无正当理由拒不提交的,人民法院可以认定申请人所主张的书证内容为真实。

## (十四) 对单位证明材料的形式要件要求

单位向人民法院提出的证明材料,应当由单位负责人及制作证明材料的人员签名或者盖章,并加盖单位印章。人民法院就单位出具的证明材料,可以向单位及制作证明材料的人员进行调查核实。必要时,可以要求制作证明材料的人员出庭作证。

单位及制作证明材料的人员拒绝人民法院调查核实,或者制作证明材料的人员无正当理由拒绝出庭作证的,该证明材料不得作为认定案件事实的根据。

## (十五) 视听资料、电子数据

视听资料包括录音资料和影像资料。

电子数据是指通过电子邮件、电子数据交换、网上聊天记录、博客、微博客、手机短信、电子签名、域名等形成或者存储在电子介质中的信息。

存储在电子介质中的录音资料和影像资料,适用电子数据的规定。

### （十六）证人出庭

当事人申请证人出庭作证的，应当在举证期限届满前提出。

未经人民法院通知，证人不得出庭作证，但双方当事人同意并经人民法院准许的除外。

民事诉讼法第七十四条规定的证人因履行出庭作证义务而支出的交通、住宿、就餐等必要费用，按照机关事业单位工作人员差旅费用和补贴标准计算；误工损失按照国家上年度职工日平均工资标准计算。

人民法院准许证人出庭作证申请的，应当通知申请人预缴证人出庭作证费用。

人民法院在证人出庭作证前应当告知其如实作证的义务以及作伪证的法律后果，并责令其签署保证书，但无民事行为能力人和限制民事行为能力人除外。证人拒绝签署保证书的，不得作证，并自行承担相关费用。

### （十七）申请鉴定的期限

当事人申请鉴定，可以在举证期限届满前提出。申请鉴定的事项与待证事实无关联，或者对证明待证事实无意义的，人民法院不予准许。

人民法院准许当事人鉴定申请的，应当组织双方当事人协商确定具备相应资格的鉴定人。当事人协商不成的，由人民法院指定。

## 五、期间和送达

### （一）期间起算时点

民事诉讼中以时起算的期间从次时起算，以日、月、年计算的期间从次日起算。

### （二）申请再审的审查期限

对申请再审案件，人民法院应当自受理之日起三个月内审查完毕，但公告期间、当事人和解期间等不计入审查期限。有特殊情况需要延长的，由本院院长批准。

### （三）直接送达

人民法院直接送达诉讼文书的，可以通知当事人到人民法院领取。当事人到达人民法院，拒绝签署送达回证的，视为送达。审判人员、书记员应当在送达回证上注明送达情况并签名。

人民法院可以在当事人住所地以外向当事人直接送达诉讼文书。当事人拒绝签署送达回证的，采用拍照、录像等方式记录送达过程即视为送达。审判人员、书记员应当在送达回证上注明送达情况并签名。

### （四）电子方式送达须确认

受送达人同意采用电子方式送达的，应当在送达地址确认书中予以确认。

### （五）当事人确认地址的法律效力

当事人在提起上诉、申请再审、申请执行时未书面变更送达地址的，其在第一审程序中确认的送达地址可以作为第二审程序、审判监督程序、执行程序的送达地址。

### （六）公告送达

可以采用在法院的公告栏和受送达人的住所地张贴公告的方式作公告送达。也可以采用在报纸、信息网络等媒体上刊登公告的方式作公告送达。对公告送达方式有特殊要求的，应当按要求的方式进行。公告期满，即视为送达。人民法院在受送达人住所地张贴公告的，应当采取拍照、录像等方式记录张贴过程。

适用简易程序的案件，不适用公告送达。

### （七）视为送达

人民法院在定期宣判时，当事人拒不签收判决书、裁定书的，应视为送达，并在宣判笔录中记明。

## 六、调解

诉讼中达成调解，调解协议签署即生效的情形：

民事诉讼中，当事人各方同意在调解协议上签名或者盖章后即发生法律效力的，经人民法院审查确认后，应当记入笔录或者将调解协议附卷，并由当事人、审判人员、书记员签名或者盖章后即具有法律效力。

前款规定情形，当事人请求制作调解书的，人民法院审查确认后可以制作调解书送交当事人。当事人拒收调解书的，不影响调解协议的效力。

## 七、保全和先予执行

### （一）财产保全及担保

人民法院根据当事人或利害关系人申请，在采取诉前保全、诉讼保全措施时，责令利害关系人或者当事人提供担保的，应当书面通知。

利害关系人申请诉前保全的，应当提供担保。申请诉前财产保全的，应当提供相当于请求保全数额的担保；情况特殊的，人民法院可以酌情处理。申请诉前行为保全的，担保的数额由人民法院根据案件的具体情况决定。

在诉讼中，人民法院依申请或者依职权采取保全措施的，应当根据案件的具体情况，决定当事人是否应当提供担保以及担保的数额。

（二）对抵押物、质押物、留置物的保全

人民法院对抵押物、质押物、留置物可以采取财产保全措施，但不影响抵押权人、质权人、留置权人的优先受偿权。

（三）对债权的保全

人民法院对债务人到期应得的收益，可以采取财产保全措施，限制其支取，通知有关单位协助执行。

债务人的财产不能满足保全请求，但对他人有到期债权的，人民法院可以依债权人的申请裁定该他人不得对本案债务人清偿。该他人要求偿付的，由人民法院提存财物或者价款。

（四）上诉后移卷过程中的保全

对当事人不服一审判决提起上诉的案件，在第二审人民法院接到报送的案件之前，当事人有转移、隐匿、出卖或者毁损财产等行为，必须采取保全措施的，由第一审人民法院依当事人申请或者依职权采取。第一审人民法院的保全裁定，应当及时报送第二审人民法院。

（五）判决生效后申请执行前的保全

法律文书生效后，进入执行程序前，债权人因对方当事人转移财产等紧急情况，不申请保全将可能导致生效法律文书不能执行或者难以执行的，可以向执行法院申请采取保全措施。债权人在法律文书指定的履行期间届满后五日内不申请执行的，人民法院应当解除保全。

（六）提供担保解除保全

财产保全的被保全人提供其他等值担保财产且有利于执行的，人民法院可以裁定变更保全标的物为被保全人提供的担保财产。

（七）申请复议

当事人对保全或者先予执行裁定不服的，可以自收到裁定书之日起五日内向作出裁定的人民法院申请复议。人民法院应当在收到复议申请后十日内审查。裁定正确的，驳回当事人的申请；裁定不当的，变更或者撤销原裁定。

利害关系人对保全或者先予执行的裁定不服申请复议的，由作出裁定的人民法院依

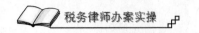

照民事诉讼法第一百零八条规定处理。

## 八、对妨害民事诉讼的强制措施

### （一）对必须到庭的被告和原告的拘传规定

必须到庭的被告，是指负有赡养、抚育、扶养义务和不到庭就无法查清案情的被告。人民法院对必须到庭的被告，经两次传票传唤，无正当理由拒不到庭的，可以拘传。

人民法院对必须到庭才能查清案件基本事实的原告，经两次传票传唤，无正当理由拒不到庭的，可以拘传。

### （二）拒不履行人民法院已经发生法律效力的判决、裁定

拒不履行人民法院已经发生法律效力的判决、裁定的行为范围包括：①在法律文书发生法律效力后隐藏、转移、变卖、毁损财产或者无偿转让财产、以明显不合理的价格交易财产、放弃到期债权、无偿为他人提供担保等，致使人民法院无法执行的；②隐藏、转移、毁损或者未经人民法院允许处分已向人民法院提供担保的财产的；③违反人民法院限制高消费令进行消费的；④有履行能力而拒不按照人民法院执行通知履行生效法律文书确定的义务的；⑤有义务协助执行的个人接到人民法院协助执行通知书后，拒不协助执行的。

对拒不履行人民法院已经发生法律效力的判决、裁定，人民法院可以根据情节轻重予以罚款、拘留；构成犯罪的，依法追究刑事责任。对单位，则可以对其主要负责人或者直接责任人员予以罚款、拘留；构成犯罪的，依法追究刑事责任。

备注：2015年7月22日起施行的《最高人民法院关于审理拒不执行判决、裁定刑事案件适用法律若干问题的解释》第三条规定，"申请执行人有证据证明同时具有下列情形，人民法院认为符合《刑事诉讼法》第二百零四条第三项规定的，以自诉案件立案审理：（一）负有执行义务的人拒不执行判决、裁定，侵犯了申请执行人的人身、财产权利，应当依法追究刑事责任的；（二）申请执行人曾经提出控告，而公安机关或者人民检察院对负有执行义务的人不予追究刑事责任的"。可见，对于拒不执行人民法院生效判决裁定罪，符合规定条件时，可提起刑事自诉。

## 九、诉讼费用

### （一）诉讼标的额的确定

诉讼标的物是证券的，按照证券交易规则并根据当事人起诉之日前最后一个交易日

的收盘价、当日的市场价或者其载明的金额计算诉讼标的金额。

诉讼标的物是房屋、土地、林木、车辆、船舶、文物等特定物或者知识产权，起诉时价值难以确定的，人民法院应当向原告释明主张过高或者过低的诉讼风险，以原告主张的价值确定诉讼标的金额。

（二）"简"转"普"，原告不补交诉讼费的处理

适用简易程序审理的案件转为普通程序的，原告自接到人民法院交纳诉讼费用通知之日起七日内补交案件受理费。

原告无正当理由未按期足额补交的，按撤诉处理，已经收取的诉讼费用退还一半。

（三）破产程序中民事诉讼案件的诉讼费

破产程序中有关债务人的民事诉讼案件，按照财产案件标准交纳诉讼费，但劳动争议案件除外。

（四）既有财产性诉讼请求又有非财产性诉讼请求时诉讼费的确定

既有财产性诉讼请求，又有非财产性诉讼请求的，按照财产性诉讼请求的标准交纳诉讼费。

有多个财产性诉讼请求的，合并计算交纳诉讼费；诉讼请求中有多个非财产性诉讼请求的，按一件交纳诉讼费。

（五）同一方多人共同上诉的诉讼费

同一方多人共同上诉的，只预交一份二审案件受理费；分别上诉的，按照上诉请求分别预交二审案件受理费。

（六）实现担保物权案件诉讼费

实现担保物权案件，人民法院裁定拍卖、变卖担保财产的，申请费由债务人、担保人负担；人民法院裁定驳回申请的，申请费由申请人负担。

申请人另行起诉的，其已经交纳的申请费可以从案件受理费中扣除。

（七）胜诉方预交但不应负担的诉讼费用，法院应当退还

判决生效后，胜诉方预交但不应负担的诉讼费用，人民法院应当退还，由败诉方向人民法院交纳，但胜诉方自愿承担或者同意败诉方直接向其支付的除外。

当事人拒不交纳诉讼费用的，人民法院可以强制执行。

## 十、第一审普通程序

### （一）登记立案

人民法院接到当事人提交的民事起诉状时，对符合民事诉讼法第一百一十九条的规定，且不属于第一百二十四条规定情形的，应当登记立案；对当场不能判定是否符合起诉条件的，应当接收起诉材料，并出具注明收到日期的书面凭证。

需要补充必要相关材料的，人民法院应当及时告知当事人。在补齐相关材料后，应当在七日内决定是否立案。

立案后发现不符合起诉条件或者属于《民事诉讼法》第一百二十四条规定情形的，裁定驳回起诉。

### （二）"有明确的被告"的界定标准［针对《民事诉讼法》第一百一十九条规定第一款第（二）项规定］

原告提供被告的姓名或者名称、住所等信息具体明确，足以使被告与他人相区别的，可以认定为有明确的被告。也就是说，即使没有机打的被告的人口身份信息或被告的身份证，只要符合前述要求，就可以认定为"有明确的被告"。

起诉状列写被告信息不足以认定明确的被告的，人民法院可以告知原告补正。原告补正后仍不能确定明确的被告的，人民法院裁定不予受理。

### （三）诉状中不能有谩骂和人身攻击之辞

原告在起诉状中有谩骂和人身攻击之辞的，人民法院应当告知其修改后提起诉讼。

### （四）不予受理裁定

对本院没有管辖权的案件，原告坚持在本院起诉的，裁定不予受理。立案后发现本院没有管辖权的，应当将案件移送有管辖权的人民法院。

裁定不予受理、驳回起诉的案件，原告再次起诉，符合起诉条件且不属于《民事诉讼法》第一百二十四条规定情形的，人民法院应予受理。

### （五）一般情况下，撤诉后可以再次起诉

原告撤诉或者人民法院按撤诉处理后，原告以同一诉讼请求再次起诉的，人民法院应予受理。（注意：①原告撤诉或者按撤诉处理的离婚案件，没有新情况、新理由，六个月内又起诉的，比照《民事诉讼法》第一百二十四条第七项的规定不予受理。②原审原告在第二审程序中撤回起诉后重复起诉的，人民法院不予受理。③一审原告在再审审理程序中撤回起诉后重复起诉的，人民法院不予受理。）

（六）已约定仲裁且约定有效，原告坚持起诉的，裁定不予受理

依照《民事诉讼法》第一百二十四条第二项的规定，当事人在书面合同中订有仲裁条款，或者在发生纠纷后达成书面仲裁协议，一方向人民法院起诉的，人民法院应当告知原告向仲裁机构申请仲裁，其坚持起诉的，裁定不予受理，但仲裁条款或者仲裁协议不成立、无效、失效、内容不明确无法执行的除外。

（七）对首次开庭前提出的管辖权异议审查

在人民法院首次开庭前，被告以有书面仲裁协议为由对受理民事案件提出异议的，人民法院应当进行审查。经审查符合下列情形之一的，人民法院应当裁定驳回起诉：①仲裁机构或者人民法院已经确认仲裁协议有效的；②当事人没有在仲裁庭首次开庭前对仲裁协议的效力提出异议的；③仲裁协议符合《中华人民共和国仲裁法》（简称《仲裁法》）第十六条规定且不具有《仲裁法》第十七条规定情形的。

（八）赡养费、扶养费、抚育费案件

赡养费、扶养费、抚育费案件，裁判发生法律效力后，因新情况、新理由，一方当事人再行起诉要求增加或者减少费用的，人民法院应作为新案受理。

（九）第三人

原告在起诉状中直接列写第三人的，视为其申请人民法院追加该第三人参加诉讼。是否通知第三人参加诉讼，由人民法院审查决定。

（十）答辩期内的管辖权异议应裁定

当事人在提交答辩状期间提出管辖异议，又针对起诉状的内容进行答辩的，人民法院应当依照《民事诉讼法》一百二十七条第一款的规定，对管辖异议进行审查。

当事人未提出管辖异议，就案件实体内容进行答辩、陈述或者反诉的，可以认定为民事诉讼法第一百二十七条第二款规定的应诉答辩。

（十一）通知开庭，应当留有必要的在途时间

人民法院适用普通程序审理案件，应当在开庭三日前用传票传唤当事人。对诉讼代理人、证人、鉴定人、勘验人、翻译人员应当用通知书通知其到庭。当事人或者其他诉讼参与人在外地的，应当留有必要的在途时间。

（十二）当事人自认问题

当事人在庭审中对其在审理前的准备阶段认可的事实和证据提出不同意见的，人民法院应当责令其说明理由。必要时，可以责令其提供相应证据。人民法院应当结合当事

人的诉讼能力、证据和案件的具体情况进行审查。理由成立的，可以列入争议焦点进行审理。

### （十三）诉讼请求合并审理的情形

法庭辩论结束前，原告增加诉讼请求，被告提出反诉，第三人提出与本案有关的诉讼请求的处理：可以合并审理的，人民法院应当合并审理。

### （十四）不准予撤诉的情形

当事人申请撤诉或者依法可以按撤诉处理的案件，如果当事人有违反法律的行为需要依法处理的，人民法院可以不准许撤诉或者不按撤诉处理。

法庭辩论终结后原告申请撤诉，被告不同意的，人民法院可以不予准许。

### （十五）一事不再理（重复起诉）

当事人就已经提起诉讼的事项在诉讼过程中或者裁判生效后再次起诉，同时符合下列条件的，构成重复起诉：①后诉与前诉的当事人相同；②后诉与前诉的诉讼标的相同；③后诉与前诉的诉讼请求相同，或者后诉的诉讼请求实质上否定前诉裁判结果。

当事人重复起诉的，裁定不予受理；已经受理的，裁定驳回起诉，但法律、司法解释另有规定的除外。

### （十六）发生新的事实，可以再次起诉

裁判发生法律效力后，发生新的事实，当事人再次提起诉讼的，人民法院应当依法受理。

### （十七）诉讼中权利义务主体有变化情况下的处理

在诉讼中，争议的民事权利义务转移的，不影响当事人的诉讼主体资格和诉讼地位。人民法院作出的发生法律效力的判决、裁定对受让人具有拘束力。

受让人申请以无独立请求权的第三人身份参加诉讼的，人民法院可予准许。受让人申请替代当事人承担诉讼的，人民法院可以根据案件的具体情况决定是否准许；不予准许的，可以追加其为无独立请求权的第三人。

人民法院准许受让人替代当事人承担诉讼的，裁定变更当事人。

变更当事人后，诉讼程序以受让人为当事人继续进行，原当事人应当退出诉讼。原当事人已经完成的诉讼行为对受让人具有拘束力。

### （十八）发回重审的合并审理情形

发回重审中，一审辩论终结前，当事人申请变更、增加诉讼请求或者提出反诉，第三人提出与本案有关的诉讼请求的处理：可以合并审理。

（十九）再审中，当事人申请变更、增加诉讼请求或者提出反诉的处理

再审裁定撤销原判决、裁定发回重审的案件，当事人申请变更、增加诉讼请求或者提出反诉，符合下列情形之一的，人民法院应当准许：①原审未合法传唤缺席判决，影响当事人行使诉讼权利的；②追加新的诉讼当事人的；③诉讼标的物灭失或者发生变化致使原诉讼请求无法实现的；④当事人申请变更、增加的诉讼请求或者提出的反诉，无法通过另诉解决的。

（二十）当庭宣判的案件，可当庭要求邮寄发送裁判文书

当庭宣判的案件，除当事人当庭要求邮寄发送裁判文书的外，人民法院应当告知当事人或者诉讼代理人领取裁判文书的时间和地点以及逾期不领取的法律后果。上述情况，应当记入笔录。

## 十一、简易程序

（一）不适用简易程序的案件

下列案件，不适用简易程序：①起诉时被告下落不明的；②发回重审的；③当事人一方人数众多的；④适用审判监督程序的；⑤涉及国家利益、社会公共利益的；⑥第三人起诉请求改变或者撤销生效判决、裁定、调解书的；⑦其他不宜适用简易程序的案件（如执行异议之诉等）。

（二）简易程序审理最长期限六个月（经院长批准）

适用简易程序审理的案件，审理期限到期后，双方当事人同意继续适用简易程序的，由本院院长批准，可以延长审理期限。延长后的审理期限累计不得超过六个月。

（三）当事人双方约定适用简易程序

除本解释明确规定不适用简易程序的案件外，当事人双方在开庭前可以约定适用简易程序审理。

（四）对适用简易程序异议的处理

当事人就案件适用简易程序提出异议，人民法院经审查，异议成立的，裁定转为普通程序；异议不成立的，口头告知当事人，并记入笔录。

转为普通程序的，人民法院应当将合议庭组成人员及相关事项以书面形式通知双方当事人。

转为普通程序前，双方当事人已确认的事实，可以不再进行举证、质证。

## 十二、简易程序中的小额诉讼

（一）小额诉讼案件的适用审理程序

人民法院审理小额诉讼案件，实行一审终审。

（二）不适用小额诉讼审理的情形

下列案件，不适用小额诉讼程序审理：①人身关系、财产确权纠纷；②涉外民事纠纷；③知识产权纠纷；④需要评估、鉴定或者对诉前评估、鉴定结果有异议的纠纷；⑤其他不宜适用一审终审的纠纷。

（三）小额诉讼的管辖权异议裁定、驳回起诉裁定一裁终局

当事人对小额诉讼案件提出管辖异议的，人民法院应当作出裁定。裁定一经作出即生效。

人民法院受理小额诉讼案件后，发现起诉不符合《民事诉讼法》第一百一十九条规定的起诉条件的，裁定驳回起诉。裁定一经作出即生效。

## 十三、公益诉讼

（一）公益诉讼案件受理条件

《中华人民共和国环境保护法》《中华人民共和国消费者权益保护法》等法律规定的机关和有关组织对污染环境、侵害众多消费者合法权益等损害社会公共利益的行为，根据《民事诉讼法》第五十五条规定提起公益诉讼，符合下列条件的，人民法院应当受理：①有明确的被告；②有具体的诉讼请求；③有社会公共利益受到损害的初步证据；④属于人民法院受理民事诉讼的范围和受诉人民法院管辖。

（二）公益诉讼案件受理条件的管辖

公益诉讼案件由侵权行为地或者被告住所地中级人民法院管辖，但法律、司法解释另有规定的除外。

因污染海洋环境提起的公益诉讼，由污染发生地、损害结果地或者采取预防污染措施地海事法院管辖。

对同一侵权行为分别向两个以上人民法院提起公益诉讼的，由最先立案的人民法院管辖，必要时由它们的共同上级人民法院指定管辖。

### （三）公益诉讼和解或调解的特别规定

对公益诉讼案件，当事人可以和解，人民法院可以调解。

当事人达成和解或者调解协议后，人民法院应当将和解或者调解协议进行公告。公告期间不得少于三十日。

公告期满后，人民法院经审查，和解或者调解协议不违反社会公共利益的，应当出具调解书；和解或者调解协议违反社会公共利益的，不予出具调解书，继续对案件进行审理并依法作出裁判。

### （四）法庭辩论终结后不准撤诉

公益诉讼案件的原告在法庭辩论终结后申请撤诉的，人民法院不予准许。

## 十四、第三人撤销之诉

### （一）起诉条件及起诉期限

第三人对已经发生法律效力的判决、裁定、调解书提起撤销之诉的，应当自知道或者应当知道其民事权益受到损害之日起六个月内，向作出生效判决、裁定、调解书的人民法院提出，并应当提供存在下列情形的证据材料：①因不能归责于本人的事由未参加诉讼；②发生法律效力的判决、裁定、调解书的全部或者部分内容错误；③发生法律效力的判决、裁定、调解书内容错误损害其民事权益。

### （二）立案程序

人民法院应当在收到起诉状和证据材料之日起五日内送交对方当事人，对方当事人可以自收到起诉状之日起十日内提出书面意见。

人民法院应当对第三人提交的起诉状、证据材料以及对方当事人的书面意见进行审查。必要时，可以询问双方当事人。

经审查，符合起诉条件的，人民法院应当在收到起诉状之日起三十日内立案。不符合起诉条件的，应当在收到起诉状之日起三十日内裁定不予受理。

### （三）人民法院不予受理的情形

对下列情形提起第三人撤销之诉的，人民法院不予受理：①适用特别程序、督促程序、公示催告程序、破产程序等非讼程序处理的案件；②婚姻无效、撤销或者解除婚姻关系等判决、裁定、调解书中涉及身份关系的内容；③《民事诉讼法》第五十四条规定的未参加登记的权利人对代表人诉讼案件的生效裁判；④《民事诉讼法》第五十五条规定的损害社会公共利益行为的受害人对公益诉讼案件的生效裁判。

## （四）第三人撤销之诉的原被告

第三人提起撤销之诉，人民法院应当将该第三人列为原告，生效判决、裁定、调解书的当事人列为被告，但生效判决、裁定、调解书中没有承担责任的无独立请求权的第三人列为第三人。

## （五）提供担保可以中止执行

受理第三人撤销之诉案件后，原告提供相应担保，请求中止执行的，人民法院可以准许。

## 十五、执行异议之诉

### （一）执行异议之诉的管辖

根据民事诉讼法第二百二十七条规定，案外人、当事人对执行异议裁定不服，自裁定送达之日起十五日内向人民法院提起执行异议之诉的，由执行法院管辖。

### （二）案外人提起执行异议之诉的条件

案外人提起执行异议之诉，除符合《民事诉讼法》第一百一十九条规定外，还应当具备下列条件：①案外人的执行异议申请已经被人民法院裁定驳回；②有明确的排除对执行标的执行的诉讼请求，且诉讼请求与原判决、裁定无关；③自执行异议裁定送达之日起十五日内提起。

人民法院应当在收到起诉状之日起十五日内决定是否立案。

### （三）申请执行人提起执行异议之诉的条件

申请执行人提起执行异议之诉，除符合民事诉讼法第一百一十九条规定外，还应当具备下列条件：①依案外人执行异议申请，人民法院裁定中止执行；②有明确的对执行标的继续执行的诉讼请求，且诉讼请求与原判决、裁定无关；③自执行异议裁定送达之日起十五日内提起。

人民法院应当在收到起诉状之日起十五日内决定是否立案。

### （四）执行异议之诉的原被告

案外人提起执行异议之诉的，以申请执行人为被告。被执行人反对案外人异议的，被执行人为共同被告；被执行人不反对案外人异议的，可以列被执行人为第三人。

申请执行人提起执行异议之诉的，以案外人为被告。被执行人反对申请执行人主张的，以案外人和被执行人为共同被告；被执行人不反对申请执行人主张的，可以列被执行人为第三人。

（五）执行异议之诉中案外人的举证责任

案外人或者申请执行人提起执行异议之诉的，案外人应当就其对执行标的享有足以排除强制执行的民事权益承担举证证明责任。

（六）对案外人执行异议之诉的裁判

对案外人提起的执行异议之诉，人民法院经审理，按照下列情形分别处理：①案外人就执行标的享有足以排除强制执行的民事权益的，判决不得执行该执行标的；②案外人就执行标的不享有足以排除强制执行的民事权益的，判决驳回诉讼请求。

案外人同时提出确认其权利的诉讼请求的，人民法院可以在判决中一并作出裁判。

（七）对申请执行人执行异议之诉的裁判

对申请执行人提起的执行异议之诉，人民法院经审理，按照下列情形分别处理：①案外人就执行标的不享有足以排除强制执行的民事权益的，判决准许执行该执行标的；②案外人就执行标的享有足以排除强制执行的民事权益的，判决驳回诉讼请求。

（八）恶意串通的执行异议之诉

被执行人与案外人恶意串通，通过执行异议、执行异议之诉妨害执行的，人民法院应当依照《民事诉讼法》第一百一十三条规定处理。申请执行人因此受到损害的，可以提起诉讼要求被执行人、案外人赔偿。

## 十六、第二审程序

（一）围绕上诉请求审理原则

第二审人民法院应当围绕当事人的上诉请求进行审理。当事人没有提出请求的，不予审理，但一审判决违反法律禁止性规定，或者损害国家利益、社会公共利益、他人合法权益的除外。

（二）原审原告增加独立的诉讼请求或者原审被告提出反诉的处理

在第二审程序中，原审原告增加独立的诉讼请求或者原审被告提出反诉的，第二审人民法院可以根据当事人自愿的原则就新增加的诉讼请求或者反诉进行调解；调解不成的，告知当事人另行起诉。

双方当事人同意由第二审人民法院一并审理的，第二审人民法院可以一并裁判。

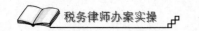

### (三) 违反专属管辖的处理

人民法院依照第二审程序审理案件，认为第一审人民法院受理案件违反专属管辖规定的，应当裁定撤销原裁判并移送有管辖权的人民法院。

### (四) 对一审的不予受理裁定或驳回起诉裁定的二审处理

第二审人民法院查明第一审人民法院作出的不予受理裁定有错误的，应当在撤销原裁定的同时，指令第一审人民法院立案受理；查明第一审人民法院作出的驳回起诉裁定有错误的，应当在撤销原裁定的同时，指令第一审人民法院审理。

### (五) 原判决、裁定认定事实或者适用法律虽有瑕疵，但裁判结果正确时的处理

第二审人民法院可以在判决、裁定中纠正瑕疵后，依照《民事诉讼法》第一百七十条第一款第一项规定予以维持。

### (六) 二审中撤回起诉后不得重复起诉

在第二审程序中，原审原告申请撤回起诉，经其他当事人同意，且不损害国家利益、社会公共利益、他人合法权益的，人民法院可以准许。准许撤诉的，应当一并裁定撤销一审裁判。

原审原告在第二审程序中撤回起诉后重复起诉的，人民法院不予受理。

### (七) 对裁定的上诉案件的审限

人民法院审理对裁定的上诉案件，应当在第二审立案之日起三十日内作出终审裁定。有特殊情况需要延长审限的，由本院院长批准。

### (八) 诉讼行为的拘束力

当事人在第一审程序中实施的诉讼行为，在第二审程序中对该当事人仍具有拘束力。当事人推翻其在第一审程序中实施的诉讼行为时，人民法院应当责令其说明理由。理由不成立的，不予支持。

## 十七、特别程序

### (一) 审理相关案件适用特别程序

关于宣告失踪案件、宣告死亡案件、认定财产无主案件、宣告民事行为能力或限制民事行为能力案件、不服人民法院的监护人指定案件等适用特别程序审理。

## （二）关于司法确认调解协议

申请司法确认调解协议的，双方当事人应当本人或者由符合《民事诉讼法》第五十八条规定的代理人向调解组织所在地基层人民法院或者人民法庭提出申请。

## （三）实现担保物权相关程序

### 1. 担保物权人

《民事诉讼法》第一百九十六条规定的担保物权人，包括抵押权人、质权人、留置权人；其他有权请求实现担保物权的人，包括抵押人、出质人、财产被留置的债务人或者所有权人等。

同一财产上设立多个担保物权，登记在先的担保物权尚未实现的，不影响后顺位的担保物权人向人民法院申请实现担保物权。

### 2. 申请担保物权应提交的材料

申请实现担保物权，应当提交下列材料：①申请书。申请书应当记明申请人、被申请人的姓名或者名称、联系方式等基本信息，具体的请求和事实、理由。②证明担保物权存在的材料，包括主合同、担保合同、抵押登记证明或者他项权利证书，权利质权的权利凭证或者质权出质登记证明等。③证明实现担保物权条件成就的材料。④担保财产现状的说明。⑤人民法院认为需要提交的其他材料。

### 3. 实现担保物权案件的审查

实现担保物权案件可以由审判员一人独任审查。担保财产标的额超过基层人民法院管辖范围的，应当组成合议庭进行审查。

人民法院审查后，按下列情形分别处理：①当事人对实现担保物权无实质性争议且实现担保物权条件成就的，裁定准许拍卖、变卖担保财产；②当事人对实现担保物权有部分实质性争议的，可以就无争议部分裁定准许拍卖、变卖担保财产；③当事人对实现担保物权有实质性争议的，裁定驳回申请，并告知申请人向人民法院提起诉讼。

## 十八、审判监督程序

### （一）申请再审的材料提交

当事人申请再审，应当提交下列材料：①再审申请书，并按照被申请人和原审其他当事人的人数提交副本。②再审申请人是自然人的，应当提交身份证明；再审申请人是法人或者其他组织的，应当提交营业执照、组织机构代码证书、法定代表人或者主要负责人身份证明书。委托他人代为申请的，应当提交授权委托书和代理人身份证明。③原审判决书、裁定书、调解书。④反映案件基本事实的主要证据及其他材料。前述②、③、④项规定的材料可以是与原件核对无异的复印件。

## （二）制作再审申请书的要求

再审申请书应当记明下列事项：①再审申请人与被申请人及原审其他当事人的基本信息；②原审人民法院的名称，原审裁判文书案号；③具体的再审请求；④申请再审的法定情形及具体事实、理由。

再审申请书应当明确申请再审的人民法院，并由再审申请人签名、捺印或者盖章。

## （三）不予受理、驳回起诉的裁定的再审申请

当事人认为发生法律效力的不予受理、驳回起诉的裁定错误的，可以申请再审。

## （四）不予受理再审申请的情形

当事人申请再审，有下列情形之一的，人民法院不予受理：①再审申请被驳回后再次提出申请的；②对再审判决、裁定提出申请的；③在人民检察院对当事人的申请作出不予提出再审检察建议或者抗诉决定后又提出申请的。

前述①、②项规定情形，人民法院应当告知当事人可以向人民检察院申请再审检察建议或者抗诉，但因人民检察院提出再审检察建议或者抗诉而再审作出的判决、裁定除外。

## （五）对调解书申请再审

当事人对已经发生法律效力的调解书申请再审，应当在调解书发生法律效力后六个月内提出。

## （六）再审受理通知书、应诉通知书及再审申请书副本的送达

人民法院应当自收到符合条件的再审申请书等材料之日起五日内向再审申请人发送受理通知书，并向被申请人及原审其他当事人发送应诉通知书、再审申请书副本等材料。

## （七）新的证据

再审申请人证明其提交的新的证据符合下列情形之一的，可以认定逾期提供证据的理由成立：①在原审庭审结束前已经存在，因客观原因于庭审结束后才发现的；②在原审庭审结束前已经发现，但因客观原因无法取得或者在规定的期限内不能提供的；③在原审庭审结束后形成，无法据此另行提起诉讼的。

再审申请人提交的证据在原审中已经提供，原审人民法院未组织质证且未作为裁判根据的，视为逾期提供证据的理由成立，但原审人民法院依照《民事诉讼法》第六十五条规定不予采纳的除外。

### (八) 未经质证的界定

当事人对原判决、裁定认定事实的主要证据在原审中拒绝发表质证意见或者质证中未对证据发表质证意见的，不属于《民事诉讼法》第二百条第四项规定的未经质证的情形。

### (九) 审查再审申请中询问当事人的情形

人民法院根据审查案件的需要决定是否询问当事人。新的证据可能推翻原判决、裁定的，人民法院应当询问当事人。

### (十) 按撤回再审申请处理的情形

再审申请人经传票传唤，无正当理由拒不接受询问的，可以按撤回再审申请处理。

### (十一) 撤回申请后原则不得再次申请再审

人民法院准许撤回再审申请或者按撤回再审申请处理后，再审申请人再次申请再审的，不予受理，但有《民事诉讼法》第二百条第一项、第三项、第十二项、第十三项规定情形，自知道或者应当知道之日起六个月内提出的除外。

### (十二) 依法裁定再审的，对再审请求的要求

人民法院审理再审案件应当围绕再审请求进行。当事人的再审请求超出原审诉讼请求的，不予审理；符合另案诉讼条件的，告知当事人可以另行起诉。

被申请人及原审其他当事人在庭审辩论结束前提出的再审请求，符合《民事诉讼法》第二百零五条规定的，人民法院应当一并审理。

### (十三) 再审中撤回起诉后不得再次起诉

一审原告在再审审理程序中申请撤回起诉，经其他当事人同意，且不损害国家利益、社会公共利益、他人合法权益的，人民法院可以准许。裁定准许撤诉的，应当一并撤销原判决。

一审原告在再审审理程序中撤回起诉后重复起诉的，人民法院不予受理。

### (十四) 提交新的证据时的过错赔偿责任

当事人提交新的证据致使再审改判，因再审申请人或者申请检察监督当事人的过错未能在原审程序中及时举证，被申请人等当事人请求补偿其增加的交通、住宿、就餐、误工等必要费用的，人民法院应予支持。

### (十五) 抗诉及再审检察建议

人民检察院依法对损害国家利益、社会公共利益的发生法律效力的判决、裁定、调

解书提出抗诉，或者经人民检察院检察委员会讨论决定提出再审检察建议的，人民法院应予受理。

人民检察院对已经发生法律效力的判决以及不予受理、驳回起诉的裁定依法提出抗诉的，人民法院应予受理，但适用特别程序、督促程序、公示催告程序、破产程序以及解除婚姻关系的判决、裁定等不适用审判监督程序的判决、裁定除外。

人民检察院依照《民事诉讼法》第二百零九条第一款第三项规定对有明显错误的再审判决、裁定提出抗诉或者再审检察建议的，人民法院应予受理。

（十六）对驳回执行异议的裁定不服申请再审的程序

根据《民事诉讼法》第二百二十七条规定，案外人对驳回其执行异议的裁定不服，认为原判决、裁定、调解书内容错误损害其民事权益的，可以自执行异议裁定送达之日起六个月内，向作出原判决、裁定、调解书的人民法院申请再审。

（十七）小额诉讼案件的再审申请程序

对小额诉讼案件的判决、裁定，当事人以《民事诉讼法》第二百条规定的事由向原审人民法院申请再审的，人民法院应当受理。申请再审事由成立的，应当裁定再审，组成合议庭进行审理。作出的再审判决、裁定，当事人不得上诉。

当事人以不应按小额诉讼案件审理为由向原审人民法院申请再审的，人民法院应当受理。理由成立的，应当裁定再审，组成合议庭审理。作出的再审判决、裁定，当事人可以上诉。

## 十九、督促程序

此部分属于支付令申请程序，具体内容略。

## 二十、公示催告程序

此部分是票据被盗、遗失或灭失情况下的法律解决程序，具体内容略。

## 二十一、执行程序

（一）执行受理法院

发生法律效力的实现担保物权裁定、确认调解协议裁定、支付令，由作出裁定、支付令的人民法院或者与其同级的被执行财产所在地的人民法院执行。

认定财产无主的判决，由作出判决的人民法院将无主财产收归国家或者集体所有。

## （二）案外人执行异议

案外人对执行标的提出的异议，经审查，按照下列情形分别处理：①案外人对执行标的不享有足以排除强制执行的权益的，裁定驳回其异议；②案外人对执行标的享有足以排除强制执行的权益的，裁定中止执行。

驳回案外人执行异议裁定送达案外人之日起十五日内，人民法院不得对执行标的进行处分。

## （三）执行程序中的执行担保

根据《民事诉讼法》第二百三十一条规定向人民法院提供执行担保的，可以由被执行人或者他人提供财产担保，也可以由他人提供保证。担保人应当具有代为履行或者代为承担赔偿责任的能力。

他人提供执行保证的，应当向执行法院出具保证书，并将保证书副本送交申请执行人。被执行人或者他人提供财产担保的，应当参照《物权法》《担保法》的有关规定办理相应手续。

被执行人在人民法院决定暂缓执行的期限届满后仍不履行义务的，人民法院可以直接执行担保财产，或者裁定执行担保人的财产，但执行担保人的财产以担保人应当履行义务部分的财产为限。

## （四）执行中变更被执行人的裁定

依照《民事诉讼法》第二百三十二条规定，执行中作为被执行人的法人或者其他组织分立、合并的，人民法院可以裁定变更后的法人或者其他组织为被执行人；被注销的，如果依照有关实体法的规定有权利义务承受人的，可以裁定该权利义务承受人为被执行人。

其他组织在执行中不能履行法律文书确定的义务的，人民法院可以裁定执行对该其他组织依法承担义务的法人或者公民个人的财产。

## （五）裁定不予执行仲裁裁决情形下的处理

《民诉法司法解释》第四百七十八条规定：依照《民事诉讼法》第二百三十七条第二款、第三款规定，人民法院裁定不予执行仲裁裁决后，当事人对该裁定提出执行异议或者复议的，人民法院不予受理。当事人可以就该民事纠纷重新达成书面仲裁协议申请仲裁，也可以向人民法院起诉。

## （六）超期提出执行申请时的处理

申请执行人超过申请执行时效期间向人民法院申请强制执行的，人民法院应予受理。被执行人对申请执行时效期间提出异议，人民法院经审查异议成立的，裁定不予执行。

被执行人履行全部或者部分义务后,又以不知道申请执行时效期间届满为由请求执行回转的,人民法院不予支持。

(七) 查封、扣押、冻结的期限规定

人民法院冻结被执行人的银行存款的期限不得超过一年,查封、扣押动产的期限不得超过两年,查封不动产、冻结其他财产权的期限不得超过三年。

申请执行人申请延长期限的,人民法院应当在查封、扣押、冻结期限届满前办理续行查封、扣押、冻结手续,续行期限不得超过前款规定的期限。

人民法院也可以依职权办理续行查封、扣押、冻结手续。

(八) 执行物所有权转移时间界定

拍卖成交或者依法定程序裁定以物抵债的,标的物所有权自拍卖成交裁定或者抵债裁定送达买受人或者接受抵债物的债权人时转移。

(九) 对到期债权的执行

人民法院执行被执行人对他人的到期债权,可以作出冻结债权的裁定,并通知该他人向申请执行人履行。

该他人对到期债权有异议,申请执行人请求对异议部分强制执行的,人民法院不予支持。利害关系人对到期债权有异议的,人民法院应当按照《民事诉讼法》第二百二十七条规定处理。

对生效法律文书确定的到期债权,该他人予以否认的,人民法院不予支持。

(十) 迟延履行期间的利息或者迟延履行金

被执行人迟延履行的,迟延履行期间的利息或者迟延履行金自判决、裁定和其他法律文书指定的履行期间届满之日起计算。

被执行人未按判决、裁定和其他法律文书指定的期间履行非金钱给付义务的,无论是否已给申请执行人造成损失,都应当支付迟延履行金。已经造成损失的,双倍补偿申请执行人已经受到的损失;没有造成损失的,迟延履行金可以由人民法院根据具体案件情况决定。

(十一) 多人申请参与分配执行案件(被执行人为公民或其他组织时)

**1. 申请参与分配及参与分配申请书的提交**

被执行人为公民或者其他组织,在执行程序开始后,被执行人的其他已经取得执行依据的债权人发现被执行人的财产不能清偿所有债权的,可以向人民法院申请参与分配。申请参与分配,申请人应当提交申请书。申请书应当写明参与分配和被执行人不能清偿所有债权的事实、理由,并附有执行依据。参与分配申请应当在执行程序开始后,被执行人的财产执行终结前提出。

**2. 按比例分配**

参与分配执行中,执行所得价款扣除执行费用,并清偿应当优先受偿的债权后,对于普通债权,原则上按照其占全部申请参与分配债权数额的比例受偿。清偿后的剩余债务,被执行人应当继续清偿。债权人发现被执行人有其他财产的,可以随时请求人民法院执行。

**3. 分配方案异议的处理及分配方案异议诉讼**

多个债权人对执行财产申请参与分配的,执行法院应当制作财产分配方案,并送达各债权人和被执行人。债权人或者被执行人对分配方案有异议的,应当自收到分配方案之日起十五日内向执行法院提出书面异议。

债权人或者被执行人对分配方案提出书面异议的,执行法院应当通知未提出异议的债权人、被执行人。

未提出异议的债权人、被执行人自收到通知之日起十五日内未提出反对意见的,执行法院依异议人的意见对分配方案审查修正后进行分配;提出反对意见的,应当通知异议人。异议人可以自收到通知之日起十五日内,以提出反对意见的债权人、被执行人为被告,向执行法院提起诉讼;异议人逾期未提起诉讼的,执行法院按照原分配方案进行分配。

诉讼期间进行分配的,执行法院应当提存与争议债权数额相应的款项。

## (十二) 被执行人为企业法人

**1. 破产移送**

在执行中,作为被执行人的企业法人符合《中华人民共和国企业破产法》第二条第一款规定情形的,执行法院经申请执行人之一或者被执行人同意,应当裁定中止对该被执行人的执行,将执行案件相关材料移送被执行人住所地人民法院。

被执行人住所地人民法院应当自收到执行案件相关材料之日起三十日内,将是否受理破产案件的裁定告知执行法院。不予受理的,应当将相关案件材料退回执行法院。

被执行人住所地人民法院裁定受理破产案件的,执行法院应当解除对被执行人财产的保全措施。被执行人住所地人民法院裁定宣告被执行人破产的,执行法院应当裁定终结对该被执行人的执行。

**2. 当事人不同意移送破产或被执行人住所地人民法院不受理**

被执行人住所地人民法院不受理破产案件的,执行法院应当恢复执行。

当事人不同意移送破产或者被执行人住所地人民法院不受理破产案件时,执行法院就执行变价所得财产,在扣除执行费用及清偿优先受偿的债权后,对于普通债权,按照财产保全和执行中查封、扣押、冻结财产的先后顺序清偿。

## （十三）被执行人不履行法律文书确定的义务时的处罚

被执行人不履行法律文书确定的义务的，人民法院除对被执行人予以处罚外，还可以根据情节将其纳入失信被执行人名单，将被执行人不履行或者不完全履行义务的信息向其所在单位、征信机构以及其他相关机构通报。

## （十四）再次申请的时效限制

裁定终结本次执行后的再次申请不受执行时效限制。但因撤销执行申请提出再次申请时应受执行申请时效的限制。

（1）经过财产调查未发现可供执行的财产，在申请执行人签字确认或者执行法院组成合议庭审查核实并经院长批准后，可以裁定终结本次执行程序。

依照前款规定终结执行后，申请执行人发现被执行人有可供执行财产的，可以再次申请执行。再次申请不受申请执行时效期间的限制。

（2）因撤销申请而终结执行后，当事人在《民事诉讼法》第二百三十九条规定的申请执行时效期间内再次申请执行的，人民法院应当受理。

## （十五）执行终结后六个月内，执行法院对妨害行为的处罚权

在执行终结六个月内，被执行人或者其他人对已执行的标的有妨害行为的，人民法院可以依申请排除妨害，并可以依照《民事诉讼法》第一百一十一条规定进行处罚。因妨害行为给执行债权人或者其他人造成损失的，受害人可以另行起诉。

## 二十二、涉外民事诉讼程序的特别规定

内容暂略。但应注意，人民法院审理涉及香港、澳门特别行政区和我国台湾地区的民事诉讼案件，可以参照适用涉外民事诉讼程序的特别规定。

## 二十三、附则

本解释公布施行后，最高人民法院于1992年7月14日发布的《关于适用〈中华人民共和国民事诉讼法〉若干问题的意见》同时废止；最高人民法院以前发布的司法解释与本解释不一致的，不再适用。

# 附录二 中华人民共和国企业所得税法

第十届全国人民代表大会第五次会议于2007年3月16日通过,自2008年1月1日起施行。

## 第一章 总 则

第一条 在中华人民共和国境内,企业和其他取得收入的组织(以下统称企业)为企业所得税的纳税人,依照本法的规定缴纳企业所得税。

个人独资企业、合伙企业不适用本法。

第二条 企业分为居民企业和非居民企业。

本法所称居民企业,是指依法在中国境内成立,或者依照外国(地区)法律成立但实际管理机构在中国境内的企业。

本法所称非居民企业,是指依照外国(地区)法律成立且实际管理机构不在中国境内,但在中国境内设立机构、场所的,或者在中国境内未设立机构、场所,但有来源于中国境内所得的企业。

第三条 居民企业应当就其来源于中国境内、境外的所得缴纳企业所得税。

非居民企业在中国境内设立机构、场所的,应当就其所设机构、场所取得的来源于中国境内的所得,以及发生在中国境外但与其所设机构、场所有实际联系的所得,缴纳企业所得税。

非居民企业在中国境内未设立机构、场所的,或者虽设立机构、场所但取得的所得与其所设机构、场所没有实际联系的,应当就其来源于中国境内的所得缴纳企业所得税。

第四条 企业所得税的税率为25%。

非居民企业取得本法第二条第二款规定的所得,适用税率为20%。

## 第二章 应纳税所得额

第五条 企业每一纳税年度的收入总额,减除不征税收入、免税收入、各项扣除以及允许弥补的以前年度亏损后的余额,为应纳税所得额。

第六条 企业以货币形式和非货币形式从各种来源取得的收入,为收入总额。包括:

(一)销售货物收入;

(二)提供劳务收入;

(三)转让财产收入;

（四）股息、红利等权益性投资收益；

（五）利息收入；

（六）租金收入；

（七）特许权使用费收入；

（八）接受捐赠收入；

（九）其他收入。

第七条　收入总额中的下列收入为不征税收入：

（一）财政拨款；

（二）依法收取并纳入财政管理的行政事业性收费、政府性基金；

（三）国务院规定的其他不征税收入。

第八条　企业实际发生的与取得收入有关的、合理的支出，包括成本、费用、税金、损失和其他支出，准予在计算应纳税所得额时扣除。

第九条　企业发生的公益性捐赠支出，在年度利润总额12%以内的部分，准予在计算应纳税所得额时扣除。

第十条　在计算应纳税所得额时，下列支出不得扣除：

（一）向投资者支付的股息、红利等权益性投资收益款项；

（二）企业所得税税款；

（三）税收滞纳金；

（四）罚金、罚款和被没收财物的损失；

（五）本法第九条规定以外的捐赠支出；

（六）赞助支出；

（七）未经核定的准备金支出；

（八）与取得收入无关的其他支出。

第十一条　在计算应纳税所得额时，企业按照规定计算的固定资产折旧，准予扣除。

下列固定资产不得计算折旧扣除：

（一）房屋、建筑物以外未投入使用的固定资产；

（二）以经营租赁方式租入的固定资产；

（三）以融资租赁方式租出的固定资产；

（四）已足额提取折旧仍继续使用的固定资产；

（五）与经营活动无关的固定资产；

（六）单独估价作为固定资产入账的土地；

（七）其他不得计算折旧扣除的固定资产。

第十二条　在计算应纳税所得额时，企业按照规定计算的无形资产摊销费用，准予扣除。

下列无形资产不得计算摊销费用扣除：

（一）自行开发的支出已在计算应纳税所得额时扣除的无形资产；

（二）自创商誉；

（三）与经营活动无关的无形资产；

（四）其他不得计算摊销费用扣除的无形资产。

第十三条　在计算应纳税所得额时，企业发生的下列支出作为长期待摊费用，按照规定摊销的，准予扣除：

（一）已足额提取折旧的固定资产的改建支出；

（二）租入固定资产的改建支出；

（三）固定资产的大修理支出；

（四）其他应当作为长期待摊费用的支出。

第十四条　企业对外投资期间，投资资产的成本在计算应纳税所得额时不得扣除。

第十五条　企业使用或者销售存货，按照规定计算的存货成本，准予在计算应纳税所得额时扣除。

第十六条　企业转让资产，该项资产的净值，准予在计算应纳税所得额时扣除。

第十七条　企业在汇总计算缴纳企业所得税时，其境外营业机构的亏损不得抵减境内营业机构的盈利。

第十八条　企业纳税年度发生的亏损，准予向以后年度结转，用以后年度的所得弥补，但结转年限最长不得超过五年。

第十九条　非居民企业取得本法第三条第三款规定的所得，按照下列方法计算其应纳税所得额：

（一）股息、红利等权益性投资收益和利息、租金、特许权使用费所得，以收入全额为应纳税所得额；

（二）转让财产所得，以收入全额减除财产净值后的余额为应纳税所得额；

（三）其他所得，参照前两项规定的方法计算应纳税所得额。

第二十条　本章规定的收入、扣除的具体范围、标准和资产的税务处理的具体办法，由国务院财政、税务主管部门规定。

第二十一条　在计算应纳税所得额时，企业财务、会计处理办法与税收法律、行政法规的规定不一致的，应当依照税收法律、行政法规的规定计算。

## 第三章　应 纳 税 额

第二十二条　企业的应纳税所得额乘以适用税率，减除依照本法关于税收优惠的规定减免和抵免的税额后的余额，为应纳税额。

第二十三条　企业取得的下列所得已在境外缴纳的所得税税额，可以从其当期应纳税额中抵免，抵免限额为该项所得依照本法规定计算的应纳税额；超过抵免限额的部分，可以在以后五个年度内，用每年度抵免限额抵免当年应抵税额后的余额进行抵补：

（一）居民企业来源于中国境外的应税所得；

（二）非居民企业在中国境内设立机构、场所，取得发生在中国境外但与该机构、场所有实际联系的应税所得。

第二十四条　居民企业从其直接或者间接控制的外国企业分得的来源于中国境外的股息、红利等权益性投资收益，外国企业在境外实际缴纳的所得税税额中属于该项所得负担的部分，可以作为该居民企业的可抵免境外所得税税额，在本法第二十三条规定的抵免限额内抵免。

## 第四章　税　收　优　惠

第二十五条　国家对重点扶持和鼓励发展的产业和项目，给予企业所得税优惠。

第二十六条　企业的下列收入为免税收入：

（一）国债利息收入；

（二）符合条件的居民企业之间的股息、红利等权益性投资收益；

（三）在中国境内设立机构、场所的非居民企业从居民企业取得与该机构、场所有实际联系的股息、红利等权益性投资收益；

（四）符合条件的非营利组织的收入。

第二十七条　企业的下列所得，可以免征、减征企业所得税：

（一）从事农、林、牧、渔业项目的所得；

（二）从事国家重点扶持的公共基础设施项目投资经营的所得；

（三）从事符合条件的环境保护、节能节水项目的所得；

（四）符合条件的技术转让所得；

（五）本法第三条第三款规定的所得。

第二十八条　符合条件的小型微利企业，减按20%的税率征收企业所得税。

国家需要重点扶持的高新技术企业，减按15%的税率征收企业所得税。

第二十九条　民族自治地方的自治机关对本民族自治地方的企业应缴纳的企业所得税中属于地方分享的部分，可以决定减征或者免征。自治州、自治县决定减征或者免征的，须报省、自治区、直辖市人民政府批准。

第三十条　企业的下列支出，可以在计算应纳税所得额时加计扣除：

（一）开发新技术、新产品、新工艺发生的研究开发费用；

（二）安置残疾人员及国家鼓励安置的其他就业人员所支付的工资。

第三十一条　创业投资企业从事国家需要重点扶持和鼓励的创业投资，可以按投资额的一定比例抵扣应纳税所得额。

第三十二条　企业的固定资产由于技术进步等原因，确需加速折旧的，可以缩短折旧年限或者采取加速折旧的方法。

第三十三条　企业综合利用资源，生产符合国家产业政策规定的产品所取得的收入，可以在计算应纳税所得额时减计收入。

第三十四条　企业购置用于环境保护、节能节水、安全生产等专用设备的投资额，可以按一定比例实行税额抵免。

第三十五条　本法规定的税收优惠的具体办法，由国务院规定。

第三十六条 根据国民经济和社会发展的需要,或者由于突发事件等原因对企业经营活动产生重大影响的,国务院可以制定企业所得税专项优惠政策,报全国人民代表大会常务委员会备案。

## 第五章 源泉扣缴

第三十七条 对非居民企业取得本法第三条第三款规定的所得应缴纳的所得税,实行源泉扣缴,以支付人为扣缴义务人。税款由扣缴义务人在每次支付或者到期应支付时,从支付或者到期应支付的款项中扣缴。

第三十八条 对非居民企业在中国境内取得工程作业和劳务所得应缴纳的所得税,税务机关可以指定工程价款或者劳务费的支付人为扣缴义务人。

第三十九条 依照本法第三十七条、第三十八条规定应当扣缴的所得税,扣缴义务人未依法扣缴或者无法履行扣缴义务的,由纳税人在所得发生地缴纳。纳税人未依法缴纳的,税务机关可以从该纳税人在中国境内其他收入项目的支付人应付的款项中,追缴该纳税人的应纳税款。

第四十条 扣缴义务人每次代扣的税款,应当自代扣之日起七日内缴入国库,并向所在地的税务机关报送扣缴企业所得税报告表。

## 第六章 特别纳税调整

第四十一条 企业与其关联方之间的业务往来,不符合独立交易原则而减少企业或者其关联方应纳税收入或者所得额的,税务机关有权按照合理方法调整。

企业与其关联方共同开发、受让无形资产,或者共同提供、接受劳务发生的成本,在计算应纳税所得额时应当按照独立交易原则进行分摊。

第四十二条 企业可以向税务机关提出与其关联方之间业务往来的定价原则和计算方法,税务机关与企业协商、确认后,达成预约定价安排。

第四十三条 企业向税务机关报送年度企业所得税纳税申报表时,应当就其与关联方之间的业务往来,附送年度关联业务往来报告表。

税务机关在进行关联业务调查时,企业及其关联方,以及与关联业务调查有关的其他企业,应当按照规定提供相关资料。

第四十四条 企业不提供与其关联方之间业务往来资料,或者提供虚假、不完整资料,未能真实反映其关联业务往来情况的,税务机关有权依法核定其应纳税所得额。

第四十五条 由居民企业,或者由居民企业和中国居民控制的设立在实际税负明显低于本法第四条第一款规定税率水平的国家(地区)的企业,并非由于合理的经营需要而对利润不作分配或者减少分配的,上述利润中应归属于该居民企业的部分,应当计入该居民企业的当期收入。

第四十六条 企业从其关联方接受的债权性投资与权益性投资的比例超过规定标准而发生的利息支出,不得在计算应纳税所得额时扣除。

第四十七条 企业实施其他不具有合理商业目的的安排而减少其应纳税收入或者所得额的,税务机关有权按照合理方法调整。

第四十八条　税务机关依照本章规定作出纳税调整，需要补征税款的，应当补征税款，并按照国务院规定加收利息。

## 第七章　征收管理

第四十九条　企业所得税的征收管理除本法规定外，依照《中华人民共和国税收征收管理法》的规定执行。

第五十条　除税收法律、行政法规另有规定外，居民企业以企业登记注册地为纳税地点；但登记注册地在境外的，以实际管理机构所在地为纳税地点。

居民企业在中国境内设立不具有法人资格的营业机构的，应当汇总计算并缴纳企业所得税。

第五十一条　非居民企业取得本法第三条第二款规定的所得，以机构、场所所在地为纳税地点。非居民企业在中国境内设立两个或者两个以上机构、场所的，经税务机关审核批准，可以选择由其主要机构、场所汇总缴纳企业所得税。

非居民企业取得本法第三条第三款规定的所得，以扣缴义务人所在地为纳税地点。

第五十二条　除国务院另有规定外，企业之间不得合并缴纳企业所得税。

第五十三条　企业所得税按纳税年度计算。纳税年度自公历1月1日起至12月31日止。

企业在一个纳税年度中间开业，或者终止经营活动，使该纳税年度的实际经营期不足十二个月的，应当以其实际经营期为一个纳税年度。

企业依法清算时，应当以清算期间作为一个纳税年度。

第五十四条　企业所得税分月或者分季预缴。

企业应当自月份或者季度终了之日起十五日内，向税务机关报送预缴企业所得税纳税申报表，预缴税款。

企业应当自年度终了之日起五个月内，向税务机关报送年度企业所得税纳税申报表，并汇算清缴，结清应缴应退税款。

企业在报送企业所得税纳税申报表时，应当按照规定附送财务会计报告和其他有关资料。

第五十五条　企业在年度中间终止经营活动的，应当自实际经营终止之日起六十日内，向税务机关办理当期企业所得税汇算清缴。

企业应当在办理注销登记前，就其清算所得向税务机关申报并依法缴纳企业所得税。

第五十六条　依照本法缴纳的企业所得税，以人民币计算。所得以人民币以外的货币计算的，应当折合成人民币计算并缴纳税款。

## 第八章　附　则

第五十七条　本法公布前已经批准设立的企业，依照当时的税收法律、行政法规规定，享受低税率优惠的，按照国务院规定，可以在本法施行后五年内，逐步过渡到本法规定的税率；享受定期减免税优惠的，按照国务院规定，可以在本法施行后继续享受到期满为止,但因未获利而尚未享受优惠的,优惠期限从本法施行年度起计算。

法律设置的发展对外经济合作和技术交流的特定地区内,以及国务院已规定执行上述地区特殊政策的地区内新设立的国家需要重点扶持的高新技术企业,可以享受过渡性税收优惠,具体办法由国务院规定。

国家已确定的其他鼓励类企业,可以按照国务院规定享受减免税优惠。

第五十八条　中华人民共和国政府同外国政府订立的有关税收的协定与本法有不同规定的,依照协定的规定办理。

第五十九条　国务院根据本法制定实施条例。

第六十条　本法自2008年1月1日起施行。1991年4月9日第七届全国人民代表大会第四次会议通过的《中华人民共和国外商投资企业和外国企业所得税法》和1993年12月13日国务院发布的《中华人民共和国企业所得税暂行条例》同时废止。

# 附录三　中华人民共和国个人所得税法

（1980年9月10日第五届全国人民代表大会第三次会议通过。根据1993年10月31日第八届全国人民代表大会常务委员会第四次会议《关于修改〈中华人民共和国个人所得税法〉的决定》第一次修正；根据1999年8月30日第九届全国人民代表大会常务委员会第十一次会议《关于修改〈中华人民共和国个人所得税法〉的决定》第二次修正；根据2005年10月27日第十届全国人民代表大会常务委员会第十八次会议《关于修改〈中华人民共和国个人所得税法〉的决定》第三次修正；根据2007年6月29日第十届全国人民代表大会常务委员会第二十八次会议《关于修改〈中华人民共和国个人所得税法〉的决定》第四次修正；根据2007年12月29日第十届全国人民代表大会常务委员会第三十一次会议《关于修改〈中华人民共和国个人所得税法〉的决定》第五次修正；根据2011年6月30日第十一届全国人民代表大会常务委员会第二十一次会议《关于修改〈中华人民共和国个人所得税法〉的决定》第六次修正）

第一条　在中国境内有住所，或者无住所而在境内居住满一年的个人，从中国境内和境外取得的所得，依照本法规定缴纳个人所得税。

在中国境内无住所又不居住或者无住所而在境内居住不满一年的个人，从中国境内取得的所得，依照本法规定缴纳个人所得税。

第二条　下列各项个人所得，应纳个人所得税：

一、工资、薪金所得；

二、个体工商户的生产、经营所得；

三、对企事业单位的承包经营、承租经营所得；

四、劳务报酬所得；

五、稿酬所得；

六、特许权使用费所得；

七、利息、股息、红利所得；

八、财产租赁所得；

九、财产转让所得；

十、偶然所得；

十一、经国务院财政部门确定征税的其他所得。

第三条　个人所得税的税率：

一、工资、薪金所得，适用超额累进税率，税率为百分之三至百分之四十五（税率表附后）。

二、个体工商户的生产、经营所得和对企事业单位的承包经营、承租经营所得，适用百分之五至百分之三十五的超额累进税率（税率表附后）。

三、稿酬所得，适用比例税率，税率为百分之二十，并按应纳税额减征百分之三十。

四、劳务报酬所得，适用比例税率，税率为百分之二十。对劳务报酬所得一次收入畸高的，可以实行加成征收，具体办法由国务院规定。

五、特许权使用费所得，利息、股息、红利所得，财产租赁所得，财产转让所得，偶然所得和其他所得，适用比例税率，税率为百分之二十。

第四条　下列各项个人所得，免纳个人所得税：

一、省级人民政府、国务院部委和中国人民解放军军以上单位，以及外国组织、国际组织颁发的科学、教育、技术、文化、卫生、体育、环境保护等方面的奖金；

二、国债和国家发行的金融债券利息；

三、按照国家统一规定发给的补贴、津贴；

四、福利费、抚恤金、救济金；

五、保险赔款；

六、军人的转业费、复员费；

七、按照国家统一规定发给干部、职工的安家费、退职费、退休工资、离休工资、离休生活补助费；

八、依照我国有关法律规定应予免税的各国驻华使馆、领事馆的外交代表、领事官员和其他人员的所得；

九、中国政府参加的国际公约、签订的协议中规定免税的所得；

十、经国务院财政部门批准免税的所得。

第五条　有下列情形之一的，经批准可以减征个人所得税：

一、残疾、孤老人员和烈属的所得；

二、因严重自然灾害造成重大损失的；

三、其他经国务院财政部门批准减税的。

第六条　应纳税所得额的计算：

一、工资、薪金所得，以每月收入额减除费用三千五百元后的余额，为应纳税所得额。

二、个体工商户的生产、经营所得，以每一纳税年度的收入总额减除成本、费用以及损失后的余额，为应纳税所得额。

三、对企事业单位的承包经营、承租经营所得，以每一纳税年度的收入总额，减除必要费用后的余额，为应纳税所得额。

四、劳务报酬所得、稿酬所得、特许权使用费所得、财产租赁所得，每次收入不超过四千元的,减除费用八百元;四千元以上的,减除百分之二十的费用,其余额为应纳税所得额。

五、财产转让所得,以转让财产的收入额减除财产原值和合理费用后的余额,为应纳税所得额。

六、利息、股息、红利所得,偶然所得和其他所得,以每次收入额为应纳税所得额。

个人将其所得对教育事业和其他公益事业捐赠的部分,按照国务院有关规定从应纳税所得中扣除。

对在中国境内无住所而在中国境内取得工资、薪金所得的纳税义务人和在中国境内有住所而在中国境外取得工资、薪金所得的纳税义务人,可以根据其平均收入水平、生活水平以及汇率变化情况确定附加减除费用,附加减除费用适用的范围和标准由国务院规定。

**第七条** 纳税义务人从中国境外取得的所得,准予其在应纳税额中扣除已在境外缴纳的个人所得税税额。但扣除额不得超过该纳税义务人境外所得依照本法规定计算的应纳税额。

**第八条** 个人所得税,以所得人为纳税义务人,以支付所得的单位或者个人为扣缴义务人。个人所得超过国务院规定数额的,在两处以上取得工资、薪金所得或者没有扣缴义务人的,以及具有国务院规定的其他情形的,纳税义务人应当按照国家规定办理纳税申报。扣缴义务人应当按照国家规定办理全员全额扣缴申报。

**第九条** 扣缴义务人每月所扣的税款,自行申报纳税人每月应纳的税款,都应当在次月十五日内缴入国库,并向税务机关报送纳税申报表。

工资、薪金所得应纳的税款,按月计征,由扣缴义务人或者纳税义务人在次月十五日内缴入国库,并向税务机关报送纳税申报表。特定行业的工资、薪金所得应纳的税款,可以实行按年计算、分月预缴的方式计征,具体办法由国务院规定。

个体工商户的生产、经营所得应纳的税款,按年计算,分月预缴,由纳税义务人在次月十五日内预缴,年度终了后三个月内汇算清缴,多退少补。

对企事业单位的承包经营、承租经营所得应纳的税款,按年计算,由纳税义务人在年度终了后三十日内缴入国库,并向税务机关报送纳税申报表。纳税义务人在一年内分次取得承包经营、承租经营所得的,应当在取得每次所得后的十五日内预缴,年度终了后三个月内汇算清缴,多退少补。

从中国境外取得所得的纳税义务人,应当在年度终了后三十日内,将应纳的税款缴入国库,并向税务机关报送纳税申报表。

**第十条** 各项所得的计算,以人民币为单位。所得为外国货币的,按照国家外汇管理机关规定的外汇牌价折合成人民币缴纳税款。

**第十一条** 对扣缴义务人按照所扣缴的税款,付给百分之二的手续费。

**第十二条** 对储蓄存款利息所得开征、减征、停征个人所得税及其具体办法,由国务院规定。

第十三条 个人所得税的征收管理，依照《中华人民共和国税收征收管理法》的规定执行。

第十四条 国务院根据本法制定实施条例。

第十五条 本法自公布之日起施行。

### 个人所得税税率表一
### （工资、薪金所得适用）

| 级数 | 全月应纳税所得额 | | 税率（%） | 速算扣除数 |
| --- | --- | --- | --- | --- |
| | 含税级距 | 不含税级距 | | |
| 1 | 不超过 1500 元的 | 不超过 1455 元的 | 3 | 0 |
| 2 | 超过 1500 元至 4500 元的部分 | 超过 1455 元至 4155 元的部分 | 10 | 105 |
| 3 | 超过 4500 元至 9000 元的部分 | 超过 4155 元至 7755 元的部分 | 20 | 555 |
| 4 | 超过 9000 元至 35000 元的部分 | 超过 7755 元至 27255 元的部分 | 25 | 1005 |
| 5 | 超过 35000 元至 55000 元的部分 | 超过 27255 元至 41255 元的部分 | 30 | 2755 |
| 6 | 超过 55000 元至 80000 元的部分 | 超过 41255 元至 57505 元的部分 | 35 | 5505 |
| 7 | 超过 80000 元的部分 | 超过 57505 元的部分 | 45 | 13505 |

注：本表所称全月应纳税所得额是指依照本法第六条的规定，以每月收入额减除费用 3 500 元以及附加减除费用后的余额。

### 个人所得税税率表二
#### 个体工商户的生产、经营所得和对企事业单位的承包经营、承租经营所得适用

| 级数 | 全年应纳税所得额 | | 税率（%） | 速算扣除数 |
| --- | --- | --- | --- | --- |
| | 含税级距 | 不含税级距 | | |
| 1 | 不超过 15000 元的 | 不超过 14250 元的 | 5 | 0 |
| 2 | 超过 15000 元至 30000 元的部分 | 超过 14250 元至 27750 元的部分 | 10 | 750 |
| 3 | 超过 30000 元至 60000 元的部分 | 超过 27750 元至 51750 元的部分 | 20 | 3750 |
| 4 | 超过 60000 元至 100000 元的部分 | 超过 51750 元至 79750 元的部分 | 30 | 9750 |
| 5 | 超过 100000 元的部分 | 超过 79750 元的部分 | 35 | 14750 |

注：本表所称全年应纳税所得额是指依照本法第六条的规定，以每一纳税年度的收入总额减除成本、费用以及损失后的余额。

# 附录四　关于上市公司股息红利差别化个人所得税政策有关问题的通知

财税〔2015〕101号

各省、自治区、直辖市、计划单列市财政厅（局）、国家税务局、地方税务局，新疆生产建设兵团财务局，上海、深圳证券交易所，全国中小企业股份转让系统有限责任公司，中国证券登记结算公司：

经国务院批准，现就上市公司股息红利差别化个人所得税政策等有关问题通知如下：

一、个人从公开发行和转让市场取得的上市公司股票，持股期限超过1年的，股息红利所得暂免征收个人所得税。

个人从公开发行和转让市场取得的上市公司股票，持股期限在1个月以内（含1个月）的，其股息红利所得全额计入应纳税所得额；持股期限在1个月以上至1年（含1年）的，暂减按50%计入应纳税所得额；上述所得统一适用20%的税率计征个人所得税。

二、上市公司派发股息红利时，对个人持股1年以内（含1年）的，上市公司暂不扣缴个人所得税；待个人转让股票时，证券登记结算公司根据其持股期限计算应纳税额，由证券公司等股份托管机构从个人资金账户中扣收并划付证券登记结算公司，证券登记结算公司应于次月5个工作日内划付上市公司，上市公司在收到税款当月的法定申报期内向主管税务机关申报缴纳。

三、上市公司股息红利差别化个人所得税政策其他有关操作事项，按照《财政部 国家税务总局 证监会关于实施上市公司股息红利差别化个人所得税政策有关问题的通知》（财税〔2012〕85号）的相关规定执行。

四、全国中小企业股份转让系统挂牌公司股息红利差别化个人所得税政策，按照本通知规定执行。其他有关操作事项，按照《财政部 国家税务总局 证监会关于实施全国中小企业股份转让系统挂牌公司股息红利差别化个人所得税政策有关问题的通知》（财税〔2014〕48号）的相关规定执行。

五、本通知自2015年9月8日起施行。

上市公司派发股息红利，股权登记日在2015年9月8日之后的，股息红利所得按照本通知的规定执行。本通知实施之日个人投资者证券账户已持有的上市公司股票，其持股时间自取得之日起计算。

财政部　国家税务总局　证监会
2015年9月7日

# 附录五　关于全面推开营业税改征增值税试点的通知

财税〔2016〕36号

各省、自治区、直辖市、计划单列市财政厅（局）、国家税务局、地方税务局，新疆生产建设兵团财务局：

经国务院批准，自2016年5月1日起，在全国范围内全面推开营业税改征增值税（以下称营改增）试点，建筑业、房地产业、金融业、生活服务业等全部营业税纳税人，纳入试点范围，由缴纳营业税改为缴纳增值税。现将《营业税改征增值税试点实施办法》、《营业税改征增值税试点有关事项的规定》、《营业税改征增值税试点过渡政策的规定》和《跨境应税行为适用增值税零税率和免税政策的规定》印发你们，请遵照执行。

本通知附件规定的内容，除另有规定执行时间外，自2016年5月1日起执行。《财政部 国家税务总局关于将铁路运输和邮政业纳入营业税改征增值税试点的通知》（财税〔2013〕106号）、《财政部 国家税务总局关于铁路运输和邮政业营业税改征增值税试点有关政策的补充通知》（财税〔2013〕121号）、《财政部 国家税务总局关于将电信业纳入营业税改征增值税试点的通知》（财税〔2014〕43号）、《财政部 国家税务总局关于国际水路运输增值税零税率政策的补充通知》（财税〔2014〕50号）和《财政部 国家税务总局关于影视等出口服务适用增值税零税率政策的通知》（财税〔2015〕118号），除另有规定的条款外，相应废止。

各地要高度重视营改增试点工作，切实加强试点工作的组织领导，周密安排，明确责任，采取各种有效措施，做好试点前的各项准备以及试点过程中的监测分析和宣传解释等工作，确保改革的平稳、有序、顺利进行。遇到问题请及时向财政部和国家税务总局反映。

附件：1. 营业税改征增值税试点实施办法
　　　2. 营业税改征增值税试点有关事项的规定
　　　3. 营业税改征增值税试点过渡政策的规定
　　　4. 跨境应税行为适用增值税零税率和免税政策的规定

财政部　国家税务总局
2016年3月23日

# 附录六 《营业税改征增值税试点实施办法》规定要点

## 一、纳税人和扣缴义务人

（1）在境内销售服务、无形资产或者不动产（以下称应税行为）的单位和个人，为增值税纳税人，应当按照本办法缴纳增值税，不缴纳营业税。

个人，是指个体工商户和其他个人。

（2）纳税人分为一般纳税人和小规模纳税人。

应税行为的年应征增值税销售额（以下称应税销售额）超过财政部和国家税务总局规定标准的纳税人为一般纳税人，未超过规定标准的纳税人为小规模纳税人。

年应税销售额超过规定标准的其他个人不属于一般纳税人。年应税销售额超过规定标准但不经常发生应税行为的单位和个体工商户可选择按照小规模纳税人纳税。

备注：根据《营业税改征增值税试点有关事项的规定》，此处的年应税销售额标准为500万元（含本数）。财政部和国家税务总局可以对年应税销售额标准进行调整。

（3）年应税销售额未超过规定标准的纳税人，会计核算健全，能够提供准确税务资料的，可以向主管税务机关办理一般纳税人资格登记，成为一般纳税人。

（4）符合一般纳税人条件的纳税人应当向主管税务机关办理一般纳税人资格登记。除国家税务总局另有规定外，一经登记为一般纳税人后，不得转为小规模纳税人。

（5）境外单位或者个人在境内发生应税行为，在境内未设有经营机构的，以购买方为增值税扣缴义务人。财政部和国家税务总局另有规定的除外。

## 二、征税范围

（1）销售服务、无形资产或者不动产，是指有偿提供服务、有偿转让无形资产或者不动产，但属于下列非经营活动的情形除外：

第一，行政单位收取的同时满足以下条件的政府性基金或者行政事业性收费：①由国务院或者财政部批准设立的政府性基金，由国务院或者省级人民政府及其财政、价格主管部门批准设立的行政事业性收费；②收取时开具省级以上（含省级）财政部门监（印）制的财政票据；③所收款项全额上缴财政。

第二，单位或者个体工商户聘用的员工为本单位或者雇主提供取得工资的服务。

第三，单位或者个体工商户为聘用的员工提供服务。

第四，财政部和国家税务总局规定的其他情形。

(2) 下列情形视同销售服务、无形资产或者不动产：

第一，单位或者个体工商户向其他单位或者个人无偿提供服务，但用于公益事业或者以社会公众为对象的除外。

第二，单位或者个人向其他单位或者个人无偿转让无形资产或者不动产，但用于公益事业或者以社会公众为对象的除外。

第三，财政部和国家税务总局规定的其他情形。

## 三、税率和征收率

增值税税率：

第一，提供有形动产租赁服务，税率为17%。

第二，提供交通运输、邮政、基础电信、建筑、不动产租赁服务，销售不动产，转让土地使用权，税率为11%。

第三，境内单位和个人发生的跨境应税行为，税率为零。

第四，纳税人发生应税行为，除上述规定外，税率为6%。

增值税征收率为3%，财政部和国家税务总局另有规定的除外。

备注：根据《营业税改征增值税试点有关事项的规定》，以下情况的不动产销售和租赁的征收率为5%。

(1) 一般纳税人销售其2016年4月30日前取得（不含自建）的不动产，可以选择适用简易计税方法，以取得的全部价款和价外费用减去该项不动产购置原价或者取得不动产时的作价后的余额为销售额，按照5%的征收率计算应纳税额。

(2) 一般纳税人销售其2016年4月30日前自建的不动产，可以选择适用简易计税方法，以取得的全部价款和价外费用为销售额，按照5%的征收率计算应纳税额。

(3) 小规模纳税人销售其取得（不含自建）的不动产（不含个体工商户销售购买的住房和其他个人销售不动产），应以取得的全部价款和价外费用减去该项不动产购置原价或者取得不动产时的作价后的余额为销售额，按照5%的征收率计算应纳税额。

(4) 小规模纳税人销售其自建的不动产，应以取得的全部价款和价外费用为销售额，按照5%的征收率计算应纳税额。

(5) 房地产开发企业中的一般纳税人，销售自行开发的房地产老项目，可以选择适用简易计税方法按照5%的征收率计税。

(6) 房地产开发企业中的小规模纳税人，销售自行开发的房地产项目，按照5%的征收率计税。

(7) 个体工商户销售购买的住房，应按照《营业税改征增值税试点过渡政策的规定》第五条的规定征免增值税，即：①个人将购买不足2年的住房对外销售的，按照5%的征收率全额缴纳增值税；个人将购买2年以上（含2年）的住房对外销售的，免征增值税。上述政策适用于北京市、上海市、广州市和深圳市之外的地区。②个人将购买不足2年的住房对外销售的，按照5%的征收率全额缴纳增值税；个人将购买2年以上（含2年）的非普通住房对外销售的，以销售收入减去购买住房价款后的差额按照5%的征收率缴纳增值税；个人将购买2年以上（含2年）的普通住房对外销售的，免征增值税。上述政策仅适用于北京市、上海市、广州市和深圳市。

（8）其他个人销售其取得（不含自建）的不动产（不含其购买的住房），应以取得的全部价款和价外费用减去该项不动产购置原价或者取得不动产时的作价后的余额为销售额，按照5%的征收率计算应纳税额。

（9）不动产经营租赁服务：①一般纳税人出租其2016年4月30日前取得的不动产，可以选择适用简易计税方法，按照5%的征收率计算应纳税额。②小规模纳税人出租其取得的不动产（不含个人出租住房），应按照5%的征收率计算应纳税额。③其他个人出租其取得的不动产（不含住房），应按照5%的征收率计算应纳税额。④个人出租住房，应按照5%的征收率减按1.5%计算应纳税额。

## 四、应纳税额的计算

### （一）一般性规定

（1）增值税的计税方法，包括一般计税方法和简易计税方法。一般纳税人发生应税行为适用一般计税方法计税。小规模纳税人发生应税行为适用简易计税方法计税。一般纳税人发生财政部和国家税务总局规定的特定应税行为，可以选择适用简易计税方法计税，但一经选择，36个月内不得变更。

（2）境外单位或者个人在境内发生应税行为，在境内未设有经营机构的，扣缴义务人按照下列公式计算应扣缴税额：应扣缴税额＝购买方支付的价款÷（1＋税率）×税率

### （二）一般计税方法

（1）一般计税方法的应纳税额，是指当期销项税额抵扣当期进项税额后的余额。应纳税额计算公式：应纳税额＝当期销项税额－当期进项税额

当期销项税额小于当期进项税额不足抵扣时，其不足部分可以结转下期继续抵扣。

（2）销项税额，是指纳税人发生应税行为按照销售额和增值税税率计算并收取的增值税额。销项税额计算公式：销项税额＝销售额×税率

（3）一般计税方法的销售额不包括销项税额，纳税人采用销售额和销项税额合并定价方法的，按照下列公式计算销售额：销售额＝含税销售额÷（1＋税率）

(4) 进项税额,是指纳税人购进货物、加工修理修配劳务、服务、无形资产或者不动产,支付或者负担的增值税额。

(5) 下列进项税额准予从销项税额中抵扣:

第一,从销售方取得的增值税专用发票(含税控机动车销售统一发票,下同)上注明的增值税额。

备注:根据《营业税改征增值税试点有关事项的规定》,原增值税一般纳税人自用的应征消费税的摩托车、汽车、游艇,其进项税额准予从销项税额中抵扣。

第二,从海关取得的海关进口增值税专用缴款书上注明的增值税额。

第三,购进农产品,除取得增值税专用发票或者海关进口增值税专用缴款书外,按照农产品收购发票或者销售发票上注明的农产品买价和13%的扣除率计算的进项税额。计算公式为:进项税额=买价×扣除率

第四,从境外单位或者个人购进服务、无形资产或者不动产,自税务机关或者扣缴义务人取得的解缴税款的完税凭证上注明的增值税额。

备注:根据《营业税改征增值税试点有关事项的规定》,适用一般计税方法的试点纳税人,2016年5月1日后取得并在会计制度上按固定资产核算的不动产或者2016年5月1日后取得的不动产在建工程,其进项税额应自取得之日起分2年从销项税额中抵扣,第一年抵扣比例为60%,第二年抵扣比例为40%。取得不动产,包括以直接购买、接受捐赠、接受投资入股、自建以及抵债等各种形式取得不动产,不包括房地产开发企业自行开发的房地产项目。融资租入的不动产以及在施工现场修建的临时建筑物、构筑物,其进项税额不适用上述分2年抵扣的规定。

(6) 下列项目的进项税额不得从销项税额中抵扣:

第一,用于简易计税方法计税项目、免征增值税项目、集体福利或者个人消费的购进货物、加工修理修配劳务、服务、无形资产和不动产。其中涉及的固定资产、无形资产、不动产,仅指专用于上述项目的固定资产、无形资产(不包括其他权益性无形资产)、不动产。

纳税人的交际应酬消费属于个人消费。

第二,非正常损失的购进货物,以及相关的加工修理修配劳务和交通运输服务。

第三,非正常损失的在产品、产成品所耗用的购进货物(不包括固定资产)、加工修理修配劳务和交通运输服务。

第四,非正常损失的不动产,以及该不动产所耗用的购进货物、设计服务和建筑服务。

第五,非正常损失的不动产在建工程所耗用的购进货物、设计服务和建筑服务。纳税人新建、改建、扩建、修缮、装饰不动产,均属于不动产在建工程。

第六,购进的旅客运输服务、贷款服务、餐饮服务、居民日常服务和娱乐服务。

第七,财政部和国家税务总局规定的其他情形。

备注:固定资产,是指使用期限超过12个月的机器、机械、运输工具以及其他与

生产经营有关的设备、工具、器具等有形动产。非正常损失，是指因管理不善造成货物被盗、丢失、霉烂变质，以及因违反法律法规造成货物或者不动产被依法没收、销毁、拆除的情形。

（7）已抵扣进项税额的购进货物（不含固定资产）、劳务、服务，发生前述不得抵扣进项税额情形（简易计税方法计税项目、免征增值税项目除外）的，应当将该进项税额从当期进项税额中扣减；无法确定该进项税额的，按照当期实际成本计算应扣减的进项税额。

已抵扣进项税额的固定资产、无形资产或者不动产，发生前述不得抵扣进项税额情形的，按照下列公式计算不得抵扣的进项税额：不得抵扣的进项税额＝固定资产、无形资产或者不动产净值×适用税率

备注：固定资产、无形资产或者不动产净值，是指纳税人根据财务会计制度计提折旧或摊销后的余额。

（8）有下列情形之一者，应当按照销售额和增值税税率计算应纳税额，不得抵扣进项税额，也不得使用增值税专用发票：①一般纳税人会计核算不健全，或者不能够提供准确税务资料的。②应当办理一般纳税人资格登记而未办理的。

（三）简易计税方法

（1）简易计税方法的应纳税额，是指按照销售额和增值税征收率计算的增值税额，不得抵扣进项税额。应纳税额计算公式：应纳税额＝销售额×征收率

（2）简易计税方法的销售额不包括其应纳税额，纳税人采用销售额和应纳税额合并定价方法的，按照下列公式计算销售额：销售额＝含税销售额÷（1＋征收率）

（四）销售额的确定

（1）销售额，是指纳税人发生应税行为取得的全部价款和价外费用，财政部和国家税务总局另有规定的除外。

（2）纳税人兼营销售货物、劳务、服务、无形资产或者不动产，适用不同税率或者征收率的，应当分别核算适用不同税率或者征收率的销售额；未分别核算的，从高适用税率。

（3）一项销售行为如果既涉及服务又涉及货物，为混合销售。从事货物的生产、批发或者零售的单位和个体工商户的混合销售行为，按照销售货物缴纳增值税；其他单位和个体工商户的混合销售行为，按照销售服务缴纳增值税。

本条所称从事货物的生产、批发或者零售的单位和个体工商户，包括以从事货物的生产、批发或者零售为主，并兼营销售服务的单位和个体工商户在内。

（4）纳税人兼营免税、减税项目的，应当分别核算免税、减税项目的销售额；未分别核算的，不得免税、减税。

（5）纳税人发生应税行为，开具增值税专用发票后，发生开票有误或者销售折让、

中止、退回等情形的,应当按照国家税务总局的规定开具红字增值税专用发票。

(6)纳税人发生应税行为价格明显偏低或者偏高且不具有合理商业目的的,或者发生本办法第十四条所列行为而无销售额的,主管税务机关有权按照下列顺序确定销售额:①按照纳税人最近时期销售同类服务、无形资产或者不动产的平均价格确定。②按照其他纳税人最近时期销售同类服务、无形资产或者不动产的平均价格确定。③按照组成计税价格确定。组成计税价格的公式为:组成计税价格=成本×(1+成本利润率)。成本利润率由国家税务总局确定。

## 五、纳税义务、扣缴义务发生时间和纳税地点

(1)增值税纳税义务、扣缴义务发生时间为:

第一,纳税人发生应税行为并收讫销售款项或者取得索取销售款项凭据的当天;先开具发票的,为开具发票的当天。

第二,纳税人提供建筑服务、租赁服务采取预收款方式的,其纳税义务发生时间为收到预收款的当天。

第三,纳税人从事金融商品转让的,为金融商品所有权转移的当天。

第四,纳税人发生本办法第十四条"视同销售服务、无形资产或不动产"规定情形的,其纳税义务发生时间为服务、无形资产转让完成的当天或者不动产权属变更的当天。

第五,增值税扣缴义务发生时间为纳税人增值税纳税义务发生的当天。

(2)增值税纳税地点为:

第一,固定业户应当向其机构所在地或者居住地主管税务机关申报纳税。

第二,非固定业户应当向应税行为发生地主管税务机关申报纳税;未申报纳税的,由其机构所在地或者居住地主管税务机关补征税款。

第三,其他个人提供建筑服务,销售或者租赁不动产,转让自然资源使用权,应向建筑服务发生地、不动产所在地、自然资源所在地主管税务机关申报纳税。

第四,扣缴义务人应当向其机构所在地或者居住地主管税务机关申报缴纳扣缴的税款。

(3)增值税的纳税期限分别为1日、3日、5日、10日、15日、1个月或者1个季度。纳税人的具体纳税期限,由主管税务机关根据纳税人应纳税额的大小分别核定。以1个季度为纳税期限的规定适用于小规模纳税人、银行、财务公司、信托投资公司、信用社,以及财政部和国家税务总局规定的其他纳税人。不能按照固定期限纳税的,可以按次纳税。

纳税人以1个月或者1个季度为1个纳税期的,自期满之日起15日内申报纳税;以1日、3日、5日、10日或者15日为1个纳税期的,自期满之日起5日内预缴税款,于次月1日起15日内申报纳税并结清上月应纳税款。

扣缴义务人解缴税款的期限,按照前两款规定执行。

## 六、税收减免的处理

(1)增值税起征点幅度如下:①按期纳税的,为月销售额5000-20000元(含本数)。②按次纳税的,为每次(日)销售额300-500元(含本数)。

(2)对增值税小规模纳税人中月销售额未达到2万元的企业或非企业性单位,免征增值税。2017年12月31日前,对月销售额2万元(含本数)至3万元的增值税小规模纳税人,免征增值税。

## 七、征收管理

(1)营业税改征的增值税,由国家税务局负责征收。纳税人销售取得的不动产和其他个人出租不动产的增值税,国家税务局暂委托地方税务局代为征收。

(2)纳税人发生应税行为,应当向索取增值税专用发票的购买方开具增值税专用发票,并在增值税专用发票上分别注明销售额和销项税额。

属于下列情形之一的,不得开具增值税专用发票:①向消费者个人销售服务、无形资产或者不动产。②适用免征增值税规定的应税行为。

(3)小规模纳税人发生应税行为,购买方索取增值税专用发票的,可以向主管税务机关申请代开。

附:销售服务、无形资产、不动产注释(暂略)

# 参 考 文 献

[1] 王华学. 公司税务律师实用指南［M］. 广州：中山大学出版社，2014.
[2] 全国注册税务师执业资格考试教材编写组. 税务代理实务［M］. 北京：中国税务出版社，2014.
[3] 全国注册税务师执业资格考试教材编写组. 涉税服务实务［M］. 北京：中国税务出版社，2015.
[4] 肖太福，曾明生. 税收犯罪的司法实践与理论探索——税收刑法学的多维视角研究［M］. 北京：中国检察出版社，2013.
[5] 周兰翔. 企业重组税收问题分析［M］. 北京：经济科学出版社，2014.
[6] 法律出版社法规中心. 新编公司法全解［M］. 北京：法律出版社，2014.
[7] 李毅心. 营销策划经理岗位培训一本通［M］. 北京：北京工业大学出版社，2013.

# 后 记

笔者近年来有个期盼，就是从律师执业的角度，在税法法律服务领域有所作为。毕竟，税法法律服务还是一块亟待开发、挖掘的领域。律师涉足税法法律服务，其路径、方式、条件等，均有很多探索的话题。俗话说，"财税难分家"。律师提供税法法律服务必然涉及对税法的理解和运用，要求具备相应的财会知识。另外，税务律师又不等同于税务师。税务师主要从定量化角度计算、测算，而税务律师则主要从定性化角度做方案的论证、分析、判断。这种偏重，必然要求对税法法律服务的讨论有所取舍。笔者身为从业20多年的资深律师，从律师的职业惯性和思维模式来揭示税法法律服务，正是本书的视角所在。

本书实用价值突出。执业不久的年轻律师，可通过本书探索律师行业发展的阶段性特征和变化规律；立志成为税务律师的青年人，可将本书作为学习用书，从中习得细分的税务法律服务专业知识，借鉴税务律师成长的必经路径。本书也是资深律师、注册会计师、税务师、企业财务人员、企业管理人员、法务工作者的参考工具书，相关领域的从业者都可以从中找到解决税法实务常见问题的突破口，使问题迎刃而解。

当然，由于本人写作水平的局限，本书难免有不妥之处，望您提出宝贵的修改意见，使本书进一步完善。

作　者

2016 年 3 月 15 日